创新型师范类专业精品教材

教师职业道德

赵彦美　王　位　曾庆玫　主编

图书在版编目(CIP)数据

教师职业道德 / 赵彦美，王位，曾庆玫主编.
北京：首都师范大学出版社，2024.7. -- ISBN 978-7-5656-8521-7

I.G451.6

中国国家版本馆CIP数据核字第2024Q1P199号

JIAOSHI ZHIYE DAODE

教师职业道德

赵彦美　王　位　曾庆玫　主编

责任编辑　　王兰玉
首都师范大学出版社出版发行
地　址　北京西三环北路105号
邮　编　100048
电　话　68418523（总编室）　68982468（发行部）
网　址　http://cnupn.cnu.edu.cn
印　刷　三河市祥达印刷包装有限公司
经　销　全国新华书店
版　次　2024年7月第1版
印　次　2024年7月第1次印刷
开　本　787 mm×1092 mm　1/16
印　张　13
字　数　324千
定　价　43.00元

* 版权所有　违者必究
* 如有印装质量问题，请到所购图书销售部门联系调换
* 盗版举报电话：400-117-9835　　客服热线：400-117-9835

在浩瀚的人类文明长河中，教育一直是推动社会进步与发展的重要力量。教师作为这一伟大事业的践行者，承担着立德树人、教书育人的神圣使命。他们的一言一行，不仅影响着学生的学业水平，还深刻地塑造着学生的品格与灵魂，影响着整个社会的道德风气。因此，深入探讨和阐释教师职业道德，对于提升教师队伍整体素质、促进我国教育事业的健康发展具有重要意义。

本书旨在通过详细阐述教师职业道德的理论基础，并深入分析其在教育实践中的具体表现与实践途径，帮助学生深入认识教师职业道德的重要性，激发学生的荣誉感与使命感，从而引导他们立志成为具有高尚师德、扎实学识、仁爱之心的教育工作者。同时，本书紧跟时代，通过丰富多样的教育案例与前沿的教育理念启发学生既要继承传统的、优秀的师德思想，又要善于创新，在将来的教育教学实践中践行真、善、美，进而为构建更加和谐、公正、高效的教育环境贡献自己的力量。

总体而言，本书具有以下特色。

1. 铸魂育人，传播正确价值导向

党的二十大报告指出："育人的根本在于立德。"本书积极贯彻党的二十大精神，以培养学生正确的人生观、价值观和就业观为己任，在编写过程中融入了丰富的德育元素，如在正文中设置了"修身笃学""师德榜样"等模块，旨在帮助学生树立远大理想、培育爱国情怀，将来成为可担当民族复兴大任的时代新人。

2. 理实结合，引导学生主动学习

本书切实践行"以学生为主体，以教师为主导，以能力为根本"的教育理念，着眼学生未来职业发展和素质提升，在阐述教师职业道德理论的同时，紧密结合当前教育领域的实际情况，通过丰富的体例和实践活动帮助学生将理论知识转化为实际行动。

同时，在内容的编排上，本书十分注重互动性与参与性，通过设置各种互动问题引导学生积极思考、主动探索，鼓励学生结合自身实践经验和感悟进行反思和总结，从而进一步加深学生对教师职业道德的理解和认识。

3. 模块丰富，突出综合素质培养

本书在每章的章首都设有"本章导读""学习目标""课堂导入"模块，章末都设有"综合检测""道德践行""综合评价"模块。其中，"本章导读"能够帮助学生快速了解各章的主要内容；"学习目标"能够帮助学生明确学习方向；"课堂导入"能够激发学生的学习兴趣，培养学生的批判性思维；"综合检测"能够帮助学生巩固所学知识，提升逻辑思维能力与判断能力；"道德践行"能够引导学生通过实践内化职业道德，增强责任感与团队协作能力；"综合评价"能够促进学生自我反思，提升其自主学习能力。各模块有机结合，能够全方位、多角度地培养学生的综合素质。

同时，本书还在正文中穿插了"修身笃学""德行长廊""道德观察""课堂互动""博闻天下""师德榜样"栏目，具有较强的趣味性、指导性和实用性。

- **修身笃学**：选用道德素养、行为习惯等方面的阅读材料，以帮助学生开阔视野、拓宽思维，更好地理解正文知识。
- **德行长廊**：选用贴合教学实际的正面案例帮助学生更好地理解所学内容，引导学生深刻领会教师职业道德的核心内容，真正做到将教师职业道德的具体内容内化于心、外化于行，进而在将来的教育教学实践中切实践行教师职业道德。
- **道德观察**：选用教师职业道德缺失的相关案例让学生分析，以引发学生思考，提高学生的道德判断能力，进而帮助学生明确自身作为未来教育工作者应坚守的道德底线与职业操守。
- **课堂互动**：结合正文内容设置各种讨论活动，以活跃课堂气氛，并引发学生思考。
- **博闻天下**：选用新颖、实用且能体现时代精神的阅读材料，以帮助学生提升学习兴趣和学习效果。
- **师德榜样**：以模范人物事迹为主要内容，促使学生赓续榜样精神，汲取奋进力量。

4．平台支撑，打造立体数字资源

本书配有丰富的数字资源。读者可以借助手机或其他设备扫描二维码观看微课视频，从而更加直观地学习教师职业道德的相关知识。此外，本书还配有优质课件、习题答案等配套资源，读者可以登录文旌综合教育平台"文旌课堂"查看和下载。读者在学习过程中有任何疑问，都可登录该平台寻求帮助。

此外，本书还提供了在线题库，支持"教学作业，一键发布"，教师只需通过微信或"文旌课堂"App扫描扉页二维码，即可迅速选题、一键发布、智能批改，并查看学生的作业分析报告，提高教学效率、提升教学体验。学生可在线完成作业，巩固所学知识，提高学习效率。

本书由赵彦美、王位、曾庆玫担任主编，张勇、南腊梅、王虹参与编写。其中，赵彦美编写第一章和附录并进行统稿，王位编写第二章和第四章，曾庆玫编写第三章和第八章，张勇编写第五章，南腊梅编写第六章，王虹编写第七章。由于编者水平有限，书中难免存在疏漏之处，敬请广大读者批评指正。

特别说明：

（1）本书在编写过程中，参考了大量的资料并引用了部分文章。这些引用的资料大部分已获授权，但由于部分资料来自网络，我们未能确认出处，也暂时无法联系到原作者。对此，我们深表歉意，并欢迎原作者随时与我们联系，我们将按规定支付酬劳。

（2）本书所选案例均来源于真实事件，但为了避免引起不必要的误会，部分人物使用了化名。

🔍 **本书配套资源下载网址和联系方式**

🌐 网址：https://www.wenjingketang.com
📞 电话：400-117-9835
✉ 邮箱：book@wenjingketang.com

CONTENTS 目录

第一章 以知促行,热爱教师职业——教师职业道德概述 1
    课堂导入 不愿去培训的小刘 2
  第一节 道德、职业道德与教师职业道德 2
    一、道德与职业道德 2
    二、教师职业道德的含义与特征 4
  第二节 教师职业道德的形成与发展 7
    一、我国教师职业道德的形成与发展 7
    二、国外教师职业道德的发展 9
  第三节 教师职业道德的基本原则 12
    一、教书育人原则 12
    二、依法执教原则 13
    三、为人师表原则 13
    四、乐教敬业原则 13
    五、教育人道主义原则 14
  第四节 学习与践行教师职业道德的意义 15
    一、学习与践行教师职业道德对教师的意义 15
    二、学习与践行教师职业道德对学生的意义 16
    三、学习与践行教师职业道德对教育教学工作的意义 17
    四、学习与践行教师职业道德对社会的意义 17
  综合检测 19
  道德践行 20
    分享活动——那些让人印象深刻的师德故事 20
  综合评价 21

第二章 不忘初心,塑造师道灵魂——教师职业道德范畴 22
    课堂导入 抄作文的学生 23
  第一节 教师义务 23
    一、教师义务的含义 23
    二、教师义务的内容 23

三、教师义务的意义 25
  四、教师义务感的培养 26
 第二节 教师良心 28
  一、教师良心的含义 28
  二、教师良心的特点 28
  三、教师良心的意义 29
  四、教师良心的形成 31
 第三节 教师公正 32
  一、教师公正的含义 32
  二、教师公正的特点 32
  三、教师公正的内容 33
  四、教师公正的意义 34
  五、教师公正的践行 36
 第四节 教师幸福 37
  一、教师幸福的含义 37
  二、教师幸福的特点 38
  三、教师幸福的意义 39
  四、教师幸福的实现 40
 综合检测 42
 道德践行 43
  体验活动——我的幸福时刻 43
 综合评价 44

第三章 牢记使命，师德涵养于心——教师职业道德修养 45
 课堂导入 职业道德培训革新提升教师参与度 46
 第一节 教师职业道德修养概述 46
  一、教师职业道德修养的含义 46
  二、教师职业道德修养的特点 47
  三、教师职业道德修养的内容 48
 第二节 教师职业道德修养的提升 50
  一、提升教师职业道德修养的意义 50
  二、提升教师职业道德修养的基本原则 52
  三、提升教师职业道德修养的途径 53
 综合检测 57
 道德践行 59
  分享与讨论——我的职业道德提升计划 59

目 录

综合评价 ·· 60

第四章　身正为范，不负育人使命——教师职业道德规范 ·············· 61
　　课堂导入　时代楷模张桂梅 ································ 62
第一节　爱国守法　爱岗敬业 ······························ 63
　　一、爱国守法：教师职业的基本要求 ···················· 63
　　二、爱岗敬业：教师工作的责任担当 ···················· 66
第二节　关爱学生　教书育人 ······························ 69
　　一、关爱学生：师德之魂 ···································· 69
　　二、教书育人：教师的天职 ································ 73
第三节　为人师表　终身学习 ······························ 76
　　一、为人师表：教师职业的内在要求 ···················· 76
　　二、终身学习：教师专业发展的不竭动力 ············ 79
综合检测 ·· 81
道德践行 ·· 83
　　名家讲堂——优秀教师应具备哪些高尚品质？ ········ 83
综合评价 ·· 84

第五章　厚植情怀，共筑师生情谊——师生间的道德问题 ·············· 86
　　课堂导入　用浪漫的心反哺教育 ···························· 87
第一节　师生关系概述 ··· 88
　　一、教师角色与师生关系 ···································· 88
　　二、良好师生关系的重要意义 ······························ 91
　　三、建立良好师生关系的原则 ······························ 92
第二节　师生间的教学关系 ··································· 93
　　一、教师在教学中要"以学生为本" ······················ 94
　　二、教师如何对待自身的错误 ······························ 98
　　三、教师如何对待学生的问题 ······························ 100
　　四、教师如何应对学生的质疑 ······························ 102
第三节　师生间的情感关系 ··································· 104
　　一、教师如何化解学生的孤僻与冷漠 ···················· 104
　　二、教师如何应对学生的过度依恋 ······················· 107
　　三、教师如何提高自己的情商 ······························ 108
综合检测 ·· 110
道德践行 ·· 112
　　模拟课堂——遇到"刁难"怎么办？ ······················ 112
综合评价 ·· 113

III

第六章　同心同行，携手共育英才——教师间的道德问题　114

　　课堂导入　两位数学教师合作提升教育质量　115

第一节　教师之间的关系概述　115
　　一、不同类型教师在人际交往中的表现　115
　　二、教师关系中的问题表现及成因　117
　　三、教师在人际交往中应注意的问题　119

第二节　教师之间良好人际关系的培养　120
　　一、教师之间合作关系的认识　120
　　二、教师之间竞争问题的处理　123
　　三、教师之间建立良好人际关系的具体方法　124

　综合检测　126
　道德践行　127
　　游戏活动——假如我是教师　127
　综合评价　128

第七章　寻求共识，凝聚教育合力——教师与家长、学校间的道德问题　129

　　课堂导入　周老师的婚礼和张老师的考核压力　130

第一节　家校沟通与合作概述　131
　　一、家校沟通与合作的基础　131
　　二、教师在家校沟通与合作中的错误做法　132
　　三、家校沟通与合作中矛盾产生的原因　133
　　四、家校沟通与合作的有效保障　135

第二节　教师和学校间的道德问题　139
　　一、教师和学校的权利与义务关系　139
　　二、教师与学校的协作关系　143
　　三、教师与学校发展过程中的道德保障　146

　综合检测　150
　道德践行　152
　　情景模拟——与家长的沟通艺术　152
　综合评价　153

第八章　知行合一，促进教师成长——教师职业道德评价　154

　　课堂导入　教师好不好，学生来评价　155

第一节　教师职业道德评价概述　155
　　一、教师职业道德评价的含义及内容　155
　　二、教师职业道德评价的功能　156

三、教师职业道德评价的原则 …………………………………………… 157
四、教师职业道德评价的标准 …………………………………………… 159
五、教师职业道德评价的形式 …………………………………………… 161
六、教师职业道德评价的方法 …………………………………………… 162
第二节　教师职业道德评价机制的构建 …………………………………… 168
一、确立发展性的教师职业道德评价观 ………………………………… 168
二、完善教师职业道德评价标准 ………………………………………… 169
三、丰富教师职业道德评价的方式 ……………………………………… 170
四、建立反馈和激励机制 ………………………………………………… 171
综合检测 ……………………………………………………………………… 174
道德践行 ……………………………………………………………………… 175
　　角色扮演——假如让我来评价 ………………………………………… 175
综合评价 ……………………………………………………………………… 176

附录 …………………………………………………………………………… 177
附录一　小学教师专业标准（试行）……………………………………… 177
附录二　中学教师专业标准（试行）……………………………………… 180
附录三　中小学教师职业道德规范 ………………………………………… 183
附录四　中小学班主任工作规定 …………………………………………… 184
附录五　关于加强和改进新时代师德师风建设的意见 …………………… 186
附录六　幼儿园教师违反职业道德行为处理办法 ………………………… 190
附录七　中小学教师违反职业道德行为处理办法 ………………………… 192

参考文献 ……………………………………………………………………… 195

第一章

以知促行，热爱教师职业
——教师职业道德概述

本章导读

道德代表着社会的正面价值取向。社会的发展和人类文明的进步都离不开道德的规范和引导。教师职业道德作为教育领域内的精神灯塔，不仅指引着教师个人的职业行为，还深刻影响着学生的成长轨迹与社会的未来面貌。在教育的广阔天地里，教师不仅是知识的传递者，更是道德的楷模与精神的引领者。因此，深入探讨与强化教师职业道德建设，对于塑造学生健康人格、提升教育质量、构建和谐社会具有不可估量的价值。

学习目标

- 了解教师职业道德的含义、特征及其形成与发展。
- 熟记并遵守教师职业道德的基本原则。
- 领会学习与践行教师职业道德的意义。
- 树立职业理想，为投身教育事业做准备。

教师职业道德

> **课堂导入**

不愿去培训的小刘

某地教育局每年都会组织当地中小学近一年内入职的教师进行教师职业道德培训，以帮助新教师更快地适应学校环境并更好地工作。

2024 年，某小学新来的小刘老师因病未能参加首次教师职业道德培训。按照规定，未参加首次教师职业道德培训的教师要到教育局补课。小刘老师接到校长发来的补课通知时有些诧异。她认为，自己作为一名教师，一方面受国家的教育法律法规约束，另一方面受学校的规章制度管理，一定不会做违法乱纪的事情。况且自己考取了教师资格证，这能够证明自己符合教师的任职条件。因此，小刘老师觉得自己没有必要浪费时间去参加教师职业道德培训，而是应该把做好教育教学工作放在首位。

请思考：你的想法是否和小刘老师的一致？如果一致，请你学完本章后，反思自己的想法是否正确，并说明理由；如果不一致，请你说一说为什么教师在上岗之前接受教师职业道德培训非常重要。

第一节 道德、职业道德与教师职业道德

道德是一种特殊的社会意识形态，也是人们在社会生活中共同遵守的行为准则与规范。教师职业道德是道德在教师职业领域中的具体体现，是教师在教育实践中的道德认识与道德行为的真实写照。教师职业道德的培养不仅涉及教师自身素养的提升，还关系到学生道德观念的形成、学校教育教学工作的开展及社会精神文明的建设。

一、道德与职业道德

（一）道德

在西方，"道德"（morality）一词起源于拉丁语的"mores"，意思是"风俗、礼节和习惯"。在中国，"道"是人们应当遵守的行为准则；"德"是生活中"善"的现象的总称。因此，"道德"成为对人们生活中善行的概括。总的来说，人们认为道德是由一定的经济关系所决定的特殊的意识形态，是以善恶为评价标准，依靠社会舆论、传统习惯和内心信念维持的，能够调整个体与个体之间、个体与社会之间关系的行为规范的总和。

第一章 以知促行，热爱教师职业——教师职业道德概述

道德的内涵可以从以下几个方面理解。

1. 道德的核心内容是人与人之间、人与社会之间的关系

道德以规范、规则的形式表现社会的客观要求，可以被个体内化为信仰、观念和品德，并对个体的思想、行为加以规范和约束，从而维持个体与个体之间的和谐关系和良好的社会秩序，促进个体和社会的共生互利。

2. 道德的调节手段是社会舆论、传统习惯和内心信念

与法律手段相比，道德是一种弹性的调节手段，具有不确定性和灵活性的特征。它主要借助社会舆论、传统习惯和内心信念来调节社会关系。当社会舆论、传统习惯与内心信念相抵触时，内心信念往往起着决定性作用。

3. 道德的评价标准是善与恶

道德依据一定社会的善恶标准对个体的行为进行判断和评价：凡是有利于社会发展进步的，就是"善"的、道德的；凡是不利于社会发展进步的，就是"恶"的、不道德的。善恶标准具有相对性和历史性，它在指导人们的行为、维护社会秩序和促进社会进步方面发挥着重要作用。

4. 道德既是一种社会规范，也是一种个体观念、品质和修养

一方面，作为调节个体与社会关系的社会规范的总和，道德是复杂的、具体的、多元的，每个社会发展阶段都会形成与之相适应的核心价值规范体系；另一方面，道德在个体身上往往表现为道德观念、道德品质、道德修养和道德行为。

公民道德基本规范

道德是人们评判是非善恶的标尺，公民道德是对"公民"这一社会主体身份的道德要求，其主要内容包括爱国守法、明礼诚信、团结友善、勤俭自强和敬业奉献。

爱国守法：公民应培养高尚的爱国主义精神，并自觉地学法、懂法、用法、守法和护法。

明礼诚信：公民应做到文明礼貌，诚实守信，诚恳待人。

团结友善：公民之间应团结互助，彼此关照，和睦相处。

勤俭自强：公民应勤俭节约，努力向上，积极进取，不断提升和完善自己。

敬业奉献：公民应忠于职守，克己为公，服务社会。

（资料来源：共青团连江县委员会，《公民道德规范知多少》，微信公众号，2023年3月1日，收入本书有删改）

（二）职业道德

职业道德是指同人们的职业活动紧密联系的，符合职业特点和职业要求的道德情操、道德准则、道德品质的总和。职业道德是社会道德的重要组成部分之一，也是社会道德原则和

规范在一定的职业行为、职业关系中的特殊表现,还是从业人员在职业活动中应遵循的行为准则,以及应具备的道德观念、道德情感和道德品质。

总的来说,职业道德具有以下三个特征。

1. 职业性

职业道德的内容与职业实践活动紧密相连,反映着特定职业活动对从业人员行为的道德要求。职业道德通常只能在特定的职业范围内发挥作用,规范着该行业从业人员的职业行为。

2. 实践性

职业道德的作用是调整职业关系,对从业人员进行职业活动时的具体行为进行规范,解决现实生活中的具体道德冲突。因此,职业行为过程就是职业道德的实践过程,职业道德的水平只有在实践过程中才能体现出来。

3. 继承性

在长期的历史发展过程中,各种职业都形成了各自独特的职业道德规范。同时,在长期的实践过程中,同一职业的服务对象、服务手段、职业利益、职业责任和职业义务相对稳定,因此在这一过程中形成的职业道德规范的核心内容会被人们作为经验和传统继承下来。这些核心内容构成了职业道德的基本框架,使得职业道德在不同历史时期和社会发展阶段都能够被社会普遍认同且保持相对稳定。例如,"有教无类""学而不厌,诲人不倦""善为师者,既美其道,有慎其行"①等古人所遵循的教师职业道德,至今仍然是教师职业道德的重要内容。

二、教师职业道德的含义与特征

教师是履行教育教学职责的专业人员,承担着教书育人、培养社会主义事业建设者和接班人、提高民族素质的使命。教师的身份决定了他们在教育教学活动中,既要传播人类的科学文化知识和技能,又要注重学生在思想道德、审美情趣等方面的发展。这些都对教师的职业道德提出了较高的要求。

(一)教师职业道德的含义

教师职业道德简称"教师道德"或"师德",是指教师在教育教学活动中必须遵守的道德规范和行为准则。它是个体从事教师职业所必须遵循的道德行为准则,也是调节教师与教师、教师与学生、教师与学校领导、教师与家长、教师与社会的关系的行为规范,是一般社会道德在教师职业中的特殊体现。

教师职业道德包括意识和行为两个方面:一方面,教师职业道德意识支配着教师的职业道德行为,它是教师道德行为的内在规范;另一方面,教师职业道德行为可以反映出教师职

---

① 张世亮、钟肇鹏、周桂钿译注:《春秋繁露》,中华书局,2012年版。

第一章 以知促行，热爱教师职业——教师职业道德概述

业道德意识的发展程度。教师只有具备较高的职业道德意识水平，才能更好地实施职业道德行为，进而更好地适应教育教学的需要。

（二）教师职业道德的特征

概括来说，现代的教师职业道德具有以下四个特征。

1. 教师职业道德意识的复杂性

教师职业道德意识的复杂性主要体现在以下几个方面。

（1）教育环境的复杂性。教育环境是影响教师职业道德意识形成和发展的重要因素之一。受学生需求多样化、家长期望多元化、教育政策不断调整等因素的影响，教育环境通常复杂、多变，这就使得教师需要在教育教学过程中面对各种复杂的道德情境，并不断学习、反思和提升自己的职业道德意识，以便适应新的教育环境和社会需求。

（2）社会期望的多重性。随着社会的快速发展和多元文化的融合，教师职业道德意识面临着多种价值观的交织和碰撞。同时，教师作为社会的重要角色，承载着来自家庭、学校、社会等各方面的期望。这些因素都增加了教师职业道德意识的复杂性，使得教师需要在个人价值观、社会价值观及职业价值观之间找到一个平衡点，确保自己的职业道德意识既符合个人信仰，又符合社会期望和职业要求。

（3）教育方式的多样性。在教育教学活动中，教师往往需要在尊重学生个体差异与实现全体学生的发展之间、追求教育质量与减轻学生负担之间、维护教育公平与满足教学特殊需求之间做出权衡、选择，这些复杂的道德情境需要教师在实践中不断反思、调整自己的道德观念和行为方式，对教师的职业道德意识提出了更高的要求。

2. 教师职业道德行为的示范性

道德行为是在道德意识支配下所表现出来的符合一定道德规范的行为。学生正处于长身体、学知识、立德志的重要时期，在学校生活中，教师与学生朝夕相处，教师的思想道德观念和言行举止必然会让学生耳濡目染，从而影响学生的道德品质、价值观、情感发展和行为习惯等多个方面。因此，在教育教学过程中，教师不仅要具备较强的道德意识，还要规范自己的言行举止，对学生的学习和成长起到良好的示范作用，从而真正成为学生成长道路上的引路者。

从《论语》看孔子的"师德"观

古代的大教育家孔子开创了我国古代私人讲学的先河。在记录孔子及其弟子言行的《论语》中，可以看到许多孔子对师德修养的相关论述。这些论述带给后世为师者很多启示。

一、学而不厌，诲人不倦

孔子认为，要想当一个好老师，首先要具有"学而不厌，诲人不倦"的精神。

学好是教好的基础。老师没有广博的知识，就不能担负起教导的责任。但是，由于个人精力和能力有限，老师不可能掌握人类社会的所有知识，因而只有"学而不厌"，才能不断增长知识、提高能力，从而满足教学的需要。同时，老师的"学而不厌"也是学生的榜样，必能激发学生的求知欲。

"诲人不倦"是老师最宝贵的品格和最崇高的精神境界。孔子认为，老师对学生应真诚无私，传授知识应毫无保留，即做到"无私""无隐"。因此，孔子对学生们表示："二三子以我为隐乎？吾无隐乎尔。"意思是说，自己会把所有的知识毫无保留地分享给学生。《论语》中就记载了许多孔子"诲人不倦"的生动例子。

二、以身作则，言传身教

榜样的力量是无穷的。孔子认为，"其身正，不令而行；其身不正，虽令不从"，告诫弟子"不能正其身，如正人何？"。也就是说，老师应当以身作则，言传身教，用自己的实际行动告诉学生哪些言行是正确的，哪些言行是错误的。

孔子还认为，"可与言而不与之言，失人；不可与言而与之言，失言。知者不失人，亦不失言"，要求老师关注每个学生的能力和需求，根据学生的实际情况给予其适当的指导。此外，孔子还要求老师把"有言之教"和"无言之教"结合起来，知道哪些情况下需要言传，哪些情况下需要身教，做到既不错过人才，又不浪费语言。

三、学必立志，君子躬行

为学必先立志。孔子很重视学生的立志问题，他告诫学生，"三军可夺帅也，匹夫不可夺志也"。孔子还现身说法，向学生讲述自己的求学和修身经历，以及自己学习的心得和感受，说："吾十有五而志于学，三十而立，四十而不惑，五十而知天命，六十而耳顺，七十而从心所欲，不逾矩。"这意味着老师不仅要修自身，还要教育学生确立崇高的志向，并将志向作为个人努力的方向。

3. 教师职业道德影响的深远性

如果一位教师拥有崇高的职业道德理想，散发着令人尊敬的人格魅力，那么他所践行的职业道德将成为一种强有力的教育力量，对学生产生广泛而深远的影响。从空间上看，这种影响会涉及学生学习和生活的方方面面；从时间上看，这种影响可能会贯穿学生的一生。

此外，教师的职业道德不仅影响着学生的道德行为，还会通过学生传递到家庭和社会中，从而影响社会的整体道德水平，这对于家庭的和谐、社会的稳定和进步都具有重要意义。

4. 教师职业道德调节的自觉性

教师以脑力劳动作为主要的劳动方式，常常处于无人监督的情形下。教师是否充分备课、是否认真批改作业、是否耐心教导学生等，都难以进行实时监督和考核。也就是说，教师的工作主要依靠教师本人的自律。教师只有深刻认识到自己所从事职业的重要性和特殊性，以及提高教师职业道德修养对今后有序开展教育工作的意义、价值，才能将教师职业道德的相关要求转化为自己的内在需要和道德行为，并进行自我约束和自我教育，从而做到以身作则，发挥良好的示范作用。

> **课堂互动**
>
> 请你与同学分享自己知道的著名教育家（如古代的孔子、孟子，近代的蔡元培、陶行知等）的故事，然后说一说你对教师职业道德的认识。

第二节　教师职业道德的形成与发展

教师职业道德是伴随着教育教学实践的深入开展而形成和发展起来的。

一、我国教师职业道德的形成与发展

（一）古代教师职业道德的形成与发展

先秦时期，中国社会处于大变革时代，各种学派应运而生，各派学者纷纷聚徒讲学，形成了百家争鸣的局面，由此产生了我国教育史上具有划时代意义的私学。

在私学的形成过程中，专职教师开始出现，著名教育家孔子随之提出了我国历史上最早的、也是较为完整的教师职业道德规范。在道德教育态度上，他要求教师要"学而不厌，诲人不倦"；在道德教育方法上，他要求教师要因材施教；在道德修养方法上，他强调教师要以身作则，为人师表。

同时，老子、庄子、荀子等思想家、教育家也提出了自己对于教师道德的见解。老子强调"无为而治""行不言之教"，认为教师应当以身作则。庄子认为，教师应当注重培养学生的创造性，强调教师的作用是引导学生发现自我，而不是简单地传授知识。荀子则提出了更为具体的教师道德规范，他认为教师除了具备渊博的知识以外，还应当具有较高的威信、丰富的阅历、崇高的信仰，以及讲授、钻研的能力。这些思想家和教育家的观点是中国古代教师道德规范的重要组成部分，强调了教师的榜样作用、教学方法的重要性，以及对学生全面发展的关注。这些见解对于理解中国古代教育理念和教师角色的定位具有重要的参考价值。

> **修身笃学**
>
> ### 荀子关于教师职业道德的见解
>
> 荀子认为,"师术有四,而博习不与焉:尊严而惮,可以为师;耆艾而信,可以为师;诵说而不陵不犯,可以为师;知微而论,可以为师"①。意思是说,当老师的人,除了有渊博的学问之外,还要具备四个基本条件:首先,要有尊严和威信;其次,要有丰富的阅历和崇高的信仰;再次,讲学时要有条理,循序渐进;最后,要通晓细微的道理并能够阐述出来。
>
> 此外,荀子还特别强调师德修养的实践作用,他认为,"不闻不若闻之,闻之不若见之,见之不若知之,知之不若行之"②。意思是说,没有听到不如听到,听到不如看到,看到不如知道,知道不如去亲身实践。

西汉时期,我国确立了封建教育的雏形,也奠定了封建社会教师职业道德的基础。西汉思想家董仲舒建议"罢黜百家,独尊儒术",实行教化和赏罚并用,提出德威共济、恢复周礼、传经授书、信守师法等主张,并为汉武帝所采纳,从而大大发展了封建社会的教育制度和教师道德。西汉思想家扬雄认为,"师者,人之模范也"③,要求教师为学生做出表率,成为学生效仿的楷模。

唐宋时期是我国封建教育的鼎盛时期,这一时期重教重学、尊师重道。例如,宋代的朱熹在庐山东麓创办白鹿洞书院时,制订了《白鹿洞书院教条》。该教条完整且清晰地论述了当时的师德规范:"熹窃观古昔圣贤所以教人为学之意,莫非使之讲明义理,以修其身,然后推以及人,非徒欲其务记览,为词章,以钓声名、取利禄而已也。"④朱熹认为,教师教人学习,应该让学生知礼明仪,修身养性,然后推己及人,而不是只要求学生强识博闻、撰写文章、求取功名利禄。在《白鹿洞书院教条》中,朱熹还提到了"修身之要""处事之要""接物之要",并指出教师应该把这"三要"落实到自己的行为上,为学生树立一个好榜样。朱熹还认为,教师应善于用这"三要"启发学生、引导学生,使他们明白为人处世的道理,并自觉约束自己的行为,以达到修身的效果。

明清时期是我国封建社会的衰落时期,但这一时期仍然涌现出了一批进步的思想家、教育家,他们对一系列道德理论,包括教师道德理论,进行了深入讨论。教育家王守仁认为,"学校之中,惟以成德为事"⑤。意思是说,学校的主要任务和目的是培养学生的道德品质。思想家王夫之认为,教师应做到"欲明人者先自明","夫欲使人能悉知之,能决信之,能率行之,必昭昭然知其当然,知其所以然,由来不昧而条理不迷。贤者于此,必先穷理格物以致其知,本末精粗晓然具著于心目,然后垂之为教"⑥。意思是说,教师必须具有渊博的知识

---

① 方勇、李波译注:《荀子》,中华书局,2015年版。
② 同①。
③ 钟基:《诸子锦言录(全四册)》,中华书局,2020年版。
④ 冯天瑜:《中华文明五千年》,北京大学出版社,2022年版。
⑤ 王守仁:《王阳明集》,中华书局,2016年版。
⑥ 孙培青:《中国教育史(第四版)》,华东师范大学出版社,2019年版。

并深刻领会各种道理，才能胜任教育工作。教师如果大义不知其纲、微言不知其隐，"实则昏昏也"，是不配也不能充当人师的。清末维新派领袖康有为也十分重视教师的道德修养。他认为，儿童正处于生长发育期，容易受到外界环境的影响，需要得到教师的照顾与关怀，因此他提出小学教师"当选德性仁慈、威仪端正、学问通达、诲诱不倦者为之"①。

（二）近现代教师职业道德的发展

我国近代著名的教育家蔡元培极为重视教育工作，他认为，"小学教员在社会上的位置最重要"②。蔡元培本人也时时处处做出表率，为后世树立了光辉的师德榜样。

为实现教育救国目标，我国近代人民教育家陶行知放弃舒适安逸的城市生活，到农村创办"乡村教育"，并为自己定下了师德的标准。他说："千教万教教人求真，千学万学学做真人。"③在教育上，陶行知严于律己，好学不倦，通过调查、研究、实验等方法来验证自己的教育理论和教育实践，提出了符合教育规律的教育理论。他一生"以身立教"，为我国的教育事业做出了巨大贡献。

从20世纪90年代至21世纪初，我国颁布和修订了《中小学教师职业道德规范》，要求教师充分认识新时期加强教师职业道德建设的重要意义，并做到爱国守法、爱岗敬业、关爱学生、教书育人、为人师表、终身学习。2018年，教育部正式印发实施《新时代高校教师职业行为十项准则》《新时代中小学教师职业行为十项准则》《新时代幼儿园教师职业行为十项准则》《教育部关于高校教师师德失范行为处理的指导意见》《中小学教师违反职业道德行为处理办法（2018年修订）》《幼儿园教师违反职业道德行为处理办法》等文件，明确了新时代教师的职业规范，对教师队伍能力和水平提出了新的、更高的要求，也为教师严格约束自我、规范职业行为、加强自我修养提供了基本遵循。

关于加强教师队伍建设的相关规定

二、国外教师职业道德的发展

（一）古希腊和古罗马时期的教师职业道德观

在古希腊和古罗马时期，师德观有两种：一种观点认为，教师应该严格管理学生，若学生不服从管理，教师就可以使用威胁和殴打的手段迫使其服从；另一种观点认为，教师对待学生应友善，应该凭借自身的德才把学生教育成品德高尚的人。

古希腊和古罗马也有很多教育家对教师职业道德发表了看法。古希腊教育家亚里士多德认为，教师必须在学习、品德、人格、习惯上为学生树立良好的榜样。古罗马教育家昆体良系统地论述了教师职业道德，并对教师提出了较高的要求。他认为，教师必须在道德上成为

---

① 刘彦顺、潘黎勇、曾繁仁、祁海文：《中国美育思想通史（清代卷）》，山东人民出版社，2017年版。
② 马芹芬：《越文化视野下的蔡元培及其美育思想》，中国社会科学出版社，2017年版。
③ 周洪宇：《教师教育论》，北京师范大学出版社，2009年版。

学生学习的榜样，他既不允许学生失德，也不允许自己失德。他还认为，教师要像父母对待自己的孩子一样对待学生，既爱护备至，又严格要求。

（二）文艺复兴时期的教师职业道德观

文艺复兴时期，很多教育家反对教师的权威主义和对学生的体罚，希望能通过发展学生的积极性和独立性激发学生的创造力。人文主义思想家伊拉斯谟认为，教师应关心学生的身心发展，尊重学生的个性，在深入了解学生的基础上去教育学生，在教育教学实践中做到鼓励与约束并重。

这一时期的师德观还强调教师要德才兼备。例如，西方近代教育理论的奠基者夸美纽斯认为，教师的职责伟大而光荣，教师要充分了解自己职业的社会价值，加强品德修养，成为道德卓越的人。他还认为，教师应是学生各方面的榜样和典范，"应该在衣食住行各方面都给学生树立简朴的典范，成为工作上朝气蓬勃、热爱劳动的榜样，行为方面谦虚谨慎、品性优良的模范，与人交谈时，会掌握谈话的艺术和时机。总之，要成为通晓个人和社会生活方面的道理的典范"①。

（三）近现代的教师职业道德观

国外近代的师德观强调教师要培养学生在德、智、体各方面的能力。英国教育家洛克认为，教师的责任是培养学生良好的习惯，在学生需要的时候，给其力量和勉励。瑞士教育家裴斯泰洛齐认为，教师要引导学生向善，激发他们纯洁的、高尚的道德情感，使学生具有纯净的心灵。同时，近代的师德观还强调教师要依照学生的身心发展规律组织教学。例如，德国教育家福禄贝尔认为，教育要遵循自然万物发展的正确方向，并遵循学生的天性。

在现代教育实践中，世界各国为加强教师职业道德建设，提出了很多具体措施，并建立、完善了一系列机制。这些措施和机制逐渐发展为系统化的职业道德规范，使得教师职业道德的培养和社会对教师道德行为的评价有规可依、有章可循。

美国将职业道德称为"职业伦理"。早在19世纪，美国各州就相继颁布了教师职业伦理规范。1929年，美国在大量调查访谈的基础上通过了《教学专业伦理规范》，期望以理想的教师形象带动教师职业伦理建设。自1929年初到1975年，《教学专业伦理规范》历经6次修订终于成型，并更名为《教育职业伦理准则》，成为具有法理权威的伦理信条。为了保障优良师资的培养，1996年，美国又制定了《优秀教师行为准则》，在总共26条的规定当中，有21条涉及教师专业伦理方面的要求。

德国制定了本国的教师职业道德标准——《教师教育标准》，以法律的形式对教师的任职资格、权利、义务等做出了具体要求。根据德国的相关规定，教师职业道德应包括以下内容：① 具有健康的体魄，能胜任繁忙的教育和教学任务；② 具有敬业精神，热爱自己的职业，热爱自己的学生；③ 具有人道主义精神，善于营造一种快乐的气氛；④ 热爱自己执教的学科；⑤ 对自己执教的学科有信心，有把握，了解其难点、教学方法；⑥ 了解每个学生的学

---

① 刘黎明：《西方自然主义教育思想的当代价值》，华东师范大学出版社，2017年版。

习方式和风格，懂得如何有效地帮助学生学习；⑦ 具有民主精神，能认识到师生之间也应该讲民主；⑧ 具有教师的责任感和使命感。

日本于1952年通过了《教员伦理纲领》，并沿用至今。这份纲领对教师职业道德的规定包括教师要肩负起日本社会的使命、为教育机会的均等而斗争、捍卫和平、站在科学的立场上行动、与社会的颓废现象做斗争、团结一致等内容。同时，日本还将"道德教育研究"列为师资培训课程的必修科目。

此外，加拿大、挪威、新加坡、英国、澳大利亚等国家也通过教育督导、质量保障等方式，不断完善教师培养体系，并将赋权增能性（即赋予能量、激发潜能）的师德文化有机融入教师培养的各个环节，使教师伦理文化成为师德培育的重要支撑条件之一。

博闻天下

联合国教科文组织关于师德规范的规定

1966年，联合国教科文组织通过的《关于教师地位的建议》明确提出，"教育工作应被视为专门职业。这种职业是一种要求教员具备经过严格而持续不断的研究才能获得并维持专业知识及专门技能的公共业务；它要求对所辖学生的教育和福利具有个人的及共同的责任感。"[①]这里的"共同责任感"是指教师对学生的全面发展负有教育责任。

《关于教师地位的建议》还提出，师德理想"应以人类个性的全面发展，以集体精神的、道德的、社会的、文化的和经济的进步，以及以对人权和基本自由极大尊重的谆谆告诫为目标"[②]。

《关于教师地位的建议》还提出了具体师德规范，这些师德规范包括以下几点。

(1) 教师不得以种族、肤色、性别、宗教、政治见解、民族、社会成分或经济状况为理由，以任何形式歧视学生。

(2) 教师要为每一个学生提供可能的、最充分的受教育机会，应适当注意对教育活动有特殊要求的儿童。

(3) 教师应具有必要的德、智、体的品质，并且具有必要的专业知识和技能。

(4) 教师要尽一切可能与家长密切合作，但也不能在教师专业职责等方面受到家长不公正和不应有的干涉。

(5) 教师要积极参加社会生活和公共生活。

(6) 为了学生、教育工作和全社会的利益，教师要力求与各行政主管部门充分合作。

(7) 教师应参加课程、教学方法和教学设备的改进工作。

(8) 教师要公正地评定学生的学业成绩。

(9) 教师应避免学生发生事故和意外。

---

① 湛中乐：《教师权利及其法律保障》，中国法制出版社，2015年版。
② 徐廷福：《教师职业道德修养》，北京师范大学出版社，2015年版。

第三节 教师职业道德的基本原则

教师在教育教学实践中必须遵守一定的原则,以便协调实践过程中的各种关系,保证教育教学活动的正常进行。教师职业道德的基本原则作为对教师行为的基本要求,在教师职业道德体系中处于主导地位。因此,每一位教师都应该遵守教师职业道德的基本原则,以便更好地履行教书育人的使命。

一、教书育人原则

教书育人是指传授知识,培养人才。它既指明了教师的神圣职责和历史使命,又总结了教师的劳动手段、劳动方式和劳动任务。

《以爱筑梦育英才》

教书育人原则要求教师做到以下几点。

(1)按照党和国家的教育方针,坚持育人为本、德育为先,把立德树人作为教育的根本任务。

(2)在传授知识的同时,帮助学生树立正确的世界观、人生观和价值观,养成良好的行为习惯,培养良好的道德品质。

(3)组织学生开展有益的文化娱乐活动和体育活动,提高学生的身心健康水平。

需要注意的是,教师在开展教育教学活动时,应当遵循教育教学规律和学生的成长规律,从实际出发,采用适宜的教育方法,促进学生的健康成长。与此同时,教师应当努力学习科学文化知识,研究教育理论,提高思想政治觉悟,不断提高自身的综合素质,以适应时代对教师的要求。

德行长廊

借分和还分

期中考试成绩出来了,一名学生的语文得了59分。他害怕被父母责怪,便十分着急地找到教语文的李老师,央求道:"李老师,求您给我加1分吧!"

李老师没有立即答应他的请求,而是问这名学生:"我可以给你加1分,但这1分只能算是借给你的,你得还我,并且还的时候需要加上利息——借1分还10分。我会从你的期末考试成绩中扣10分,你愿意吗?"这名学生欣然答应。

在期末考试中,这名学生的语文得了85分。李老师遵照约定扣了10分,为了鼓励他的进步,又奖励了他10分。最终,这名学生的期末语文成绩还是85分。

李老师以"借1分,还10分"的方式巧妙地处理了学生的加分请求,鼓励学生努力学习,促使学生取得了巨大进步。

请思考:请你从教书育人原则出发,分析李老师的做法好在哪里。

二、依法执教原则

依法执教原则是指教师在所从事的教育教学活动中，必须严格遵守《中华人民共和国宪法》《中华人民共和国教育法》《中华人民共和国教师法》《中华人民共和国义务教育法》等相关法律法规，认真执行学校的教学计划，履行教师聘约，完成教育教学工作。

依法执教是教师完成本职工作的前提和基础，它要求教师确保教育教学活动的合法性、正确性和规范性。在贯彻依法执教原则的过程中，教师要学法、懂法，树立教育法律意识和教育法治理念，做遵规守法的模范。同时，教师应尊重和维护法律赋予学生的各项权利，尊重学生的人格尊严，关心爱护每一个学生，维护教育公平。

三、为人师表原则

为人师表原则是指教师要在各个方面都成为学生的表率、榜样和楷模。它要求教师在教育教学过程中，不仅要传授知识，还要以身作则，为学生树立良好的榜样。

教师的一言一行都对学生有着潜移默化的影响。学生在学校不仅会学习教师传授的知识和技能，还会学习和模仿教师的穿着打扮和行事作风。在学生的心目中，教师的言行举止就是一种标准。一名优秀的教师在学生的眼中既是智慧的象征，也是高尚人格的象征。可以说，教师的思想、行为、作风和品德时时刻刻都影响着学生。

因此，教师在工作中必须要规范自己的言行，要以自己的"言"为学生之师，以"行"为学生之范，言传身教，对学生动之以情、晓之以理、导之以行，做名副其实的人类灵魂工程师。

四、乐教敬业原则

"乐教"即乐于教育，是指教师应带着愉悦、快乐的心情投入到教育工作当中去。"敬业"即尊重职业，是指教师应把自己的职业当作一项崇高而神圣的事业来看待。"乐教"与"敬业"的关系是辩证统一的："乐教"中包含着教师对所从事的教育事业的崇敬之情，"敬业"中包含着教师对本职工作的热爱之情。

乐教敬业原则要求教师在以下几个方面下功夫。

首先，教师应深刻认识和理解教师这一职业的重要意义。只有这样，教师才会对教育工作产生真挚的、深厚的感情，才会被教育工作本身所具有的乐趣吸引，才能积极地面对自身的社会责任和社会任务，以献身教育事业为荣，从而满腔热情地投入到教育工作当中去。

其次，教师应持续学习，努力提高自身的专业素质。乐教敬业必须建立在扎实的专业基础和广博的知识学问之上。教师只有不断地丰富自己的专业知识，提高自己的教学技能，才能展现"学高为师"的职业风范。

最后，教师应该严谨治学，精益求精。其中，严谨治学包含两层意思：一是要以认真负责的态度完成教学任务；二是要有不断探索的精神，坚持科学研究，即对教学规律和教学内容开展深入的研究。

五、教育人道主义原则

教育人道主义原则是人道主义精神在教育领域及教育过程中的运用和体现。它强调教育要尊重人的发展需要、维护人的权利、提高人的价值。教育人道主义原则是教育者、教育过程的参与者都应当遵守的道德标准和要求。

具体而言，教育人道主义原则要求教师做到以下两点。

（一）尊重与关爱学生

教师要尊重学生，尤其是要尊重学生的个性，承认学生的个体差异。对于成绩落后的学生，教师应多加鼓励，热情地帮助他们提高学习成绩；对于组织纪律性差、不尊重教师的学生，教师既要对他们严格管理，加强教育，又要尊重他们的人格。

关爱学生是教育学生的前提。教师的关爱能为学生的学习和生活创造一种和谐、温馨、健康的精神环境，使学生在这种环境中感到愉快、安全和自由，从而自觉地接受教育、主动地寻求发展。关爱学生也是《中华人民共和国教师法》等教育法律法规对教师提出的要求，是教师必须履行的法律义务。

> **提示**
>
> 根据《中华人民共和国教师法》第八条第四项的规定，教师要关心、爱护全体学生，尊重学生人格，促进学生在品德、智力、体质等方面全面发展。

（二）服务家长

教师要充分尊重家长，热情地为家长服务，多与家长交流、合作，使学校教育和家庭教育形成合力，共同促进学生的健康成长。

服务家长的具体要求如下：① 对所有家长一视同仁，不训斥、指责家长；② 主动与家长联系、沟通，积极取得家长的支持与配合；③ 认真听取家长的意见和建议，积极向家长宣传科学的教育思想和教育方法，帮助家长树立正确的教育观；④ 强化服务意识，设身处地地为家长着想，为家长解除后顾之忧。

道德观察

> **一次家长与教师的对话**
>
> 家长："王老师，我可以和您谈谈吗？"
> 教师：（微笑着示意家长坐下）"欢迎，请坐吧。"

> 家长:"老师,您工作几年了?"
> 教师:"三年多了。"
> 家长:"哦,那还不是很长。"
> 教师:(沉默了一会儿)"您有什么事儿?尽管说好了。"
> 家长:"是这样的,昨天,佳佳回家就哭着说老师让她罚站了。你们怎么能体罚孩子呢?"
> 教师:"体罚孩子?那不可能!我们学校都是有规章制度的,老师禁止体罚学生。(情绪有些激动)有些孩子会因为不想上学而说谎话。"
> 家长:"孩子怎么会在这种事儿上说谎呢?况且我们佳佳从来不说谎的。"
> 教师:(语气加重)"那你是相信孩子,不相信老师喽?"
> ……
>
> 面对家长的质疑,这位教师既没有认真询问家长关于学生的具体情况,又没有耐心跟家长解释沟通。这样非但不能消除家长的疑虑,还会导致教师与家长之间出现信任危机。
>
> **请思考:** 案例中的这位教师违反了教师职业道德的什么原则?假如你是这位教师,你会如何与家长沟通?

第四节 学习与践行教师职业道德的意义

教师学习与践行教师职业道德,在塑造高尚师德风范、为学生树立良好榜样,以及促进教育事业的健康发展和社会良好风气的形成等方面都具有重要意义。具体来说,教师学习与践行教师职业道德的意义主要包括以下几个方面。

一、学习与践行教师职业道德对教师的意义

(一)有助于教师提高师德修养的自觉性

通过系统地学习与践行教师职业道德,教师能够从理论高度上深刻认识教师职业道德修养的重要性,增强提高职业道德修养的自觉性。通过学习,教师可以深入理解职业道德的内涵和要求,明确自身在教育教学工作中应承担的责任与使命,从而增强自我约束和自我提升的意愿。同时,教师在实践中践行职业道德修养,可以不断检验、反思并调整自己的言行,使师德修养成为自己的内在需求和自觉行为。

(二)有助于教师提高道德判断力,增强责任感

教育教学活动中的道德矛盾和利益关系错综复杂,每位教师在职业生活中都面临着大量依靠道德经验不能解决的道德方面的疑难问题。教师只有学习科学、系统的教师道德理论并加以实践,才能逐渐提升自己的道德判断力;只有具备高尚的职业道德素养,才能始终坚守

教育的初心使命和内心的职业良知,从而保持强烈的事业心和高度的责任感。

二、学习与践行教师职业道德对学生的意义

（一）对学生健全人格的形成起着奠基作用

学生正处于长身体、学知识、立德志的重要时期,具有较强的模仿能力和可塑性。在教育教学过程中,教师所展现出来的职业道德修养对学生健全人格的形成起着奠基作用。

首先,教师的道德品质影响着学生的自我认知和自我评价。一个公正、公平、负责任的教师,能够给予学生正确的评价和反馈,帮助他们正确认识自己,从而建立自信心和自尊心。这种积极的自我认知和自我评价是学生形成健全人格的重要前提。

其次,教师的教育方式和态度会影响学生的人格发展。教师如果采用尊重、关爱、鼓励等积极的教育方式,就容易激发学生的学习兴趣和自信心,培养学生的自主性和创造性,从而促进学生健全人格的形成。相反,教师如果采用惩罚、打骂等消极的教育方式,就会给学生带来心理压力和伤害,从而影响学生人格的健康发展。

（二）对学生道德行为的养成具有示范作用

道德行为是道德品质的外在表现,道德品质需要借助道德行为才能展现出来。孔子说:"其身正,不令而行;其身不正,虽令不从。"也就是说,身教胜于言教。教师是学生在校园中所接触到的最直观、最真实的道德榜样。教师可以通过自己的身体力行来印证课堂上的言教,使学生耳濡目染,进而实现"不教而教"的效果。这种示范作用比说教更深刻,更清晰;比高谈阔论更生动,更具体。

 德行长廊

身教重于言传

新的学期开始了,李老师担任小学四年级某班的班主任,并负责教授语文课。开学第一天,上课铃响后,李老师一走进教室,就看到很多学生都在交头接耳。班长喊"起立"后,大多数学生像打了败仗的士兵一样,无精打采地站起来。在没站起来的学生中,有的学生正坐着整理东西,有的学生还在说笑打闹……

李老师没有责怪学生,而是决定用自己的实际行动影响他们。第二天上课时,班长喊"起立"后,李老师五指并拢,笔直地站在讲台上,面带微笑地注视着学生。等所有学生都意识到该上课了,逐渐安静下来并站好后,李老师才让他们坐下,并表扬了几名站姿端正的学生。之后,李老师每次上课前都会耐心地等待学生们站好后才让他们坐下,并点名表扬站姿端正的学生。慢慢地,全班学生都改掉了原来的坏习惯。每当李老师走进教室,随着班长的一声"起立",全班学生都会迅速地站起来,同时礼貌地注视老师。有了良好的开头,李老师班里的课堂纪律也越来越好,学生们的成绩也自然而然地得到了提升。

第一章 以知促行，热爱教师职业——教师职业道德概述

> **请思考**：为什么李老师一句话都没有说，班级纪律却能够越来越好？在实际的教育教学活动中，教师应如何做到"言传身教"？

三、学习与践行教师职业道德对教育教学工作的意义

在教育教学实践中，社会教育事业与教师集体、教师个体、学生个体会同时存在并相互作用。在复杂的教育环境下，四者之间的利益不可能永远都是一致的，它们之间时常会产生一些矛盾和冲突。虽然国家相关部门制定了多项教育法规、教育制度和各种奖惩措施，并且它们在调节各种利益矛盾、指导教师行为等方面发挥了一定的作用，但是社会仍需要一种更为有效的调节手段对教育教学活动的各个方面进行指导、调节和监督。这个调节手段就是教师职业道德。

教师职业道德能对教育教学过程中的各种矛盾进行调节，也能对教师的心理和行为进行调节，促使教师规范从教、不断进取。一方面，教师严格遵守教师职业道德的规范和要求，有利于自身在职业活动中选择正确的职业行为、避免不道德的行为，从而保证教育教学工作的顺利进行；另一方面，教师践行师德规范有利于自己更好地协调教育教学工作中的各种关系，获得家长的认可和领导的肯定，从而更顺利地开展教育教学工作。

四、学习与践行教师职业道德对社会的意义

首先，教师职业道德本身属于社会道德的一部分，加强教师职业道德建设，提高教师职业道德素养，不仅有利于营造积极向上的行业氛围，还能对其他行业乃至整个社会的道德建设产生积极的影响。

其次，教师的道德品质、敬业精神和行为表现对学生成长有着重大影响。学生会带着这样的影响走向社会，并在各自的工作和生活中对他人产生潜移默化的影响，从而促进整个社会的道德建设向好的方向发展。

最后，教师的道德品质和行为表现会对教师的家庭成员、亲戚朋友、左邻右舍等产生直接或间接的影响，进而对社会的精神文明建设产生促进作用。

师德榜样

援藏教师王仁泉、黄燕鹏：夫妻携手高原并肩育桃李

在"组团式"教育援藏队伍中，有一对来自江苏南通的援藏夫妇。丈夫王仁泉和妻子黄燕鹏同为南通市某中学的教师。为响应国家"组团式"教育援藏号召，夫妇俩积极报名，主动请缨。王仁泉于2019年8月进藏，在拉萨某中学任物理教师；黄燕鹏于2021年8月进藏，在丈夫所在的学校担任化学教师。

由于很多学生的物理基础比较薄弱，所以王仁泉将教学重点放在学生基础知识的巩固上。他通过"读题、看图、写表达式"的方法，让学生慢慢掌握解题的方式方法。学习物理，数学是基础。在上课的时候，王仁泉不仅会给学生们讲解物理知识，还会给他们讲解数学方面的知识。在王仁泉的教导下，学生们都对物理颇有兴趣。2020年，王仁泉所带的一名学生还成为西藏物理高考状元。

说起学生的进步，王仁泉很是开心。凭借着优异的教学成绩，2019年11月，王仁泉被邀请为拉萨市教研员教研能力提升研修班讲课。2021年4月，他又被聘为培训专家赴山南讲座并开设公开课。王仁泉通过讲座、公开课等形式和物理教师们分享先进的教育理念，帮助物理教师们提升教研、教学能力，充分发挥了援藏教师的专业引领作用。

王仁泉始终觉得，高原上缺氧，但不缺精神。他常说，来到西藏就要把全身心的爱给予西藏的孩子，自己作为援藏教师，同时也作为一名党员，要时刻铭记自己肩上的使命，充分利用在藏的每一天，像一盏灯，照亮别人，凝聚人心，点燃希望。每次寒暑假回到江苏老家时，王仁泉都会跟妻子说，西藏的孩子十分淳朴热情，还给他起了藏文名字"旦增仁泉"，在他的帮助下，学生的成绩有了很大的进步……每当说起这些事情时，王仁泉的脸上都是满满的幸福感和成就感。这些都让妻子备受感召，心生向往。

黄燕鹏说："王仁泉每次回去都会跟我聊这边的工作和生活，说这里的学生非常可爱、热情、淳朴，但他们在学习方面需要我们的帮助。刚好有这么一个机会援藏，我就申请过来了。"

在王仁泉和黄燕鹏眼里，物理、化学等理科科目的学习重在对方法、思维的掌握，所以夫妻俩更注重培养学生的逻辑思维能力。他们也坦言，跟原来相比，在西藏的上课节奏相对慢一些、课堂容量稍微小一些，但学生的学习态度很好，十分配合老师的教学，因此自己上起课来也充满了动力。

对教育事业的热爱和对教书育人光荣使命的深刻理解，让王仁泉、黄燕鹏夫妇化小爱为大爱，义无反顾地携手共进，在雪域高原援藏助教的平凡故事中书写着坚定信念，也用忠诚、坚守和责任书写着一段终生难忘的人生经历。

（资料来源：莫瑞英、葛红奇，《援藏教师王仁泉、黄燕鹏：夫妻携手高原并肩育桃李》，《拉萨日报》，2021年9月10日，收入本书有删改）

综合检测

一、不定项选择题

1. （　　）是指教师在教育教学活动中必须遵守的道德规范和行为准则。
   A. 职业道德　　　　　　　　B. 教师职业道德
   C. 教师道德　　　　　　　　D. 道德
2. 下列选项中，属于教师职业道德特征的是（　　）。
   A. 职业道德意识的复杂性　　B. 职业道德行为的示范性
   C. 职业道德影响的深远性　　D. 职业道德调节的自觉性
3. 道德是依靠（　　）来维系的。
   A. 内心信念　　　　　　　　B. 规章制度
   C. 社会舆论　　　　　　　　D. 传统习惯
4. 教师若要将人道主义精神较好地运用在教育教学活动中，就需要做到（　　）。
   A. 尊重学生　　　　　　　　B. 关爱学生
   C. 主动与家长沟通　　　　　D. 帮助家长树立正确的教育观

二、判断题

1. 教师职业道德是教师对自己所从事职业中道德规范的认识和实践所达到的自觉程度。（　　）
2. 东汉时期，我国奠定了封建社会教师职业道德的基础。（　　）
3. 教师在上岗前已经通过了教师资格考试，因此参加师德培训的用处不大。（　　）
4. 乐教敬业必须建立在扎实的专业基础和广博的知识学问之上。（　　）

三、简答题

1. 教师职业道德的基本原则有哪些？
2. 学习与践行教师职业道德对教师和学生分别具有怎样的意义？

四、案例分析题

案例一：

白老师从事小学教育工作已经六年了，她总是说："每一个学生都有被爱的权利，都应该得到充分的发展。"在日常教学工作中，白老师不仅会让那些反应快、能力强的学生回答问题或做示范，还会经常关注那些胆小、性格内向的学生，鼓励他们也回答问题。对于这些因紧张而回答不出问题或表现不佳的学生，白老师会适时给予引导。下课后，白老师还会主动与这些学生交流，倾听他们的心声，锻炼他们的语言表达能力。此外，白老师还会经常与这些学生的家长进行沟通，共同寻找促进学生发展的适宜方法。

案例二：

一天，某小学办公室的几位教师在聊天。当谈及当今教师的负担较重且收入不尽如人意时，刘老师说："我工作的原则就是对得起良心，消极应付工作的事我当然不会做，但是让我天天加班，用自己的业余时间去批作业我也做不到。"听了她的话，王老师频频点头，说："现在都市场经济了，讲的是等价交换，给我发多少钱我就干多少事。"

（1）请你运用所学的教师职业道德的知识，分析案例一中白老师的做法。

（2）你同意案例二中两位教师的观点吗？这两位教师的观点符合教师职业道德的基本原则吗？为什么？

（3）说一说你对"为人师表"和"乐教敬业"的理解。

道德践行

分享活动——那些让人印象深刻的师德故事

【活动目的】

通过活动，深入理解教师职业道德的重要性，进一步明确教师职业道德的实践要求，增强职业道德意识，提升职业素养。

【活动准备】

（1）全班同学分成若干小组（每5~6人一组），选出一名组长。

（2）各组提前搜集关于教师职业道德的相关案例，要求正面案例和负面案例各一个。

【活动过程】

（1）各组讨论。组长陈述所搜集的案例，详细描述案例发生的时间、地点、起因、经过和结果，然后组织其他成员对案例进行分析、讨论，并总结正面案例中的教师具备哪些优良品质，负面案例中的教师违反了哪些教师职业道德规范。

（2）师德故事分享。各组通过PPT展示、故事朗诵、角色扮演等方式，在全班分享本组搜集的正面案例，让全班学生感受师德的力量，并学习这些案例中的教师所具备的良好道德品质。

【活动总结】

每人总结活动中的收获，并思考以下问题：通过对这些案例的学习，你最大的感受是什么？你认为，教师应如何提升自己的职业道德品质？

第一章 以知促行，热爱教师职业——教师职业道德概述

综合评价

本章的学习已告一段落，请同学们结合理论知识的学习情况，课前、课中和课后的任务完成情况，以及素养目标的达成情况三个方面，按照表 1-1 的评价标准对本章的学习效果进行自评和互评，并请教师进行总体评价。

表 1-1 综合评价表

考核项目	考核内容	分值	评价分数 自评	评价分数 互评	评价分数 师评
知识考核	能够简要阐述职业道德的特征	10			
知识考核	能够阐述教师职业道德的含义与特征	10			
知识考核	能够举例说明教师职业道德的基本原则	10			
知识考核	能够简要概括学习与践行教师职业道德的意义	10			
技能考核	能够在日常学习和生活中有意识地践行教师职业道德的基本原则	10			
技能考核	能够发现优秀教师所具备的良好的职业道德素养，并努力向他们学习	10			
技能考核	能够正确认识个别教师的不良道德行为，并勇于同这种行为作斗争	10			
技能考核	能够积极完成实践活动，并根据训练情况进行反思与总结	10			
素养考核	能够认识到教师职业道德的重要性，并积极提升自己的综合素养	10			
素养考核	具有良好的语言表达能力和较强的逻辑思维能力，能够主动参与团队决策，与其他团队成员之间相互协作、积极沟通	10			
总分	自评（30%）+互评（30%）+师评（40%）=				

21

第二章

不忘初心，塑造师道灵魂

——教师职业道德范畴

本章导读

教师职业道德范畴是指能概括和反映教师职业道德的主要特征，体现社会对教师道德的根本要求，成为教师的普遍内心信念并影响着教师行为的基本道德概念。教师职业道德范畴是教师职业道德规范体系的重要组成部分之一，主要包括教师义务、教师良心、教师公正和教师幸福等内容。其中，教师义务是教师职业道德的基础，教师良心是教师职业道德的核心，教师公正是教师职业道德的重要因素，教师幸福是教师职业道德的价值目标。

学习目标

- 理解教师义务的含义、内容和意义，熟记教师义务感的培养途径。
- 理解教师良心的含义、特点和意义，熟悉教师良心的形成机制。
- 理解教师公正的含义、特点、内容和意义，领会教师公正的践行要点，能够在生活中做到办事公正。
- 理解教师幸福的含义、特点和意义，掌握教师幸福的实现途径，能够在学习和生活中感受幸福。
- 能够增强自身对教育事业的使命感，自觉践行教师职业道德要求。

第二章 不忘初心，塑造师道灵魂——教师职业道德范畴

课堂导入

抄作文的学生

有一名学生平时学习态度散漫，经常不完成作业。一次，语文老师布置了一篇作文，这名学生竟然从"作文选"上抄了一篇作文交给老师。被语文老师发现后，这名学生抱着无所谓的态度，表示自己实在不会写作文。令这名学生感到意外的是，语文老师并没有因此而批评他，而是先肯定了这名学生的三个优点：一是有上进心，想得到好成绩；二是有辨别力，能看出这是一篇佳作；三是抄写认真，字迹工整。这名学生得到语文老师的夸奖，觉得非常不好意思。语文老师看到了，不失时机地引导这名学生思考，问："你为什么认为这篇文章好？好在哪里？你能将自己感受最深的地方写出来吗？"

请思考：这位语文老师的做法好在哪里？他对这名学生的处理方式给你带来哪些启发？

第一节　教师义务

在一定的社会关系中，每个人都必然会对社会、他人负有一定的义务。在教育教学活动中，教师不仅承担着普通公民的义务，还承担着教育者应尽的特殊义务。这些特殊义务是教师作为教育者所独有的，对教师的专业素养、道德品质等方面都有较高的要求。

一、教师义务的含义

教师义务是指教师在自己的职业领域中应当承担的职责。教师义务具有两个方面的内涵：一是教师要对社会、他人承担一定的一般义务；二是教师要承担起其职业角色所应承担的职业义务。教师义务具有道德义务的典型特征，即教师履行义务并非出于功利的目的，而是基于其道德自觉性。教师义务的实质是教师的职责在行为上的体现，具有不以人们的主观意志为转移的客观约束力。

二、教师义务的内容

根据《中华人民共和国教师法》第八条的规定，教师应当履行的义务如下。

第一，教师应遵守宪法、法律和职业道德，为人师表。

宪法和法律是国家、社会组织和公民活动的基本行为准则，任何组织和公民都必须遵守。教师不仅自己要遵守宪法和法律，还要在教育教学工作中自觉培养学生的法制观念和民主意

识。同时，教师的思想和言行对学生思想品德的提升和个性的形成有着重要影响，因此教师还要注重言传身教，应当自觉遵守职业道德，做到爱岗敬业、热爱学生、诲人不倦、博学多才、团结奋进。

第二，教师应贯彻国家的教育方针，遵守规章制度，执行学校的教学计划，履行教师聘约，完成教育教学工作任务。

教师在教育教学活动中，应当全面贯彻国家关于"教育必须为社会主义现代化建设服务、为人民服务，必须与生产劳动和社会实践相结合，培养德智体美劳全面发展的社会主义建设者和接班人"的方针；自觉遵守教育行政部门、学校及其他教育机构制定的教育教学管理的各项规章制度；认真执行学校依据国家规定的教学大纲、教学计划或教学基本要求制订的具体教学计划；严格履行教师聘任合同中约定的教育教学职责，完成规定的教育教学任务，保证教育教学质量。

第三，教师应对学生进行宪法所确定的基本原则的教育和爱国主义、民族团结的教育，法制教育及思想品德、文化、科学技术教育，组织、带领学生开展有益的社会活动。

教师要结合自身教育教学工作的特点，将政治思想品德教育贯穿于教育教学过程之中。具体而言，教师应当有意识地对学生进行爱国主义教育、民族团结教育、法制教育和文化科学技术教育，弘扬中华民族的优良传统，引导学生逐步树立科学的世界观和人生观，教育学生爱祖国、爱人民、爱劳动、爱科学、爱社会主义，把学生培养成为有理想、有道德、有文化、有纪律的社会主义新人。

第四，教师应关心、爱护全体学生，尊重学生人格，促进学生在品德、智力、体质等方面全面发展。

教师要关心、爱护全体学生，对学生一视同仁。对于那些暂时落后的学生，教师应给予特别的关注和热心的教育指导，不能采取简单粗暴的办法体罚或变相体罚学生，更不能泄露学生的隐私。教师侮辱学生而造成恶劣影响或在体罚学生后经教育不改的，应依法承担相应的法律责任。

第五，教师应制止有害于学生的行为或者其他侵犯学生合法权益的行为，批评和抵制有害于学生健康成长的现象。

学生在成长过程中可能会面临各种挑战和困难，包括来自外界的不良影响或侵害。教师有责任和义务成为学生的守护者，为他们提供一个安全、健康、积极的学习环境。在日常教育教学活动中，教师应密切关注学生的行为变化和情绪波动，及时发现可能存在的问题或隐患。一旦发现学生受到侵害，教师要立即采取行动，制止侵害行为，保护学生安全，同时也要及时向学校或相关部门报告，寻求支持和帮助。

第六，教师应不断提高思想政治觉悟和教育教学业务水平。

教师担负着提高民族素质的使命，并且其所负责的教育教学工作是一项专业性较强的工作，因此教师应加强学习，完善知识结构，不断提高思想政治觉悟和教育教学水平，以适应教育教学的实际需要。这也是社会进步和科学技术的发展对教师提出的要求。

三、教师义务的意义

（一）有利于增强教师的教育信念

教育信念是教师从事教育工作的内在动力和精神支柱，它关乎教师对教育事业的热爱、对学生的关爱，以及对教育目标的执着追求。

首先，教师义务是社会主义教育事业根本利益和教育劳动内在规律对教师行为的总体道德要求，能够指导教师正确处理各种利益关系，保证和促进教育教学工作的顺利开展。通过履行义务，教师能够深刻认识到自己作为教育者的角色定位和价值所在，从而增强对教育事业的认同感和归属感。这种认同感和归属感是教师形成坚定教育信念的重要基础。

其次，在履行义务的过程中，教师需要遵循职业道德规范，保持高尚的师德师风。这些职业道德规范和职业操守的约束，促使教师不断反思自己的行为和态度，不断追求更高的教育境界。在这个过程中，教师的教育信念将得到不断升华和强化。

（二）有利于协调各种人际关系

教师认真履行自身的义务，推进教育工作的顺利开展，能够减少教育工作中的各种人际摩擦，从而有效地维系各种人际关系。

师生之间、教师之间、教师与学校领导之间、教师与家长之间都或多或少地存在着各种矛盾。这些矛盾若没有得到妥善的解决，就会影响教育工作任务的完成，并使教师本人处于紧张的人际关系和压力之中。在处理各类人际关系矛盾时，教师义务能够帮助教师通过综合判断，做出合理的行为选择。

同时，教师在教育过程中还会遇到义务冲突的情况，如家庭义务与教师义务之间的冲突。此时，教师对职业使命和教师义务的深刻理解，可以帮助教师做出正确的选择，从而有效地协调与学生、家长之间的人际关系。

（三）有利于培养教师高尚的道德品质

教师在教师职业义务观的指导和鞭策下履行教师义务。教师职业义务观是教师对于自身在教育职业中所应承担的责任、义务的深刻认识和积极态度，是教师职业活动的重要指导思想和巨大鞭策力量。

在积极履行义务的过程中，教师的道德意识会得到深化，道德行为会得到巩固。尤其在遇到考验道德意志的情况时，教师每通过一次道德意志的考验，其道德水平就会得到一定的提升。因此，教师义务的确立有利于教师形成高尚的道德人格，培养高尚的道德品质，提升道德境界。

（四）有利于提升学生的责任意识

教师是学生天然的榜样，其一言一行都对学生起着示范作用。教师严格履行自身的义务，能够对学生产生更多的积极影响，给学生以正面的引导，让学生确立道德信念、提升自觉履行道德义务的责任感。

"没良心"的故事

很久以前，有一个姓王的木匠手艺高明，远近闻名。他没有家小，一直在找可以继承自己衣钵的继承人。邻村一个叫张金的人听说王木匠正在找继承人，就登门拜师，并表示自己愿意侍奉王木匠一辈子，为他养老送终。王木匠被张金的诚恳和言语打动，便收了张金为徒。之后，张金表现得非常听话，他心灵手巧，学什么都很快。王木匠觉得自己没有看错人，对张金的教导更上心了，把自己能教的都教给了张金。周围的邻居也都夸王木匠有眼力，收了张金这么好的徒弟。

一年过去了，张金能独立干活挣钱了。他见王木匠没有更多的手艺可以教给自己，便借口回家探亲，一去不复返了。王木匠知道后，既伤心，又气愤，决定给张金一些教训。于是，王木匠做了一个木头人。这个木头人会拉锯、刨木、做家务，非常神奇。木头人的事情很快就传开了，张金得知后，急忙买了许多礼物来拜见王木匠。他一进门就跪在王木匠面前忏悔，乞求得到王木匠的原谅。王木匠没说什么，只是要求张金按照木头人的模样做一个。

张金暗喜，他把木头人的尺寸仔细地量了又量，不放过任何细节，然后用王木匠教给他的手艺成功做出了一个木头人。但是，他做的木头人和王木匠做的木头人看起来一模一样，却不会动。张金非常疑惑，便去请教王木匠。王木匠看了张金的木头人，一语双关地说："你的木头人大小尺寸都与我的木头人丝毫不差，各部分的榫头也严丝合缝。但你制作木头人之前没量心。没量心，木头人怎么会动呢？"王木匠的这番话，既是检讨自己当初收徒时没有考验张金的道德品质，也是责骂张金不念师恩。张金听了，羞愧不已。

后来，这个故事一传十、十传百，越传越远，人们便把"没量心"的谐音"没良心"专门用来责骂不懂得感恩的人。

请思考：王木匠在教张金手艺的过程中，忽略了对张金哪些方面的教导？一名合格的教师，应如何培养学生的优良品质？

四、教师义务感的培养

义务感是指个体对自身、他人、集体、社会所应承担责任的认识和体验。教师义务的履行应从培养教师的义务感开始，使教师将义务认知内化为自我的责任意识。具体而言，教师要培养良好的义务感，应当做好以下两个方面的工作。

一方面，教师应努力提高义务认知水平。没有正确的认识，就很难有正确的行为。提高义务认知水平，尤其是结合了情感体验的义务认知水平，能对教师义务感的增强和教师义务的践行发挥积极的作用。

另一方面，教师要努力增强自己对教育事业的责任意识。教师要想提高自己对教师义务的认知水平，所需要具备的一个重要条件就是对教育事业有较强的责任意识。也就是说，教师只有对教育事业有较强的责任意识，才会很自然地将履行教师义务视为理所应当。相反，若教师对教育事业本身毫无热情，就不可能有较高的教师义务认知水平，更不可能有效地培养和增强义务感。

师德榜样

28年，三尺讲台上的痴心
——记全国优秀教师、容县容州镇教师廖清

在班主任工作中，她谨慎细心；在教学工作中，她独具匠心；在科研领域中，她一片痴心；在培养骨干时，她苦口热心；在学生的成长道路上，她亦师、亦母、亦友，奉上了一片真心。她，就是全国优秀教师、广西壮族自治区玉林市容县容州镇某校的廖清老师。

师德润物细无声

自1993年任教以来，廖清一直担任班主任，并负责语文教学工作。她坚持以人为本、德育为首的育人理念，把对教育的热爱，奉献在三尺讲台上，谱写了教书育人的精彩人生。

"亲其师，则信其道；信其道，则循其步"是廖清对教学的信念。她教育学生要孝顺、善良、友爱，而她自己就是一个榜样。对家里80多岁的老母亲，她十分孝顺、用心关爱；看到一个曾在学校工作过的老工人自己种菜去卖，她就常常把这位老工人的菜全买下来，再转送给周围有需要的人；在她所负责的年级里有两个残疾的孩子，每到年前，她都会买东西去慰问他们。

在她的言传身教中，学生们明理、懂事、感恩，一些做人的道理润物细无声地渗到学生们的心田里。家长都说，把自己的孩子交给这样的老师，他们放心。

匠心雕琢亮风格

廖清追求一种和谐、活泼、清新、明快的教学风格。课堂上，她勇于打破陈旧的教学模式，敢于创新，以激活课堂的内在生命力，使课堂充满成长的气息。她善于激发学生的求知欲，倡导主体式教学，让学生成为学习的主人，成为自我成长的主体。在她的课堂上，师生关系融洽，学生学习主动、积极。正因为如此，她所带的班级班风、学风良好，经常被评为"模范班级"、县"优秀少先队中队"，她也因此被评为县级、市级、自治区级优秀班主任。

痴心一片为桃李

廖清认为，教师是一种真正活到老、学到老的职业。于是，在繁忙的教育教学工作中，她如饥似渴地阅读大师们的教育著作和相关教育报刊，多次参加"国培"教育的学习。2014年，她尝试研究将国学与小学生日常行为相结合的班级管理模式。在探索与践行中，学生们的性情受到陶冶，品性得到提升。廖清说，她将不断学习，把学习当成一生的目标，在学习中感悟，在感悟中反思，在反思中成长，争做学生的良师益友。

教师职业道德

　　一枝独放不是春，万紫千红春满园。身为学校的副教导主任，廖清甘为人梯，在培养青年教师方面也不遗余力，她的教学经验和带班风格给学校的青年教师带来了巨大影响。

（资料来源：黄剑红、李钟礼、刘林红，《28年，三尺讲台上的痴心——记全国优秀教师、容县容州镇中心学校教师廖清》，《玉林日报》，2021年10月12日，收入本书有删改）

第二节　教师良心

　　良心即合乎道德的善良之心。它是人们在履行对他人和社会的义务过程中形成的道德责任感和自我评价能力，是一定的道德认识、道德情感和道德意志在个人意识中的统一。教师良心是教育工作的重要动力和调节机制，对教师专业发展的实现、职业成就的取得和道德境界的提升均具有重要的价值。

一、教师良心的含义

　　教师良心是指教师在教育教学实践中，对教师道德义务的自觉意识，对履行教育职责的道德责任感的价值认同和情感体认，以及对自我教育行为进行道德判断、道德调控和道德评价的能力。

　　教师良心是教育工作者道德觉悟的综合表现，也是教师职业道德认识、教师职业道德情感、教师职业道德意志、教师职业道德信念等因素互相作用的结果，还是教师的道德灵魂。它能够激励教师自觉履行教师职业道德要求，搞好教学工作，提高教育教学质量，是教师道德自律的最高实现形式。教师一旦缺失了教师良心，就会失去教育至善的道德信念和道德追求。

教师良心传递温度

二、教师良心的特点

（一）公正性

　　教师良心的公正性是指教师在教育教学实践中，基于内心的道德观念和责任感，对待学生、同事、学校及社会等各方面所展现出的公平、公正的态度和行为。

（二）内隐性

　　教师良心是隐藏在教师内心深处的一种真挚情感，是一种高度自觉的精神力量。虽然它目不能及，但是它在教育教学实践中发挥着导向性的作用，时时处处影响着教师的言行，能够防止教师言行出现不良倾向。教师良心的形成标志着教师已经把社会的道德要求内化为自我道德意识，并建构起一种理性精神。

28

（三）稳定性

教师良心以道德信念为基础，它一旦形成，就会成为一种稳定的品质，深入、持久地对教师的行为发挥积极作用。

（四）综合性

教师良心的形成受教师的知识结构、生活经历、情感体验等多方面因素的影响。教师良心既包含理性因素，是人的理性认识的一种积淀；也包含非理性的因素，如直觉、本能、情感等。因而，教师良心是多种因素的结合体。

（五）广泛性

教师良心的广泛性主要体现在以下几个方面。

首先，教师良心包含了多个方面的内容。它要求教师恪尽职守，认真履行教育职责；自觉工作，不断提升自己的教育教学能力；爱护学生，关心学生的成长和发展；团结执教，与同事保持良好的合作关系；等等。这些方面反映了教师与学生、教师与同事、教师与社会之间的道德关系，它们共同构成了教师良心的丰富内涵。

其次，教师良心不仅在教育教学实践中发挥作用，促使教师秉持正确的价值观、道德标准和职业道德，还渗透到教师的日常生活和人际关系中，使教师时刻保持高尚的品德和良好的行为。

最后，教师的行为不仅关系到学生的成长和发展，还关系到社会的和谐与进步。教师良心能够让教师以自己的高尚品德和良好行为影响学生，培养学生正确的价值观和行为规范，从而为社会的繁荣和发展做出贡献。

（六）自觉性

教师良心的自觉性是教师职业道德的重要体现，它主要体现在教师在思想上的自我警觉、行为上的自我监控、道德上的自我反省等各个方面，是教师自觉履行教育职责、严格要求自己、自觉遵守道德规范的重要保证。

三、教师良心的意义

（一）规范与指导教师的职业道德行为

教师良心是教师选择道德行为的内在依据，对教师的外在行为起着约束作用。

在教师选择教育行为之前，教师良心是主体行为的"决策者"，对教师行为起到某种鼓励或抑制作用。它对具有教师良心的思想和行为给予鼓励和肯定，对违背教师良心的思想和行为予以禁止和否定。这使得教师在进行行为抉择时，会倾向于一种基于善良的教育动机。

在实施教育行为的进程中，教师良心是主体行为的"监察员"，对教师行为起到监控作用。

它随时督促教师按照教师良心的要求行事,一旦发现教师的行为有偏离良心要求轨道的迹象,就会立即提醒教师,并迫使教师修正行为,使其按照教师良心设定的路线行进。

在教育行为结束后,教师良心又是教师内心法庭的"审判官",对教师的行为进行道德鉴定。它对合乎教师良心的行为给予安慰或褒扬,使教师产生一种道德崇高感;对背离教师良心的失范行为进行谴责或贬斥,促使教师对自己的过失进行深刻反省。

(二)增强教师对教育事业的使命感

教师良心能够增强教师对教育事业的使命感,既体现在教师对现代化建设肩负巨大使命的自觉意识上,也体现在教师对学生一生负责的高度责任心上,还体现在教师对祖国未来前途和命运的深深关切上。从这个意义上说,教师良心是教师确立人生追求的价值目标、提升道德素养的动力因素。

首先,教师良心使教师更加明确自己的教育使命。教师作为人类灵魂的工程师,担负着培育下一代、传承文化、促进社会发展的重要任务,教师良心能够让教师更加明确自己的教育使命,更加深刻地认识到这一使命的重要性和紧迫性,从而更加自觉地投身于教育事业。同时,教师良心是教师忘我工作、献身教育事业的精神支柱和道德源泉。它能促使教师实施一种富含人文科学精神的教育。这种教育不仅追求知识价值的提升,还注重学生内在品格的培养。

其次,教师良心使教师更加关注学生的成长和发展。教师良心的公正性要求教师对待学生应公平、公正,不偏袒、不歧视。这种公正性不仅体现在教育教学过程中,还体现在教师对学生的关爱上。教师良心使教师更加关注学生的个体差异和成长需求,更加积极地为学生提供个性化的教育服务,促进学生的全面发展。

最后,教师良心能够激发教师的责任感和奉献精神,促使教师关注社会的和谐与进步。教师良心的广泛性使教师不仅关注自己的教育教学工作,还关注整个教育事业的发展和社会的和谐与进步。在教师良心的驱使下,教师能够积极参与各种教育改革和实践活动,为提升教育质量、促进教育公平贡献自己的力量。

胸怀教育强国的大爱情怀

胸怀教育强国的大爱情怀是培养教师仁爱之心的情感沃土,它主要包括教育信仰、教育理想等多个方面的内容。

具有大爱情怀的教师拥有坚定的教育信仰。坚定的教育信仰是力量的源泉,它为教师提供强大的信念支撑和动力来源,塑造着教师仁而爱人、大爱育人的精神品格。具有大爱情怀的教师无比热爱教育事业,笃信教育的伟大力量和巨大价值,坚信通过高质量的教育能够深刻影响甚至改变个人的命运,推动社会进步,实现全人类和谐发展。为此,他们始终保持对教育事业的挚爱之心和坚强信念,矢志不渝为教育事业奋斗终身。

第二章 不忘初心，塑造师道灵魂——教师职业道德范畴

> 具有大爱情怀的教师有着崇高的教育理想。理想是教育家精神的脊梁，它为教师提供强大的精神支撑和不竭动力，召唤着教师在伟大的教育事业中不断追求卓越与创新创业。具有大爱情怀的教师深爱自己的国家、民族和人民，胸怀国家、民族、人民乃至全人类的发展大局和前途命运；坚持将教育发展同国家富强、民族振兴、人民幸福紧密结合在一起；始终保持对知识的热爱，对真理的执着追寻，对仁爱教育的不懈践行，不断深化教育理念，不断探索、学习、实践和研究先进的教育理论，逐渐形成具有鲜明个人特色的教育理念。这些理念使得他们的教育思想始终处在时代前列和实践前沿，能够为创新人才培养、社会创新发展提供先进的理念引领和科学的理论先导。
>
> （资料来源：李建伟、陈鹏，《新时代教师仁爱之心的涵养之道》，《光明日报》，2024年5月29日，收入本书有删改）

四、教师良心的形成

（一）对教育责任的透彻理解是前提

教育责任涵盖了教师对学生、家长、学校、社会等多个方面的责任和义务。只有透彻理解和深刻牢记这些责任，教师才能在内心深处萌生对教育事业的崇高敬意与深厚情感，进而培养教师良心。

在教育教学实践中，有些教师只顾教授学生知识和提高学生的学业成绩，而忽略了对学生心理、道德等方面的教育；有些教师为了提高班级的及格率和优秀率，给学生布置过重的课外作业；有些教师为了提高升学率，不让学习成绩较差的学生参加升学考试……这些错误的做法都是由教师没有透彻理解自己所肩负的教育责任、过于看重表面成绩造成的，给学生的身心发展带来了极大伤害。因此，对教育责任的透彻理解是形成教师良心的基本前提，也是圆满完成教育教学任务和提升师德修养的必要条件。

（二）对教育活动的深刻体验是基础

不断丰富对教育活动的深刻体验是形成教师良心的基础。体验是个体对生活情景或对象产生的内在感受。教师对教育活动的体验主要包括作为受教育者的教育活动体验和作为教育者的教育活动体验两个部分。

作为受教育者，教师在学生时代，以学生的角色从教育活动中获得了丰富、深刻的感受和体验，并对不同教师对待学生的态度和方式产生了深刻的印象。这些感受和体验可能会影响他们的一生。

作为教育者，教师在教育教学实践中，应结合自己在学生时代的体验，设身处地地站在学生的立场上，考虑自己的举动可能会对学生产生的影响，从而避免不良后果的出现。此外，由于现代社会生活中不确定性因素的逐渐增多，学生的生活往往处于不断变化之中，这就需要教师增强敏感性，用心体察学生的各种细微变化，以有利于学生健康成长和发展的方式做

出反应，从而使自己获得更多积极的情感体验，为教师良心的形成打下良好基础。

（三）在教育教学活动中践行善良之道是关键

良心是个体内在的一种道德感知和约束力量，它能够促使个体遵循道德原则，并对他人和社会负责。只有个体将其付诸实践，良心才能具有现实意义。对于教师来说，在教育教学活动中践行善良之道是教育良心形成的关键。

教育教学活动是教师良心得以展现和锤炼的重要平台。在这个平台上，教师需要把善良意志转化为实际的教育行为。通过不断实践，教师能够深化对教育责任的理解，增强对教育事业的使命感，进而在内心深处形成对教育事业的敬畏和热爱。这种敬畏和热爱又会进一步激励教师在教育教学活动中更加自觉地践行善良之道，形成良性循环。

如果教师能够坚定自己的信念，始终以促进学生健康成长为宗旨，按照自身内在的善良意志进行教育教学实践，那么教师即使处于外界的诱惑中，也不会轻易动摇自己的教育信念。因此，教师只有始终在教育教学活动中不断践行善良之道，才能真正促进教育良心的形成和师德修养的提升。

第三节 教师公正

公正一直是人类社会普遍适用的道德法则，是人们孜孜以求的价值目标。在教育教学的过程中，教师公正既表现为公正地对待自己，也表现为公正地对待学生、同事、家长和学校领导。

一、教师公正的含义

公正即公平、正义，是指人们的思想意识和行为活动不偏不倚，符合一定的社会道德准则。教师公正是指教师在教育教学活动中，能够按照社会公认的道德准则，公平、恰当地处理好与领导、同事、学生及家长等利益相关者之间的关系。其中，公平、恰当地评价和对待每个学生，是教师公正的最基本的要求。

二、教师公正的特点

教师公正除了具有一般公正的普遍性特征外，还因其主体和内容的特殊性而具有以下特点。

（一）教师公正的教育性

教师公正的教育性主要体现在以下两个方面：一是公正行为具有教育示范性。教师的公正行为能够直接影响学生的道德观念和行为习惯，帮助他们形成公正无私的道德品质。二是公正所调整的人际关系主要是师生关系，或者以师生关系为基础的关系，这就要求教师在教育教学实践中做到处事公正，为学生营造一个民主、平等的氛围，从而帮助学生形成积极向上的学习态度和价值观，促进他们的全面发展。

（二）教师公正的实质性

教师公正的实质性是指教师公正着眼于实质意义上的公正，而不是拘泥于形式上的公正。这是教师公正相较于其他公正观念的特殊性所在。例如，在评价学生时，教师不仅要看学生的考试成绩，还要考虑学生的努力程度、学习态度、进步空间等因素，以便全面、公正地评价学生。

> **课堂互动**
>
> 在教育教学活动中，教师实行绝对公正会给学生带来伤害吗？教师应怎样做，才能维护实质上的公正？怎样判断教师是否做到了真正的公正？

（三）教师公正的自觉性

教师公正意味着教师不但需要具备公正的意识，而且需要具有自觉遵守公正规则的能力和品质。教师实施公正的行为，不是出于功利的考量，也不是出于社会的要求，更不是出于对不良后果的担心与恐惧，而是出于责任和良心的自觉意识，以及对公正意识和规则的高度认同。

三、教师公正的内容

（一）爱无差等，一视同仁

所谓"爱无差等，一视同仁"，是指教师不能以自己的私利和好恶作为标准来处理师生关系，而应当给学生提供平等的学习和发展机会。也就是说，教师不能以成绩的好坏定优劣，以智力的高低定亲疏，更不能以家庭出身分高下，而是应该一视同仁，平等地对待每个学生。

（二）实事求是，赏罚分明

实事求是、赏罚分明是教师在处理各种教育矛盾的过程中坚持教育公正原则的具体表现。首先，教师在处理一些与学生利益息息相关的事务时，应秉持公正的态度，办事公道，杜绝偏私行为。否则，不仅会直接损害学生的切身利益，还会玷污"教师"这一职业的崇高形象。其次，教师在教育教学活动中应适当地使用奖赏和处罚等手段，并且这些奖惩手段应与学生所取得的进步或所犯的过错相匹配，否则，评价结果将有失公平。

（三）面向全体，点面结合

所谓"面向全体，点面结合"，是指教师应保证教育资源的公平分配，在集体教育和个别教育中做到公正。在集体教育中，教师应关注每个学生的发展，为其提供平等的学习机会和发展空间，确保每个学生都能学到知识和经验。在个别教育中，教师要善于发现学生的长处，关注到学生的个性特点，并针对每个学生的天赋、能力采取不同的教育方法和手段，以满足学生的个性化需求，做到因材施教。

需要注意的是，教师可以为某些成绩好的学生创造进一步提高的条件，也可以为某些成绩差的学生提供个别关照，但那些超越限度、置大多数学生于不顾的"抓重点"的做法是有违教育公正的。

★ 德行长廊

"不公正"的公正

两名学生在宿舍里为了争夺一把吉他而扭打起来，谁也不服谁，最后，他俩去找班主任评理。出乎意料的是，班主任听完他们各自的讲述，并没有批评任何一个人，而是说："第一，虽然你们打架是不对的，但是你们能及时意识到这种行为是错误的，及时停止了错误行为，比以前有进步；第二，也是最重要的，你们想到了解决问题的好办法——找老师，而不是像以前那样非打出一个输赢不可。"接着，班主任提出了一个要求，他让两名学生自己思考如何理智、友好地解决类似问题。两名学生在班主任的劝导下都冷静了下来，最终握手言和。

打架没有受到批评，从表面上看，似乎是不公正的，但对于这两名学生来说，班主任这样的教育方式也许才是真正的公正。

请思考：在这个案例中，为什么说"班主任这样的教育方式也许才是真正的公正"？

四、教师公正的意义

（一）有利于创造和谐的教育环境

教师公正是维护教育环境和谐稳定的重要因素之一。教师公正地处理好与家长、社会等相关方面的关系，有利于形成较好的外部教育环境；教师公正地对待同事、领导，有利于协调不同的教育职能，进而在教育集体中营造出良好的氛围，形成更大的合力，从而更好地建设教书育人的学校内部环境；教师公正地对待每一个学生，有利于更好地完成教育教学任务和教学目标，培育出更多优秀的学生。

（二）有利于提高教师的威信

教师的威信在教书育人活动中起着重要的作用。处事公正的教师能够赢得学生的信任和尊重，从而增强教师的威信和影响力。当学生认可教师的公正时，他们会更加愿意听从教师的教诲，接受教师的指导，这对于提高教育教学效果具有积极的推动作用。如果教师的行为是不公正的，那么教师除了会受到同行、领导和社会舆论的谴责，或者按照相关制度的规定受到惩罚之外，其威信也会被削弱。

（三）有利于提升学生学习的积极性

教师公正对学生学习积极性的发挥十分重要。

对于学生个人来说，教师能否公正合理地对待学生，会直接影响到学生的学习积极性。例如，教师对成绩较好学生的偏爱和对成绩较差学生的忽视或不公正对待，就不利于两者学习积极性的提高。因为对成绩较好学生的偏爱容易助长其骄傲情绪和浮躁作风，令其丧失不断进步的动力；而对成绩较差学生的忽视或不公正对待会伤害其自尊，打击其学习积极性。

对于学生集体来说，教师不公正的行为会让部分学生感到被忽视，导致学生之间产生隔阂和矛盾，进而影响到集体的团结和凝聚力。同时，如果教师的不公正行为得不到及时纠正和制止，那么它可能会引起学生的效仿，进而导致整个班级或学校都陷入一种不公平、不公正的氛围中，不利于学生学习积极性的提高。

因此，教师应当恪守公正的规则，公平合理地对待每个学生，使每个学生都能发挥更强的学习积极性，充分挖掘自己的学习潜力。

（四）有利于学生的道德成长

公正是道德教育的重要内涵之一。教师要想让学生践行公正的生活准则，其自身就必须在为人处世方面做到公正无私。当教师在与学生的交往中做到公正时，学生就会感受到公正的美好和必要性，从而奠定他们在未来社会生活中努力追求道德公正的心理基础。反之，如果教师无法做到公正无私，就会使学生怀疑道德教育课程所教授的公正的合理性，从而妨碍他们的道德成长。

教师公正也是社会公正的重要组成部分。学生在学校接受的不公正教育会直接影响其将来在社会上立身行事的原则，甚至波及与学生产生联系的人群，对更为广泛的社会群体产生不良影响。

博闻天下

家长与学生眼中的教师公正

一、家长眼中的教师公正

（1）把学生当作自己的孩子一样看待。
（2）对所有的学生一视同仁。
（3）对待每个学生的态度一致，不论其出身、家境、美丑等。
（4）不对任何学生抱有成见，不论是"好学生"还是"差学生"。
（5）不论教师与家长是否认识，都不影响教师与学生的关系。
（6）让学生轮流做班干部，培养他们的综合素质和能力。

二、学生眼中的教师公正

（1）不以学生的家境、着装为理由轻视学生，对所有的学生都一视同仁。

(2) 没有特别偏爱的学生，也没有特别厌恶的学生。
(3) 对学习不好或纪律性差的学生不能怀有瞧不起的心理。
(4) 对每一个学生都给予关爱。
(5) 不偏心，不在投票选举时说一些暗示的话，应该给学生创造公平竞争的机会。

五、教师公正的践行

（一）自觉加强道德修养

教师公正是一个看起来很容易实现的道德范畴，但教师如果没有对教育意义的深刻领悟，没有对教育的奉献情怀，没有较高的人生境界，就很难完全实现公正。自觉加强道德修养是实现教师公正的基础，而提高道德修养的前提是形成一种正确的价值观。因此，教师要想实现教师公正，首先要加强道德修养，将神圣的教育使命感和责任感，以及热爱教育、教书育人、以身作则、热爱学生、严谨治学、关心集体等师德规范转化为稳定的内心信念和道德品质。如果教师没有这种价值自觉，就不可能做到教师公正。

教师不公正行为及其原因

教师公正素养的养成，还要求教师有坚定的信念和坚持真理的勇气，在教育教学活动中培养正义感。一个软弱、没有主见的教师很难做到教育公正，一个明哲保身、不能坚持真理的教师也很难做到真正的公正。因此，教师应坚定理想信念，坚持真理，坚决抵制各种诱惑的侵袭，勇于同不公正行为作斗争，努力提高自己的道德修养水平。

（二）努力提高教育素养

教育素养的提高也有利于教师公正的顺利实现。教师应努力提高自己的教育素养，使自己既有足够的精神力量去关心每一个学生，又有较高水平的教学技能帮助每一个学生成长，进而有效地践行和实现教育公正。

此外，教师公正的实现还要求教师具备一些教育管理技能。教师既要做榜样示范的人师，又要做知识传授的能师，还要做协调管理的大师，从而更好地形成公正教育所需要的合力，营造教师公正得以顺利实现的良好氛围。

（三）确保惩戒的公正性

教师公正的一个重要方面就是在惩戒中实现公正。随着现代社会以人为本价值理念的不断强化，教师的惩戒权受到越来越严格的限制。但在教育教学实践中，教师仍然需要一定的惩戒手段。

教师实施惩戒时，应基于关爱学生的宗旨，抱着教育学生遵守规则、增强自律、改过自新的目的，做到程序正当，客观公正。同时，教师应注重方式方法的合理性和公正性，根据学生的性别、年龄、个性特点、身心特征、认知水平、一贯表现、过错性质、悔过态度等，选择适合学生的惩戒措施。在使用惩戒手段的过程中，教师不仅要严格控制惩戒的范围，切忌滥用惩戒，还要杜绝惩戒时机、方法、力度等不当的情况出现。此外，教师在惩戒过程中应关心学生的心理健康，尊重学生基本权利和人格尊严，避免伤害学生的自尊心和自信心，以便实现最佳的教育效果。

（四）将公正与慈爱、宽容相结合

公正作为一个社会性和历史性的范畴，并不能解决教育中的全部问题，还必须与慈爱、宽容等其他道德品质结合起来才能发挥最大的作用。在教育过程中，公正、慈爱和宽容是相互依存、相互促进的。公正的教师能够赢得学生的信任和尊重，为慈爱和宽容的实施奠定基础；慈爱、宽容的教师能够给予学生改正错误的机会，让学生感受到温暖和关怀，促进他们的自我反思和成长。公正、慈爱和宽容三者相结合，能够形成强大的教育合力，促进学生的全面发展和健康成长。教师如果只是按照规则对犯错误的学生予以批评或处罚，而没有给予其慈爱和宽容，则会使教育效果大打折扣。

因此，教师应当努力做到公正、慈爱和宽容相结合，以高尚的职业道德和良好的教育素养来影响和教育学生，促使公正发挥最大效能，从而确保教师公正的有效实现。

  德行长廊

减分与加分

刘老师在监考时，发现一名学生有一道题抄袭了另一名学生的答案，该题分值为1分。于是，在事后判卷时，刘老师在这名学生的满分试卷上写下了"100"的分数，并在"100"的旁边写了一个小小的"-1"，还在他抄袭的那道题旁边打了一个问号。这名学生看到试卷分数后，马上就明白了"-1"和问号的含义。他非常羞愧，立即找刘老师承认错误。刘老师在接受这名学生的道歉之后，将他试卷上的分数又改为"99+1"，并欣慰地说："知错能改就好，这多加的1分是对你能认识错误并改正错误的奖励。"

请思考：刘教师这样处理有何好处？为什么？

第四节　教师幸福

一、教师幸福的含义

幸福是个体在心理预期与客观现实大致匹配时的心理状态，是个体在需要得到满足、潜能得到发挥、力量得到增长、和谐发展得以实现时的一种持续快乐的体验。

教师幸福又称"教育幸福"，是指教师在教育工作中自由实现自己的职业理想的一种情感状态。教师幸福是教师职业道德的出发点和归宿。

教师幸福涵盖了社会认同与职业认同、成就感、和谐的人际关系、自我成长与个人价值等多个方面的内容。当这些方面的内容都得到充分的满足和实现时，教师才能真正感受到幸福。

二、教师幸福的特点

（一）精神性

教师幸福的精神性首先表现为教师对劳动及其报酬的深刻认知和淡泊态度。也就是说，在物质待遇已经确定的情况下，教师生活应有恬淡、超脱、潇洒的一面。其实，教师的报酬不是只有物质上的奖励，学生的道德成长、学业进步，以及教师对社会做出的贡献等，都可以看作教师报酬的体现。

教师幸福的精神性还体现在教育教学实践中。当教师看到自己的教育理念和教学方法得到实践，学生的成长和进步成为自己工作成果的直接体现时，就会有一种成就感。这种精神上的回报是教师幸福的重要来源之一。此外，对于教师而言，能够遇到并教育优秀的学生也是一种莫大的幸福。这种幸福不仅来源于学生的优秀和成就，还在于教师在这个过程中所体验到的精神享受和满足感。

无私奉献，砥砺前行

此外，教师幸福的精神性还体现在对教育事业的热爱和奉献上。当教师将教育视为一种使命和责任时，他们就会在工作中投入更多的热情和精力，并从中感受到工作的意义和自己的价值，从而在精神层面上获得更多的幸福感。

（二）关系性

教师幸福的关系性主要表现在两个方面。一方面，教师的使命是给予而非索取。作为"人梯"，所有的教师都希望自己的学生有卓越的表现。另一方面，教育劳动成果的实现必须建立在交流的基础之上，教师必须通过学生的成长来肯定自身价值。教师只有全身心地将自己对教育的热爱传递给学生，才能提升学生的学习积极性；只有无条件地给予，才能从教育对象身上看到自己的劳动成果，进而体会到幸福。也就是说，教师的幸福也是被给予的。教师在教育过程中，不断地给予学生知识、关爱和指导，而学生则以成长、进步、成就，以及对教师的信任和爱戴来回报教师。这种给予与被给予的关系，使教师在看到学生成长时能够获得巨大的满足感和幸福感。

（三）集体性

一般来说，教育工作中至少存在四种合作关系，即教师个体与学生个体之间的关系、教师个体与教师集体之间的关系、教师个体与学生集体之间的关系、教师集体与学生集体之间的关系。任何一名学生的成长都是教师集体劳动的成果，任何一位教师的成果也都是学生集体劳动的结果。因此，教师的幸福是集体幸福与个人幸福相统一的幸福，具有集体性的特点。

（四）无限性

教师幸福的无限性表现在时间和空间两个维度上。从时间上看，教师对学生人格和学业的影响具有终生性的特点。因此，教师所收获的是一种超越时间限制的幸福。从空间上看，教师的劳动产品与社会紧密相连，一代又一代的劳动者经过教师的教育而走向社会，进而对社会的进步做出伟大贡献。也就是说，教师劳动的影响不会局限在校园内。因此，教师幸福具有空间上的无限性。

三、教师幸福的意义

（一）能够促进教师的专业成长

带着幸福感做教师，正如揣着理想上路，不仅能够让教师在实践的过程中激发自我斗志与前进的动力，还能够使教育教学活动变得精彩。孔子说："知之者不如好之者，好之者不如乐之者。"[①] 教师如果能"知"教育、"好"教育、"乐"教育，就会将更多的热情和精力投入到教育教学工作中。这种积极的职业态度能促使教师不断探索和实践新的教学方法和理念，从而推动他们的专业成长。

教师幸福还能够激发教师持续学习的动力。为了保持和提升自己的教育教学水平，教师在幸福感的推动下会主动寻求新的学习机会和资源，不断更新自己的知识储备和教学技能，从而获得专业上的成长。

（二）能够培养学生的幸福感

教育的真正目的在于促使个体获得幸福体验，提升幸福意识，发展幸福能力。如果一名拥有幸福感的教师把教育当作理想来追求，并用人生的激情来驱动，那么其教育教学工作不仅能实现知识的传授，还能实现价值与爱的传递，让学生也感受到幸福和快乐。

（三）能够向社会传递正能量

教师作为知识传播者和道德示范者，其言行举止对学生和社会都具有深远的影响。拥有幸福感的教师可以通过自己的劳动对社会产生积极影响，传递出幸福的正能量，激励更多的人追求幸福、热爱生活，从而在社会上营造一种积极向上的氛围。

同时，拥有幸福感的教师能够与学生、家长、同事及家人建立良好的关系，形成和谐、友好的社会互动。这种和谐的社会关系有助于减少社会冲突和矛盾，增强社会的凝聚力和稳定性。此外，教师作为社会的桥梁和纽带，他们的幸福状态也会通过学生、家庭等渠道传递到更广泛的社会领域，促进社会的整体和谐与发展。

---

① 陈晓芬译注：《论语》，中华书局，2016年版。

四、教师幸福的实现

（一）保持乐观心态，热爱生活

罗丹说："生活中从不缺少美，而是缺少发现美的眼睛。"①教师只有保持积极乐观的心态，顺其自然，为所当为，才能在工作中感受到幸福。在日常的工作和学习中，教师可能会在尊重、成就、交往、公平、生存等多个方面遭遇挫折，这是在所难免的。教师只有保持豁达的心态，才能正确应对挫折，不断提高感知幸福的能力。同时，教师要学会休闲与放松，善于通过读书、听音乐、运动、旅游等活动来减轻压力、消除疲劳，用心感受生活的乐趣。

（二）保持宽容心态，关爱学生

"尺有所短，寸有所长。"②教师要用全面的、发展的眼光看待学生，用宽容的心态面对学生在成长过程中所犯的错误。教师如果对学生没有宽容之心，则其对幸福的追求就只能南辕北辙。

同时，对教师来说，爱是教育的灵魂，没有爱就没有教育，没有爱就不能为师。教师幸福感的重要来源之一就是学生的成功和他们对教师的回报，而教师要想让学生回报自己，就必须做到感恩学生并关爱学生。

（三）保持知足心态，管理欲求

教师应明确自己的职业目标和发展方向，理性看待自己的欲求，避免盲目追求名利、地位而忽略了教育的本质和初衷。同时，教师应根据自己的实际情况来合理安排工作、学习和休闲的时间，确保生活的平衡和充实，并学会拒绝一些不必要的应酬和干扰，以保持内心的宁静和专注。

此外，教师还应具备自我反思的能力，定期审视自己的行为是否符合教育的价值观和职业道德要求。通过自我反思，教师可以及时完善自己的不足、纠正自己的错误，从而更加理性地管理自己的欲求和行为。

（四）保持进取心态，提升自我

教师保持进取心态，不断提升自我，应做到以下两点。

（1）教师应为自己设定清晰、可实现的职业目标和个人成长目标，如提升教学水平、获得专业认证、参与教育科研项目、学习新技能、培养兴趣爱好等。这些目标能够激发教师的内在动力，促使教师不断进步，并从进步中获得幸福感。

（2）教师应勇于尝试新的教学方法和手段，不断提高教育教学技能的运用水平，使教育教学过程充满灵动的气息和丰富的智力挑战，让学生对学习充满兴趣，对挑战充满向往，从

---

① 维吉尔·莫里斯·希利尔：《希利尔讲艺术史》，北京联合出版公司，2016年版。
② 林家骊译注：《楚辞》，中华书局，2015版。

而提升教育教学工作的效果。这种教育教学效果的提升能够为教师带来成就感，让教师在内心深处感受到幸福。

师德榜样

全国三八红旗手黄俊琼：最幸福的事就是当乡村教师

"我一生中最幸福的事就是选择当乡村教师，让山里的孩子走出大山，走向理想的工作岗位，让孩子们用知识改变命运。"黄俊琼满怀深情地说。黄俊琼30年如一日，无私奉献，默默无闻，用她的青春谱写了乡村教师平凡而又伟大的篇章。

1992年8月，黄俊琼大学毕业后毅然放弃入城工作的机会，回到家乡当了一名乡村教师。因为她觉得，大山里的孩子更需要她。

走上三尺讲台后，黄俊琼以"当一名好老师"为奋斗目标，兢兢业业，勤勤恳恳，很快就进入了角色。她认真备课、上课，课后及时进行反思总结，教育教学水平也得到了不断提升。2003年5月，黄俊琼光荣地成为一名共产党员，以更高的热情和责任感投入到了工作中。

在教学中，黄俊琼发现很多学生的阅读习惯较差，她就想方设法地培养他们的阅读习惯。她在班里举办讲故事比赛，激发学生的阅读兴趣；设置图书角，营造良好的读书环境；制作多媒体课件，提高学生的阅读积极性。经过黄俊琼的努力，班上学生的阅读能力大为提高，连作文水平也跟着提高了不少。

于是，黄俊琼认为在阅读上大有文章可做。2015年10月，黄俊琼负责的省级课题《如何培养小学生良好的课外阅读习惯》通过验收；2016年4月，黄俊琼荣获贵州省小学语文乡村名师的称号。后来，黄俊琼任教的小学建立了一个省级乡村名师工作室，她和工作室成员开始进行小学语文教学实践活动中语言文字运用能力的相关研究。几年来，工作室培养出了多名优秀教师，并借助这个平台，既向省内名校名师学习取经，又为县内学校传经送宝。

"爱学校如家，爱职业如命，爱学生如子。"这是黄俊琼的人生座右铭。在黄俊琼任教的小学有300余名留守儿童，黄俊琼和同事们把这些孩子都当成了自己的孩子，既辅导他们学习，又照顾他们生活。每天清晨，黄俊琼到学校带领学生早读后，就开始一天的教学工作；晚上辅导学生下晚自习后，又得检查学生就寝，到晚上十点才离校回家。夜深人静时，她才能开始专心地备课。她用母亲般的爱呵护着自己的学生，因此被许多留守儿童亲切地称为"黄妈妈"。

由于表现出色，黄俊琼多次获得贵州省骨干教师、"三八红旗手"、师德标兵、优秀共产党员、优秀教师、优秀班主任等称号。"作为一名党员，我一定不忘初心，感恩奋进，把我的一生都奉献给乡村教育！"黄俊琼坚定地说。

（资料来源：敖嘉钰、陈康清，《全国三八红旗手黄俊琼：最幸福的事就是当乡村教师》，人民网，2024年1月4日，收入本书有删改）

综合检测

一、不定项选择题

1. 教师义务的意义包括（　　）。
   A．有利于增强教师的教育信念　　B．有利于协调各种人际关系
   C．培养教师高尚的道德品质　　　D．有利于提升学生的责任意识
2. 教师良心形成的关键是（　　）。
   A．对教育责任的透彻理解　　　　B．对教育生活的深刻体验
   C．在教育教学活动中践行善良意志　D．将教育义务内化于心
3. 教师公正具有（　　）的特点。
   A．教育性　　B．实质性　　C．自觉性　　D．内在性
4. 教师幸福的意义包括（　　）。
   A．促进教师的专业成长　　B．促进教师的成熟
   C．培养学生的幸福感　　　D．向社会传递正能量

二、判断题

1. 教师义务包括一般道德义务和职业道德义务。　　　　　　　　　　（　　）
2. 教师义务既是教师职业道德的灵魂，又是教师道德自律的最高实现形式。（　　）
3. 教师公正是指实质意义上的公正，而不是形式上的公正。　　　　　（　　）
4. 教师幸福具有集体性的特点。　　　　　　　　　　　　　　　　　（　　）

三、简答题

1. 如何培养教师义务感？
2. 如何践行教师公正？
3. 教师应如何实现职业幸福？

四、案例分析题

案例一：

　　我的班上有个学生叫小威，胖乎乎的，能说会道，是一个挺可爱的男孩。可是在学习方面，他给人的感觉就没那么好了：上课时思想老是不能集中；做作业时老是磨磨蹭蹭，而且不肯动脑筋；家庭作业不是不做，就是做得不完整，而且字迹相当潦草，小组长每天都要向我告状。于是，我找小威谈话，希望他能遵守学校的各项规章制度，以学习为重，按时完成作业，争取进步，做一个人见人爱的好孩子。

　　小威口头上答应得好好的，可就是"勇于认错，坚决不改"，依然我行我素，毫无长进。

见此情形，我的心都快凉了，并多次萌生这样的想法：还是算了吧，或许他是一根"朽木"。但转而又觉得，身为班主任，我不能因一点困难就退缩，更不能让一个学习有困难的学生影响整个班集体。于是我下定决心，我要对得起自己的良心，要尽最大的努力去帮助他。

我认为，小威没有进步，或许是因为他没有明确的学习目标，没有真正认识到自己存在的问题。为了改变小威的现状，我采取了以下措施：先让他认识到自己存在的问题，树立做一个好学生的目标；当他有一点进步时，我就及时表扬他，鼓励他，使他时时处处感受到老师的关心。

为了提高小威的学习成绩，我除了在思想上教育他，还特意安排了一个责任心强、学习成绩好、乐于助人、耐心细致的女同学做他的同桌，目的是发挥同伴的力量。这名女同学充分利用课余时间帮助小威，有效地促进了小威进步。后来，当小威取得进步时，我除了表扬他，还表扬了这名女同学。在同学的帮助及自身的努力下，小威在各个方面都取得了不小的进步。他端正了学习态度，考试成绩有了很大提升。为此，我由衷地感到高兴。我想，"没有教不好的学生，只有不会教的老师"这句话说得一点儿也没错。

案例二：

小秦老师最近遇到了难题：班里有一个"问题学生"，他不遵守课堂纪律，已经影响了其他学生的正常学习，很多家长也对这名学生有意见，强烈要求将这名学生换到其他班级；还有一位家长找到小秦老师，希望小秦老师能给自己坐在后排的孩子换一个靠前的座位，理由是孩子的视力不好，坐后面看不清黑板。

（1）案例一是某位教师写的日记，请你运用所学教师职业道德的知识，分析这位教师的做法。

（2）阅读案例二，说一说假如你是小秦老师，你准备如何处理这些问题？

道德践行

体验活动——我的幸福时刻

活动目的

通过实践认识幸福的多样性，体验通过帮助他人、自我成长等方式获得的幸福感，提高责任感。

活动准备

（1）全班同学分成若干小组（每5～6人一组）。

（2）各组在两项活动中选择一项：① 开展"幸福传递计划"活动。各组自行组织各种志愿服务活动，如清理街头小广告、为山区学生捐赠学习用品等；② 开展"感恩周"活动，各组成员向帮助过自己的人表达感激之情，并用视频、图片、文字等方式记录自己的幸福时刻。

活动过程

（1）各组根据所选择的活动，制订一份活动方案。

（2）各组根据活动方案开展活动，采用图片、视频、文字等方式记录活动过程。

（3）各组讨论以下问题：在活动中，你是否体会到了帮助他人的快乐？在生活中，你经历过哪些感到幸福的时刻？在他人帮助你后，你是如何回馈他人的？

活动总结

每人总结活动中的收获，并思考以下问题：通过活动，你最大的感受是什么？在活动中，有哪些瞬间让你感受到了幸福？如果你将来成为一名教师，你打算如何将自己的幸福传递给学生？

综合评价

本章的学习已告一段落，请同学们结合理论知识的学习情况，课前、课中和课后的任务完成情况，以及素养目标的达成情况三个方面，按照表2-1的评价标准对本章的学习效果进行自评和互评，并请教师进行总体评价。

表2-1　综合评价表

考核项目	考核内容	分值	评价分数		
			自评	互评	师评
知识考核	能够简要说明教师义务的含义、内容、意义，以及培养教师义务感的方法	10			
	能够举例解释教师良心的含义、特点、意义，以及如何形成教师良心	10			
	能够简要概括教师公正的含义、特点、内容、意义，并在日常学习和生活中根据教师公正的践行要求严格要求自己	10			
	能够简要概括教师幸福的含义、特点、意义，以及如何实现教师幸福	10			
技能考核	能够在日常学习和生活中积极履行自己的义务	10			
	能够深刻认识教师良心，并根据良心做事	10			
	能够学以致用，在日常学习和生活中做到公平、公正	10			
	能够在生活中保持乐观、宽容、知足和进取的心态	10			
素养考核	对教育事业有较强的使命感	10			
	促进自身的专业成长和成熟，积极向社会传递正能量	10			
总分	自评（30%）+互评（30%）+师评（40%）=				

第三章

牢记使命，师德涵养于心
——教师职业道德修养

本章导读

随着教育现代化进程的加速和社会的快速发展，教育领域对教师职业道德的要求日益提高。在这一背景下，提升教师职业道德修养成为提高教育质量、促进学生全面发展的关键所在。教师作为知识的传播者和学生成长的引路人，其职业道德水平直接影响到教育教学的质量和效果。因此，教师应提高自身职业道德修养，以便为学生树立榜样，更好地履行教育职责。

学习目标

- 了解教师职业道德修养的含义、特点和内容。
- 理解提升教师职业道德修养的意义。
- 熟记提升教师职业道德修养的基本原则。
- 明确教师职业道德修养的提升途径，并在日常生活中有意识地提升自身的职业道德修养。
- 加强自身的道德自律，能做到知行合一，坚持自律与他律相结合。

教师职业道德

> **课堂导入**
>
> ### 职业道德培训革新提升教师参与度
>
> 　　这天，学校又在通知教师参加职业道德培训了。培训活动结束后，一位教师满怀热情地分享了自己的见解："职业道德培训确实有其独特的重要性。我深信，通过系统培训，我们不仅能够提升道德认识，还能够有效地激发道德情感，增强道德意志，并将这些理念转化为具体的道德行为。参加这次职业道德培训，我发现现场氛围非常好。在培训现场，台上的专家热情洋溢地分享经验，台下的教师们认真聆听，互动频繁。大家都能专注于培训内容，很少有人聊天或玩手机。这次培训形式多样、内容丰富，让教师们受益匪浅。大家纷纷表示愿意参加更多此类有意义的培训活动。"
>
> 　　**请思考：** 你认为学校开展教师职业道德培训有什么作用？教师为什么要强化自身的职业道德？

第一节　教师职业道德修养概述

一、教师职业道德修养的含义

　　"修"即修身，是指个体通过意志力支配身心，排除杂念，使言行与志向保持一致；"养"则强调养心，即培养内心的善，并保持心理健康。修养，广义上涵盖了反躬自省、修身养性、道德涵养、性情陶冶等多个方面，是人在道德、学术、政治、艺术等多个领域通过长期学习与实践所达到的思想境界与能力水平。

　　在中国先秦时期的儒家思想中，道德修养被置于极其重要的位置。《大学》一书开篇就提出："古之欲明明德于天下者，先治其国；欲治其国者，先齐其家；欲齐其家者，先修其身。"[①] 由此可以看出，古人认为，在修身、齐家、治国三者中，修身是根本，而修身的目的就是齐家、治国、平天下。

　　反观西方，自古希腊时期起，赫拉克利特等哲学家便已经开始强调道德上的自我教育。赫拉克利特称"教养是有教养的人的第二个太阳"[②]。德谟克利特则进一步提出，一个人能在与自己思想的斗争中取得胜利，则意味着他在道德上有所进步。亚里士多德更是把教育和修养看作人们能否具有美德的重要条件。

---

① 陈晓芬、徐儒宗译注：《论语·大学·中庸》，中华书局，2015年版。
② 北京大学哲学系外国哲学史教研室编译：《古希腊罗马哲学》，商务印书馆，2021年版。

由此可见，道德修养是修养的重要内容，涉及道德情操、为人处世的正确态度，以及各个领域的水平造诣，是个体自觉地按照一定社会或阶级的道德要求所进行的自我审度、自我教育、自我锻炼、自我改造和自我完善的活动，是一个人在长期的道德锻炼中形成的综合素质和能力的表现，也是个人魅力的基础。

教师职业道德修养，是指教师依据社会主义道德原则和教师职业道德原则、规范，进行自我锻炼、自我教育、自我陶冶而形成的教师道德品质和精神境界。从内涵上来看，教师职业道德修养包括两个方面：一是教师在职业行为方面的修养，包括教师在教育教学活动及实践中所展现出来的仪表、礼仪、谈吐等方面，是外在意义上的修养；二是教师在职业道德观念、职业道德情感、职业道德意志、职业道德信念等方面的修养，如热情、公平、诚实、和蔼、善良等，是内在意义上的修养，也是教师职业道德修养的核心部分。

二、教师职业道德修养的特点

（一）自觉性

自觉性是教师职业道德修养的主要特点，教师需要自觉地遵守职业道德规范，约束自己的言行，自觉承担教书育人的责任，主动寻求学习和提升自己的机会，积极地克服困难，自觉地按照职业道德的要求进行自我完善。教师提升职业道德修养的过程，实际上就是一个自我认知、自我教育、自我充实和自我蜕变的过程。

（二）持久性

教师职业道德的持久性是指教师在长期的教育教学实践中，将职业道德规范内化于心、外化于行，形成稳定而持久的道德品质和职业操守。这种持久性是教师职业发展的重要保障。良好的职业道德修养并非一蹴而就，而是长期自觉修炼的结果。教师只有在日常的教育教学活动中保持对教育事业的忠诚和热爱，坚守职业道德底线，始终不受外界诱惑和干扰，坚持不懈地提升自身修养，才能使自身职业道德品质达到较高的水平。

心灯照亮——教师职业道德修养的力量

（三）实践性

教师职业道德修养并不是凭空产生的，而是在教师的教育教学实践中逐渐形成和发展的。也就是说，教师的职业道德修养不仅仅是一种理论认知，更是一种行为表现。教师只有将职业道德要求转化为具体的行为准则，并践行于现实的教育教学活动中，才能真正地提高自身的职业道德修养，否则职业道德修养就是空谈。此外，随着社会的不断发展和教育改革的深入推进，教师职业道德修养的内涵和要求也在不断变化。这就要求教师积极适应这些变化，在实践中积极学习、调整、完善自己的教育理念和职业道德行为，保持与时代发展同步，以便更好地履行教育职责、促进学生全面发展。

教师职业道德

三、教师职业道德修养的内容

一个人的道德修养是综合性的体现,它贯穿于个体的日常学习、工作、生活和人际关系中,深受其世界观、人生观、道德观、文化修养和心理素质等多种因素的影响。对于教师而言,其职业道德修养的内容非常丰富,主要包括教师职业道德认识、教师职业道德情感、教师职业道德意志、教师职业道德信念和教师职业道德行为这五个方面。

(一)教师职业道德认识

教师职业道德认识是指教师对价值观念、行为规范、职业操守等职业道德理论的理解和认识,它决定了教师在教育教学活动中如何对待学生、如何处理师生关系、如何履行职责等关键问题。

正确的认识是个体进行道德意志锻炼的内在动力,是决定个体行为倾向的思想基础。教师只有具备深刻的职业道德认识,才能产生强烈的职业道德情感,形成良好的职业道德行为,增强履行职业道德的自觉性。

(二)教师职业道德情感

教师职业道德情感是教师根据一定的职业道德观念,评价某种行为、处理相互关系时所产生的内心体验,包括对教育事业的追求、对学生的关爱、对同事的尊重,以及自重、自爱、自立、自信、自强、自主和责任感等。

教师职业道德情感在职业道德品质的培养中起着重要的催化和调节作用。首先,教师职业道德情感是教师职业道德行为的内在动力。当教师具备高尚的职业道德情感时,他们会更加积极地投身于教育教学实践中,更加主动地学习新知识、新技能,以满腔的热情和关爱去对待每一个学生,从而推动自己不断追求教育事业的卓越。其次,在教育教学过程中,教师会遇到各种各样的挑战和困难,需要做出各种决策和选择。此时,教师的职业道德情感会起到重要的调节作用,帮助教师在复杂多变的环境中保持清醒的头脑和正确的方向。

德行长廊

做一朵温柔绽放的"解语花"

尚宇红是河南某大学心理健康中心的老师。她毕业于陕西师范大学的教育学专业,专攻心理学方向。大学毕业后,尚宇红来到了这所大学,从事教学工作。

1999年,学校准备成立心理咨询室,尚宇红自告奋勇负责此事。当时,心理咨询室只有尚宇红一个人,她不怕难、不怕累、义无反顾地踏上了高校心理健康教育的拓荒之路。

开设心理健康选修课,成立全省第一个大学生心理健康协会,率先设立心理健康活动月,定期为在校大学生进行心理测评……在尚宇红的努力下,学校的心理健康教育开展得有声有色,成为该校的"品牌",为河南高校心理健康教育树立了样板。此外,尚宇红还建立了24小时心理热线。为了方便自己服务学生，最初的热线号码是她家里的电话，后来又改成了她的手机号。

在学校，同学们都知道，遇到问题可以找尚老师倾诉，尚老师就像一朵"解语花"，为同学们解决各种心理问题，帮助同学走出困惑和迷惘。如今，尚宇红已年近六旬，说话时柔声细语，脸上总是挂着笑容。正是这令人心安的声音和亲切的笑容，为无数身陷迷茫的学子点亮了一盏盏心灯。

如今，该校心理咨询室的队伍日益壮大，越来越多的年轻教师加入心理咨询室，学校也搭建起了覆盖学校、学院、班级、宿舍、家庭的五级心理健康服务网络。从一个人到一群人，从一间咨询室到一张服务网，尚宇红始终像一朵温柔绽放的"解语花"，用深沉而持久的力量，呵护着同学们的心灵家园。

（资料来源：佚名，《尚宇红》，《漯河日报》，2020年6月24日，收入本书有删改）

请思考：尚宇红具有强烈的事业心和责任心，她爱自己的教育事业，爱每一个学生。她的故事带给你什么启发？

（三）教师职业道德意志

教师职业道德意志是教师在实践职业道德要求的过程中战胜困难和克服障碍的毅力，以及坚持不懈的精神。它是在职业道德认识和职业道德情感的基础上形成并发展起来的，是调节教师道德行为的重要精神力量。教师在教书育人的过程中，常常会遇到来自外界的各种困难和障碍，如现实条件的制约、社会舆论的干扰等。教师要想克服困难，排除障碍，就需要有坚强的职业道德意志。

（四）教师职业道德信念

教师职业道德信念是教师对职业理想、职业人格、职业原则、职业规范的深刻理解和坚定信仰，是深刻的职业道德认识、炽热的职业道德情感和顽强的职业道德意志的统一，是教师把职业道德认识转变为职业道德行为的媒介和内驱力。教师的职业道德信念一旦确立，其道德行为和道德观念的一致性就不可动摇。

教师职业道德信念决定着教师行为的方向性和目的性，也影响着教师职业道德水平。它是教师职业道德品质的核心要素，是教师按照职业道德的准则要求忠诚地履行道德义务的深层次依据，也是职业道德行为能够持续的重要保障。

（五）教师职业道德行为

职业道德行为是指教师在良好的职业道德动机、坚韧的职业道德意志和坚定的职业道德信念的影响下采取的实际行动。它是教师职业道德品质的具体表现，即教师把职业道德规范和准则贯彻落实到实际的教育教学工作中，做到言行合一、知行合一。

教师职业道德

课堂互动

有人认为，教师仅需要在教育教学工作中恪守职业道德规范，在日常生活中则可以用普通的道德标准来要求自己。还有人认为，无论是在工作中还是日常生活中，教师都应以较高的职业道德标准来严格要求自己。你怎么看待这两种观点？请阐述你的见解，并说明理由。

第二节 教师职业道德修养的提升

一、提升教师职业道德修养的意义

提升教师职业道德修养，提高教师的职业道德素质，既是教师自我完善的重要途径，又是教师完成职责和历史使命的必然要求，还是时代进步和教育发展的客观趋势。具体而言，提升教师职业道德修养的意义体现在以下两个方面。

（一）适应教育现代化的需求

当今世界的快速发展，使教育在理念、方式、内容、途径等方面受到诸多挑战，这也使得教师职业道德被不断赋予许多新的内容。教育现代化要求教师必须不断加强职业道德修养，因为只有具备与教育现代化要求相适应的职业道德，教师才能更好地提高教学质量和教学效果；才能在与学生交往的过程中更好地以思想影响思想，以品格影响品格；才能给学生提供更加科学、前沿的知识和信息，并指导学生掌握正确的学习方法；才能更有效地培养学生的创新意识、创新精神和创新能力；才能更好地服务学生，关怀学生，促进学生的全面发展与健康成长。

（二）不断完善教师自身的道德品质

提升教师职业道德修养对于教师自身道德品质的完善具有决定性的意义。它能使教师按照职业道德的要求，通过自我锻炼、自我改造、自我陶冶、自我教育，不断提高自身的道德认识和选择能力，不断克服非道德观念的影响，从而不断提高和完善自身的道德品质。

博闻天下

好教师的标准

2014年9月9日，习近平总书记在同北京师范大学师生代表座谈时发表了重要讲话，就"怎样才能成为好老师"这一问题，首次提出了"做好老师，要有理想信念、有道德情操、有扎实学识、有仁爱之心"的精准回答。

第三章 牢记使命，师德涵养于心——教师职业道德修养

2023年5月29日，中共中央政治局就建设教育强国进行第五次集体学习。习近平总书记在主持学习时强调要把加强教师队伍建设作为建设教育强国最重要的基础工作来抓，专门指出要"加强师德师风建设，引导广大教师坚定理想信念、陶冶道德情操、涵养扎实学识、勤修仁爱之心"。这一精辟凝练的表述，丰富了"四有"好老师重要论述的思想内涵，为"四有"好老师怎样练成提供了清晰可循的方向和路径。

此次建设教育强国集体学习中，习近平总书记提出"坚定理想信念、陶冶道德情操、涵养扎实学识、勤修仁爱之心"，是对"四有"好老师的新阐释和新发展。"坚定""陶冶""涵养""勤修"四个词，言简旨深，值得细细体味。

坚定理想信念。"坚定"意味着理想信念本乎自身。中国特色社会主义事业根植于中华优秀传统文化沃土，是每一个中国人基因血脉中本来就蕴含流淌着的理想信念，我们要自觉树立这样的理想信念，"先立乎其大者"[1]，然后善养之，坚守之，经受住重重考验，做到"强立而不反"[2]，然后才可以为人师表，范示群伦。

陶冶道德情操。"陶冶"指道德情操具有社会属性，需要在人与人的交互中不断磨炼，而且这个过程是渐进式的、潜移默化的。我们弘扬社会主义核心价值观，强调师德师风，制定新时代教师职业行为十项准则，就是要在社会的大环境里、时代的大背景下、教育界的大生态中，陶冶师生道德情操。广大教师亦当有这样的自觉，使自己的德行与时俱进、臻于至善。

涵养扎实学识。"涵养"一方面表明学识需要不断吸收、内化、吐故纳新；另一方面则指出教师需要谦虚、敬畏、知不足。习近平总书记在同北京师范大学师生代表座谈时指出，"学生往往可以原谅老师严厉刻板，但不能原谅老师学识浅薄"。"涵养"要求老师要永葆学习知识、追求真理的热情，像孔子一样"发愤忘食，乐以忘忧，不知老之将至云尔"[3]，并永远保持不忧不惑、不骄不躁的气质和定力。

勤修仁爱之心。"勤修"强调了"仁爱之心"不是一成不变的，需要时时刻刻去呵护它、发扬它，否则就会弱化乃至丧失。古代著名的"牛山濯濯"的寓言，讲清楚了心性何以需要不断修行，告诫人们"苟得其养，无物不长；苟失其养，无物不消"[4]。教师身负教书育人神圣职责，更需要修炼人民教师的"心学"，以一颗充沛活泼的仁爱之心，赢得社会的广泛尊重。

孔子有名言"志于道，据于德，依于仁，游于艺"，朱熹注释说："此章言人之为学当如是也。"从传统儒家的修身观、学习观，到"四有"好老师论述的提出，再到不断赋予新的内涵，我们已然清晰地看到了古今智慧的交相辉映，以及创造性转化和创新性发展的无限可能。

（资料来源：罗容海，《"四有"好老师怎样练成》，《光明日报》，2023年6月12日，收入本书有删改）

---

[1] 郭齐勇：《四书通识》，中华书局，2023年版。
[2] 杨天宇译注：《礼记译注》，上海古籍出版社，2016年版。
[3] 朱熹集注，郭万金编校：《论语集注》，商务印书馆，2015年版。
[4] 同[1]。

教师职业道德

二、提升教师职业道德修养的基本原则

在培养教师职业道德修养的实践活动中，教师必须遵循一定的原则，以妥善协调实践过程中出现的各种关系，确保自身行为有据可依，从而维护整个实践活动的顺利进行，并最终达成提升自我道德修养的目标。

（一）坚持知与行的统一

"知"即人们对职业道德修养的认识，是提升职业道德修养的前提。"行"即人们根据自己对职业道德修养的理解调整自己的行为，使之符合职业道德要求，是提升职业道德修养的目的。知与行相统一，就是把学习职业道德理论、提高职业道德认识同自身的行动统一起来。如果只学不用、只说不做或言行不一，提升职业道德修养就只是一句空话。因此，教师在提升职业道德修养的过程中要遵循知与行相统一的原则。

遵循知和行相统一的原则，教师应做到深入学习职业道德理论，激发自己的职业道德情感，增强自身的职业道德意志和信念，并努力践行职业道德理论，按照职业道德原则和规范调整自己的行为。只有这样，教师才能保持知与行的统一，从而适应教育改革的需求。

（二）坚持动机与效果的统一

动机是人们实施某种行为的内在动力。效果是人们的行为带来的客观结果。动机和效果相互依存。

教师在提升职业道德修养的过程中，不能唯动机论（即认为动机好，就必然会得到好的效果），也不能唯效果论（即认为效果不好，就断定动机肯定是坏的），而应遵循动机与效果相统一的原则，既要有良好的动机（如以社会需求为导向、以推动教育事业发展为己任、一切从学生的利益出发等），又要确保行为效果达到预期。换句话说，在教育教学实践中，教师要带着良好动机，充分发挥主观能动性去克服各种困难，并从中不断总结经验，吸取教训，力争使提升职业道德的每一种行为都取得预期的效果。

（三）坚持个人与社会相结合

个人道德修养的提升离不开社会的评价。教师在提升职业道德修养的过程中，要将个人信念与社会信念（即社会成员共同认可的价值观念和行为准则）结合起来，既要坚定个人信念，不随波逐流；又要尊重社会信念，遵守社会规则，时常参照社会对教师的职业道德标准来审视自己。当个人信念和社会信念发生冲突时，教师应学会平衡和取舍，适应社会的变化，紧跟时代的步伐，不断学习并树立正确的理想信念，促进个人信念与社会信念和谐共生，从而让自己在道德实践中找到正确方向。

（四）坚持自律与他律相结合

自律是指依靠内心信念对自己的职业道德行为进行调节和控制。他律是指利用制度、规范和奖惩手段等对职业道德行为进行调节和控制。自律和他律既相互区别又密切联系，两者互为条件，相辅相成。教师在提升职业道德修养的过程中应坚持自律和他律相结合，既要有效地利用外部约束（如法律法规、道德规范、工作规范等）来提升道德认识，强化道德意志，规范道德行为；又要加强自我约束，陶冶道德情感，坚定道德信念，将外在的道德约束内化为自身信念，不断提升自身的道德境界，塑造出高尚的道德人格，从而为践行道德规范提供充足的内在动力。

（五）坚持继承与创新相结合

职业道德是社会道德的一部分，它会随着社会的发展变化而不断变化。教师肩负新的历史使命，在提升职业道德修养的过程中，应坚持继承与创新相结合，在继承传统职业道德的基础上不断创新。具体而言，在继承和创新的过程中，教师既要尊重传统职业道德中的精华部分，又要勇于突破传统束缚，坚持以社会主义核心价值体系为主导，根据新时代的特点和需求，积极探索新的师德规范和发展路径，从而创造出符合时代需要的新的教师职业道德规范体系。

三、提升教师职业道德修养的途径

教师职业道德修养的提升既是一个理论议题，也是一个实践挑战。它需要教师在创新与固守传统之间找到平衡，以探索教师职业道德修养新的定位和表现形态。当前，如何紧密结合当代中国的发展实际，探索出适应社会发展需要的教师职业道德修养提升新路径，已成为亟待解决的重要问题之一。

（一）加强自身的理论学习

加强理论学习是提升教师职业道德修养的前提。一般而言，理论学习的主要内容包括以下三个方面。

1. 学习思想政治理论

教师要通过认真学习思想政治理论（包括马克思主义理论、毛泽东思想、邓小平理论、习近平新时代中国特色社会主义思想等），树立正确的世界观和人生观，坚定不移地热爱社会主义祖国，热爱教育事业，提高思想觉悟，进而为祖国教育事业的发展而努力奋斗。

2. 学习科学的教育理论

教师要学习科学的教育理论（如前沿的教育理念、先进的教育教学方法等），提升专业理论水平和专业技能水平，加深对职业伦理的理解，进而更加自觉地践行职业道德信念和规范。

3. 学习职业道德理论

教师要不断学习职业道德理论，提高明辨是非善恶的能力，明确提升职业道德修养的方向，以便在教育教学工作中朝着正确的方向努力，采用正确的方式方法践行职业道德信念，培养职业道德行为习惯。

（二）虚心向他人学习

在社会主义现代化的进程中，各行各业都涌现出众多杰出人物，他们的优秀事迹和优良品德代表了新时代的精神风貌，为教师提供了宝贵的职业道德修养范例。在提升职业道德修养的过程中，教师应积极吸收社会生活中一切有益的营养，学习他人的优良品德，并将其内化为自身的职业素养。

首先，教师应深入老一辈教育家的思想宝库，汲取精神营养。诸如徐特立、陶行知、吴玉章等先辈，他们不仅热爱祖国、人民及教育事业，还展现出关爱学生、勤于钻研的崇高品质，为后世教师树立了崇高的精神标杆。通过学习他们的优秀品质，教师可以有效提升自身的职业道德境界。

其次，教师应向优秀的同行学习。如于漪、魏书生等教育界同仁的教育实践及先进事迹，体现了新时代教师职业道德的崭新特点，是教师职业道德理论的具体化表现。教师了解他们的感人事迹，学习他们的先进思想，能够有效地提高自身的职业道德认识，激发自身的职业道德情感。

此外，教师还应保持谦逊态度，向学生学习。正如古人所言，"弟子不必不如师，师不必贤于弟子"①，教师要善于发现学生身上的优良品质，以开放的心态向学生学习，从中汲取精神力量。这种虚心求教的精神，对于加强教师道德自律、提升道德修养水平具有不可估量的价值。

师德榜样

一辈子做教师，一辈子学做教师

人民教师应当是什么模样？很多人会不约而同地想起一个名字——于漪。

躬耕基础教育70余载，上海市杨浦高级中学名誉校长、语文特级教师于漪，成为许多教师职业成长中的关键人物。70多年间，她开设了近2000节公开课，培养了三代数十位特级教师，"带教"全国各地100多名青年教师，写下了600多万字的论文专著。从培育学生到培养老师，从改变课堂教学到凝练教育理论，她躬耕教坛、与时俱进，用实际行动彰显了"师者为师亦为范"的境界。

于漪上课，讲求"以文育人，触动心弦"。

1951年，22岁的于漪从复旦大学教育系毕业，最初教历史，后转行教语文。忆起当时，于漪笑言自己"连语文教学的门在哪里都摸不着"。干一行爱一行，她从语音、语法、修辞、

---

① 钟基译注：《古文观止》，中华书局，2016年版。

第三章　牢记使命，师德涵养于心——教师职业道德修养

逻辑学起，硬是靠自学"啃"完了大学中文系课程。

基础筑牢后，于漪开始打磨自己的教学风格。她给自己立下规矩："不抄教学参考书，不吃别人嚼过的馍。"为了备好一堂课，她常常要花10个小时、20个小时，甚至更长时间。为了达到"出口成章，下笔成文"，她一边训练思维，以"心明"带"言明"；一边撰写详细的教案，下力气修改琢磨，再背下来转换成口语。直至今天，仍有许多学生对她的课念念不忘，表示"听于老师上课，是艺术的享受"。

课上得越来越如鱼得水，于漪却越来越不满足，她开始思索更深刻的问题：基础教育为人生奠基，到底要奠怎样的"基"？教师职责神圣，究竟怎样才算不辱使命？

"教育是给孩子的心灵滴灌知性与德性""教师要胸中有书、目中有人，要见书又见人""每个学生都是发光体，每个学生都能做学习的主人"……这是于漪给出的答案，更是她的从教信条。她讲课已不只是知识的传授，更是以文育人、触动心弦，是以生命唤醒生命、以人格塑造人格的过程。"站上讲台，就是生命在歌唱"的理念，让她把每一堂课都上成了精品课。

于漪带班，重"教文"，更重"教人"。

于漪带过许多"乱班""乱年级"，但她眼里从来没有"差学生""坏学生"。她曾告诉其他老师，"不要随便讲学生不好。我教了一辈子，真的觉得没有不好的学生"。2000年，上海东方电视台拍摄专题片，年过七旬的她几乎不加停顿地报出自己教过的100多个学生的名字。"记住学生名字是教师的本能。每教一个新的班级，我总先看熟学生登记卡，记住照片上的特征。上第一节课，叫出全班学生的名字，学生就很佩服。"于漪的脑子里有一个"学生谱"，每个学生的情况都了然于胸。

曾有一位男生屡屡逃学、打群架，受到学校处分。家长的"棍棒教育"，打得这个男生离家出走。于漪急坏了，四处找寻忙了整整一天，才把这个男生领回来。她把这个男生接到家里长住，为他做饭，陪他谈心，辅导他功课……春风化雨，叛逆的少年终于打开心扉，开始努力学习。多年后，听说于漪重病住院，这位已经工作的学生赶来探望，一见面便一把攥住老师的手，满脸热泪，哽咽难言……

于漪的"目中有学生"，不是只盯住几个学习尖子，而是面向全体学生，特别关照有个性的学生，纠偏引路，让他们的个性得到良性发展。于漪说："我的学生不一定是最优秀的，但他们都是家庭的宝贝、国家的宝贝，我当教师，不求他们多显赫，但一定要成为社会的好公民，服务国家，服务人民。"于漪眼中的教育从来不只是结果，更是生命展开的过程。

于漪很喜欢闻一多的诗文："红烛啊！流罢！你怎能不流呢？请将你的脂膏，不息地流向人间，培出慰藉的花儿，结成快乐的果子！"这，恰似她的人生写照——"一辈子做教师，一辈子学做教师"，这是作为师者的自我修为；"理想就在岗位上，信仰就在行动中"，这是作为一名共产党员的人生刻度。

（资料来源：颜维琦，《于漪：站上讲台，就是生命在歌唱》，《光明日报》，2024年6月10日，收入本书有删改）

（三）投身道德实践

道德实践不仅是教师提升职业道德修养的现实基础，也是检验教师职业道德修养的唯一标准。教师应积极投身于道德实践，将内心的道德信仰外化于行动。

（1）践行职业道德规范，力争做到慎独。慎独，即在无人监督之时，仍能坚守道德原则，自我约束，不做违背职业道德之事。这是教师提升职业道德修养的至高境界。教师应将职业道德规范内化于心，作为指导日常教学及行为举止的准则。同时，教师要强化自我监督与自我管理能力，做到自律、自重、自爱，无论在什么情境下，都能以高标准的道德要求自我鞭策。

（2）积极参与教育志愿服务，拓宽职业道德实践领域。教师应主动拓宽服务范围，参与各类教育志愿服务活动。例如，通过举办教育讲座、开展科普宣传等方式，向公众传播先进的教育理念和方法，提升社会对教育的关注度和参与度。同时，创新志愿服务模式，灵活采用"一对一"、"一对多"或"多方协作"等形式，以满足不同学生群体及家庭的教育需求。此外，教师也可以加强与学校、社区、公益组织等机构的合作，共同推动教育事业的进步与发展。在志愿服务的过程中，教师不仅能够实现自我成长与提升，还能在奉献社会、服务他人的同时，深化对职业道德的理解与感悟，丰富自身的职业道德实践经历。

博闻天下

"名师工作坊"赋能教师成长

2021年以来，广西壮族自治区南宁市青秀区着力打造学区制管理改革示范区，从正高级职称教师、广西特级教师、广西教学名师、南宁市教坛明星、南宁市学科带头人中遴选出35名教师作为"名师工作坊"主持人，从辖区各校遴选市级、校级骨干教师1150人作为成员，以"名师工作坊"为载体，培育高素质名师团队，夯实"学在青秀"教育品牌质量。

教学相长，共筑卓越教师之路

专题讲座、示范课观摩教学、教研沙龙、课例研究等多角度切入，带领坊员深度研修，促进教学相长……成立于2021年的南宁市某小学"刘李平名师工作坊"，现有坊员30余名，工作坊定期开展培训活动，积极探索一条卓越教师培养的新路径。

"刘李平名师工作坊"坊员罗奕奕说："建立名师工作坊，教学相长是主要目的。加入工作坊后，无论是平时的备课，还是教研活动中的评课，坊主都会给出专业指导，还会帮我们规划职业生涯，让大家有目标和方向。"罗奕奕已有20多年教龄，在工作坊中属于年龄偏大的。她坦言，自从加入工作坊，自己被活跃气氛所感染，重新点燃了职业激情。

聚焦思政课，引领教师共破难题

"许多小学的思政课，长期都由兼任教师任课，难免准备不足。而小学生的思想道德建设是非常重要的领域，工作坊能够帮助教师提高思政课教学质量。"南宁市某小学"谢小燕名师工作坊"坊主谢小燕说。

围绕五年级道德与法治课中党史学习教育单元，谢小燕发觉部分坊员的畏难情绪后，带着老师们一起沉下来钻研,对教学目标、重难点、实施策略进行梳理,开展了两次主题研讨活动。后来,坊员葛丽丽回忆道:"我们齐心协力,发挥各自才智,终于'啃'下了这块'硬骨头'。"

"工作坊主要发挥示范引领的作用,不仅仅是业务上的,更是思想上的。"谢小燕说。

同课同构,携手乡村教育共绽放

"原来语文课可以这么上!"2023年3月21日,南宁市某小学"梁建华名师工作坊"一行12人,赴崇左市大新县下雷镇中心小学开展教育结对帮扶活动,一堂示范课,让当地老师们直呼惊喜。

"同课同构,是我们工作坊提出的一个概念,就是让一名经验丰富的老师理出一个教案,把教案分享给其他地区的老师,并带其上示范课,得到教案的老师再将经验传递给同校其他老师。"坊主梁建华介绍。

"一枝独秀不是春,百花齐放春满园。"梁建华表示,名师下沉乡村让城市教师、乡村教师更加紧密协同在一起。通过研修,乡村教师可以拥有更丰富的学习资源,站在更高层次的历练平台,获得更高水平的指导,在职业道德、专业知识、教科研能力等方面都能得到提高。

(资料来源:周仕兴、王瑾雯,《广西南宁青秀区:"名师工作坊"赋能教师成长》,《光明日报》,2023年11月28日,收入本书有删改)

(四)积极开展反思

反思是教师提升职业道德修养的关键。反思的内容一般包括对思维和知识的检验、对情感和态度的调适、对决策和选择的梳理、对行为方式和技能的改进等。反思的方法有横向比较法(如了解同行的先进事迹,将其践行职业道德的方法与自己的进行比较)、个人总结法、集体对话法(如与同事、家长、专家等进行交流,共同探讨道德实践相关问题的解决方法)等。

教师应勇于自我审视,定期反思自身在职业道德层面与业界典范、道德楷模之间的差距,深入分析这些差距的根源,并积极寻求改进策略,以便深化对职业道德的理解,不断完善自己的道德品质,提升自己的职业道德修养。

综合检测

一、不定项选择题

1. 教师职业道德修养的特点有(　　)。

   A. 强制性　　　　　　　　B. 自觉性
   C. 持久性　　　　　　　　D. 实践性

2. 下列选项中，不属于职业道德认识的内容的是（　　）。
   A. 对职业道德价值观念的认识
   B. 对职业道德行为规范的理解
   C. 对职业操守的认识和理解
   D. 对职业道德规范的践行
3. 教师职业道德情感中最重要的内容是（　　）。
   A. 对工作的热爱   B. 对学生的关爱
   C. 坚定教师信仰   D. 践行教师道德
4. 教师职业道德信念是教师对（　　）的坚定不移的信仰。
   A. 职业原则   B. 职业理想
   C. 职业人格   D. 职业规范

二、判断题

1. 高度的实践性是教师职业道德修养最主要的特点。（　　）
2. "知"是加强职业道德修养的前提，"行"是加强职业道德修养的目的。（　　）
3. 教师职业道德信念是教师职业道德品质的核心要素，也是职业道德行为得以持续的重要保障。（　　）
4. 道德实践不仅是教师提升职业道德修养的现实基础，也是检验教师职业道德修养的唯一标准。（　　）

三、简答题

1. 教师职业道德修养具体包含哪些内容？
2. 教师在提升职业道德修养的过程中，应遵循哪些基本原则？
3. 教师可以通过哪些途径提升自身的职业道德修养？

四、案例分析题

小张老师在上师范院校的时候，每次见到当教师的大伯母，都会很认真地向她求教如何做一名好老师、如何教育学生、如何培养学生的学习兴趣、如何让学生喜欢老师等。从师范院校毕业后，她来到佳木斯市的一所中学任教。在这所学校办公楼的一楼大厅里，迎面有一个大大的"爱"字。"爱乃生命之血脉，爱是教育之真谛。"小张老师每天都会面对这些鲜红的大字，她已经把这句话融入了血液里。

为了带好班级，小张老师每天把大量的时间花在学生身上，她把班里的53名学生都当成了自己的孩子。小张老师点滴付出的行为，既让同事敬佩，又让家长心疼。

有一年冬天，一位同学病了，小张老师领着班里的几个同学去看望他。在行进的路上，一辆自行车向同行的一名学生冲来。雪天路滑，车子根本停不下来。情急之下，小张老师一下子挡在了学生的身前，结果，她的裤子被车刮坏了。可是，她丝毫没有顾及自己，却转身

第三章 牢记使命，师德涵养于心——教师职业道德修养

关切地问那名学生："你没事吧？""那种温暖，只有从母亲那里才体会得到。"那名学生事后说。

小张老师在得知一名学生家庭特别困难后，便每月从工资中拿出一些钱资助这名学生，寒暑假也从不落下。除此之外，这名学生身上穿的绒衣、裤子等都是小张老师买的。

请你运用所学的知识，分析小张老师是如何将教师职业道德内化于行动中的。

道德践行

分享与讨论——我的职业道德提升计划

活动目的

提升对教师职业道德修养的认识，增强对教师的职业认同感，激发未来从事教育工作的热情和动力。

活动准备

每人搜集一篇提高教师职业道德修养方面的案例。

活动过程

（1）学生分析自己所搜集案例中的主人公是如何提升教师职业道德修养的。

（2）对照分析，设计道德修养提升计划。学生需要将案例中的成功经验与自身实际情况进行对照分析，识别自己在教师职业道德方面可能存在的不足或需要改进之处。然后，基于这些分析，设计一份切实可行的个人职业道德提升计划。计划应明确具体目标、实施步骤、时间安排以及预期成果等，以确保计划的有效性和可操作性。

（3）全班组织一次班级交流会，学生们分享自己的职业道德提升计划，并说一说自己的心得体会。

活动总结

活动结束后，每人写一篇简短的总结。总结的内容包括：面对这些案例，你最大的感受是什么？案例中教师的做法给你什么启发？从案例中你学习到的在教育活动中提升教师职业道德修养的方法有哪些？你将来从事教师工作后会怎样做？

教师职业道德

综合评价

本章的学习已告一段落，请同学们结合理论知识的学习情况，课前、课中和课后的任务完成情况，以及素养目标的达成情况三个方面，按照表 3-1 的评价标准对本章的学习效果进行自评和互评，并请教师进行总体评价。

表 3-1　综合评价表

考核项目	考核内容	分值	评价分数		
			自评	互评	师评
知识考核	能够简要阐述教师职业道德修养的含义	10			
	能够解释教师职业道德修养的特点	10			
	能够阐明教师职业道德修养的具体内容	10			
	能够简要概括提升教师职业道德修养的意义	10			
技能考核	能够在日常学习和生活中有意识地践行教师职业道德修养提升的基本原则	10			
	能够通过有效的方法提升自身的教师职业道德修养	15			
	能够认真完成实践活动，并根据活动开展情况进行反思与总结	15			
素养考核	能认识到提升教师职业道德修养的重要性，在日常生活中积极投身道德实践	10			
	具有良好的信息搜集能力和团结协作精神，善于自我反思	10			
总分	自评（30%）+互评（30%）+师评（40%）=				

第四章

身正为范，不负育人使命
——教师职业道德规范

本章导读

教师职业道德规范，即关于教师职业道德态度、情感和行为等方面的约定俗成的或明确规定的标准，是依据道德原则调整教育过程中的各种利益关系、判断教师行为是非善恶的具体道德标准。教师职业道德规范不仅是教师职业道德体系的基本构成要素，也是教师职业道德基本原则的具体化。为加强教师职业道德建设，改革开放以来，我国曾先后四次颁布和修订了《中小学教师职业道德规范》。现行的《中小学教师职业道德规范》是教育部和中国科教文卫体工会全国委员会于2008年修订后颁布的，其内容共有六条，包括爱国守法、爱岗敬业、关爱学生、教书育人、为人师表和终身学习。

学习目标

- 掌握爱国守法对教师工作的要求。
- 掌握爱岗敬业对教师工作的要求。
- 理解关爱学生的重要性，掌握关爱学生对教师工作的基本要求。
- 理解教书与育人的辩证关系，掌握教书育人对教师工作的要求。
- 掌握为人师表的要求和终身学习的实施要点。
- 能够全面掌握教师职业道德规范的内容。
- 强化自身的爱国情怀，自觉遵守教育相关的法律法规。

教师职业道德

课堂导入

时代楷模张桂梅

她没有子女,却是上百个孩子口中的"妈妈";她身患绝症,却把自己所得的奖金都捐给了贫困山区的孩子们;她在基层教育岗位上辛勤耕耘数十年,用自己的心血和汗水托起了贫困山区孩子们的希望。她就是云南省丽江市华坪女子高中的党支部书记、校长,"华坪县儿童之家"福利院的院长张桂梅。

1996年8月,张桂梅来到地处边远的丽江市华坪县中心学校任教。一开始,她不太适应这里的环境,但随着时间的推移,在教学和家访工作中,她深刻感受到了教育对于贫困山区儿童的重要性。于是,她一心扑在工作上,每天工作十多个小时。就在她忙于工作时,她的身体却出现了种种不适症状。之后,她被检查出患有子宫肌瘤。在身体有所好转后,她依然选择奋斗在教学一线。

1997年,张桂梅因为教学工作出色,被调到华坪县民族中学。在教学工作中,她明知道自己的身体状况不好,但依然把自己所有的精力都放在了教书育人的工作中,把自己的情感全部倾注于学生们的身上。

在工作之余,张桂梅还经常去老年福利院做义工。那时候,华坪县没有儿童福利院,孩子和老人住在同一栋楼里,他们的生活极不方便。张桂梅觉得孩子和老人混住不仅打扰了老人的生活,而且对孩子们的成长极为不利。2001年,当地政府与一个基金会联合成立了"华坪县儿童之家"福利院,请她担任福利院的义务院长。当时,张桂梅还在民族中学任教,但她毫不犹豫地接受了这个照顾数十个孤儿的任务,成为"华坪县儿童之家"福利院的义务院长。后来,她被福利院的孩子们亲切地唤作"妈妈"。

2008年,在当地政府和社会各界的关心和支持下,张桂梅创办了华坪女子高中,为100个濒临辍学的贫困山区女学生提供了免费的学习环境。为了给华坪女子高中的孩子们创造更好的学习条件,张桂梅自己节衣缩食,把一天的生活费控制在3块以内,把所有的奖金和工资,还有别人捐助给她治病的钱都捐给了学校和孩子们。一路走来,张桂梅历尽艰辛。但是,她不畏困难,为了贫困山区的孩子们无私无畏地坚定前行。张桂梅的精神,如同一盏灯,照亮了孩子们的内心世界;如同一团火,温暖了孩子们的心灵;如同一颗星,引领孩子们健康成长。

张桂梅的事迹也得到了社会和媒体的普遍关注。她被评为全国劳动模范、全国先进工作者、全国师德标兵、中国十大女杰、全国精神文明建设十佳人物等,获得了兴滇人才奖等众多荣誉。面对众多殊荣,张桂梅把所得的70多万元奖金全部捐献给了学校和贫困山区的孩子们,自己带病坚守岗位,潜心于教学管理研究和培育新人的事业。张桂梅用自己的行动诠释了一名教师的初心和使命。

(资料来源:佚名,《好老师带病坚守岗位 扎根边疆潜心育新人》,
中国文明网,2019年11月25日,收入本书有删改)

请思考: 阅读上述案例,说说你的感受,以及你对师德的理解。

第四章 身正为范，不负育人使命——教师职业道德规范

第一节 爱国守法 爱岗敬业

一、爱国守法：教师职业的基本要求

爱国守法是每个公民的神圣职责和义务，也是每位教师都应履行的道德责任。无论公民的社会地位和思想信仰有何不同，都不妨碍其成为爱国者。而建设社会主义法治国家则需要每一个社会成员（包括每一位教师）知法守法，用法律规范自己的行为。

（一）爱国

所谓爱国，就是指公民应当发扬爱国主义精神，自觉维护民族自尊心、自信心和自豪感，为祖国的统一、富强而拼搏、奉献。爱国是每一个公民都应当自觉履行的责任和义务，是一种高尚的道德情感。《中小学教师职业道德规范》中关于教师"爱国"的要求如下：教师要"热爱祖国，热爱人民，拥护中国共产党领导，拥护社会主义"。对于教师而言，最好的爱国方式是把对祖国的热爱与对学生的关爱、对教育事业的责任结合起来，既强化自身的爱国情怀，也对学生进行爱国主义教育。

1. 强化教师自身的爱国情怀

（1）了解国情，认清责任。我国有着悠久的历史和灿烂的文化。教师应熟悉祖国的历史、文化及优良传统，激发自身的爱国热情，培养民族自尊心、自信心和自豪感。与此同时，教师还要了解国家曾经历的屈辱和挫折，了解国内国际局势，关注国家当前的发展形势，了解和掌握社会各领域的变化，关心社会生活中的大事，明确自身担负的历史责任。

（2）捍卫国家尊严，维护国家统一。爱国包含捍卫民族独立、维护国家主权、增进国家利益等内容。教师要做热爱祖国的典范，不崇洋媚外，不做有损国格的事，为学生树立爱国的榜样；要同一切分裂祖国的言行做斗争，在关乎国家利益的关键问题上表现出政治上与道德上的坚定性，捍卫国家的尊严，维护国家的统一。

（3）立足本职工作，将爱国热情转化为扎实的行动。教师的本职工作是与国家的发展紧密联系在一起的。教师要把爱国热情转化为坚守岗位的动力，在平凡的教师岗位上踏实勤恳地工作，切实履行好教书育人的职责，努力将青少年培养成为德智体美劳全面发展的社会主义事业建设者和接班人。

师德榜样

平凡岗位上的爱国情

为了响应国家政策的号召，也为了家乡的孩子能够接受更好的教育，师范毕业生徐通带着对教育事业的向往，怀着坚定的理想信念，回到自己的母校——甘肃省张掖市甘州区

安阳乡中心学校。作为一名共产党员,他将爱党爱国的信念融入教育教学工作中。徐通说:"我是地道的安阳人,我要在安阳这片故土上和我曾经的老师并肩战斗。"

爱国在徐通老师这里从来都不是一句空话,而是工作和生活的准则。安阳乡有许多孩子因家长外出务工而成为留守儿童。为了及时、准确地了解每一个孩子的情况,徐通老师趁他们的家长每年冬天回家的时候,抽出时间到每名学生家中进行家访。对于家庭困难的学生,他还会找机会"奖"给他们一些学习用品。徐通老师说:"我是从这里走出去的,是国家培养出来的,我只能通过自己的工作来回报祖国和故土。"

教师岗位是平凡的,但在平凡的工作岗位上,徐通老师将他的爱国热情转化为对工作的热爱和对学生的关爱。他始终认为,一名教师热爱祖国的具体形式就是热爱工作,而热爱工作的核心就是爱自己的学生。

2. 对学生进行爱国主义教育

(1) 教导学生尊重各国的文化,培养其开放、包容的爱国情怀。当今世界,各个国家的经济、政治和文化相互交融,相互作用,相互依赖。一个国家要想发展,就必须以开放的心态融入国际社会之中,与其他国家实现共同繁荣与发展。因此,国家观念与世界观念相统一的爱国主义才是具有时代特征的爱国主义。教师对学生进行爱国主义教育时,要在尊重世界各国文化传统的基础上,帮助学生树立全球意识,培养学生开放、包容的爱国情怀,引导学生摒弃狭隘的爱国主义。

(2) 引导学生奋发图强,为社会主义建设做贡献。培养学生的爱国情感,最重要的方式是激励学生奋发图强、刻苦学习,使学生深入了解自己的国家和人民,增强对祖国的认同感和热爱之情,从而将爱国情感转化为具体行动,主动学习,增长本领,进而为全面建设社会主义现代化国家贡献力量。

> **德行长廊**

微型小学的升旗仪式

福建省南平市邵武市大埠岗镇溪上村小学是一所只有一位教师和两名学生的微型小学。教师陈衍贞不仅承担了所有课程的教学工作,还担任了校长、教导主任等职务。两名学生是何国香和何国华姐弟俩。

对于师生三人来说,最为庄严的时刻莫过于周一举行升旗仪式的时候。在某一个周一的早上八点钟,陈衍贞从办公室里拿出国旗,和两名学生一起举行升旗仪式。陈老师把国旗系在一条绿色的尼龙绳上,开始升国旗,然后转头指挥学生:"行队礼!"并顺便嘱咐一句:"看国旗!"一高一矮的两个孩子并排站在一棵桂花树旁,强烈的阳光照得他们眯起了眼。尽管如此,他们还是将右手高高举过头顶,努力抬起头望着徐徐上升的国旗。

每当这个时候,陈老师都要对他们进行爱国主义教育:"知道吗?如果不是生活在这样的社会,你们就没机会在这里读书。"有时,他会隐约看到,这两个不谙世事的孩子的眼角有点湿润,泛着泪光。

第四章 身正为范，不负育人使命——教师职业道德规范

> 不到一分钟的时间，国旗就升到了旗杆的顶部。清晨的薄雾已经逐渐散去，白云舒展地飘在蓝天上。在这个满眼翠绿的山谷里，随风飘扬的国旗及其下方站着的一高两矮的三个人，构成了这个山谷里最有意韵的一幅画。
>
> **请思考**：在教育教学实践中，教师还可以通过哪些活动对学生进行爱国主义教育？

（二）守法

守法是指组织和个人必须遵守我国现行的法律规定，依法办事。遵纪守法是每个公民应尽的社会责任和道德义务。对于教师而言，守法不仅是法律层面的要求，也是教师职业道德的基本要求。《中小学教师职业道德规范》中关于教师"守法"的要求如下：教师要"全面贯彻国家教育方针，自觉遵守教育法律法规，依法履行教师职责权利。不得有违背党和国家方针政策的言行"。

1. 全面贯彻国家的教育方针

我国的教育方针是，教育必须为社会主义现代化建设服务、为人民服务，必须与生产劳动和社会实践相结合，培养德智体美劳全面发展的社会主义建设者和接班人。要全面贯彻国家的教育方针，就必须实施素质教育。所谓素质教育，是指以提高人的思想道德素质、文化素质、专业素质、身体心理素质为根本内容和目的的教育。作为国家教育方针的执行者，教师只有具备良好的道德素质和法制意识，才能全面贯彻国家的教育方针，培养出德智体美劳全面发展的社会主义事业建设者和接班人。

2. 自觉遵守教育相关的法律法规

我国与教育相关的法律法规主要有《中华人民共和国教师法》《中华人民共和国教育法》、《中华人民共和国义务教育法》《中华人民共和国未成年人保护法》（以下简称《未成年人保护法》）等。上述法律法规中涉及教师职业道德的内容主要有以下两个方面。

（1）教师的职业性质。《中华人民共和国教师法》明确了教师的职业性质。根据该法第三条的规定，教师是履行教育教学职责的专业人员，承担教书育人、培养社会主义事业建设者和接班人、提高民族素质的使命。教师应当忠诚于人民的教育事业。

（2）教师的职业纪律。职业纪律是教师必须遵守的行为规范。其主要内容如下：① 恪守教学时间规定，不迟到，不拖堂；② 严格执行教学计划，按时完成教学任务；③ 秉持专业负责的教学态度，认真备课、上课、批改作业、开展课外活动；④ 遵守禁止处罚和变相处罚的规定，不打骂学生，不乱罚款，不乱收费；等等。

根据《中华人民共和国教师法》的规定，教师有下列情形之一的，应由所在学校、相关教育机构或教育行政部门给予行政处分或解聘：① 故意不完成教育教学任务，给教育教学工作造成损失的；② 体罚学生，经教育不改的；③ 品行不良，侮辱学生，影响恶劣的。教师有前述所列情形，且情节严重，构成犯罪的，还将依法追究刑事责任。

3. 依法行使教师权利和履行教师义务

教师权利是指教师在教育教学实践中享有的由《中华人民共和国教师法》赋予的权利。

其具体内容如下。

（1）进行教育教学活动，开展教育教学改革和实验。

（2）从事科学研究、学术交流，参加专业的学术团体，在学术活动中充分发表意见。

（3）指导学生的学习和发展，评定学生的品行和学业成绩。

（4）按时获取工资报酬，享受国家规定的福利待遇及寒暑假期的带薪休假。

（5）对学校教育教学、管理工作和教育行政部门的工作提出意见和建议，通过教职工代表大会或者其他形式参与学校的民主管理。

（6）参加进修或者其他方式的培训。

与教师权利相对应，教师在教育教学实践中也应履行下列义务。

（1）遵守宪法、法律和职业道德，为人师表。

（2）贯彻国家的教育方针，遵守规章制度，执行学校的教学计划，履行教师聘约，完成教育教学工作任务。

（3）对学生进行宪法所确定的基本原则的教育和爱国主义、民族团结的教育，法制教育，以及思想品德、文化、科学技术教育，组织、带领学生开展有益的社会活动。

（4）关心、爱护全体学生，尊重学生人格，促进学生在品德、智力、体质等方面全面发展。

（5）制止有害于学生的行为或者其他侵犯学生合法权益的行为，批评和抵制有害于学生健康成长的现象。

（6）不断提高思想政治觉悟和教育教学业务水平。

二、爱岗敬业：教师工作的责任担当

一名教师事业的成功和价值的实现，不仅依靠其知识水平和教育才能，更取决于其对教育事业的热爱。教师只有具备爱岗敬业的精神，才会主动热爱学生，真正做到严谨治学、廉洁从教、为人师表。

（一）爱岗敬业的内涵

所谓爱岗，是指教师热爱自己的工作岗位，安心于本职工作，有强烈的责任感和使命感，并能稳定、持久地做好本职工作。所谓敬业，是指教师能认识到本职工作的价值和社会意义，具有从事本职工作的荣誉感和自豪感，从而专心致志、兢兢业业地从事教育教学工作。

勤恳敬业，书写教育华章

爱岗敬业是社会主义核心价值观的重要内容，也是社会主义道德的基本要求。作为社会主义建设者，教师理应践行爱岗敬业的职业道德规范。为此，教师应积极培养自身的爱岗敬业精神，时时处处以教育者的标准严格要求自己，始终牢记自己的职责，自觉主动地担负起教书育人的职责。

（二）爱岗敬业的要求

《中小学教师职业道德规范》对教师爱岗敬业的要求如下："忠诚于人民教育事业，志存高远，勤恳敬业，甘为人梯，乐于奉献。对工作高度负责，认真备课上课，认真批改作业，认真辅导学生。不得敷衍塞责。"

1. 热爱教育事业

教师要热爱自己所从事的教育事业，将教书育人视为自己的使命和责任，对工作充满热情，愿意为培养下一代付出努力和时间。

2. 具有奉献精神

教师应具有奉献精神，这是教育职业的内在要求和教师职业道德的重要体现。奉献精神要求教师全心全意地投入到教育教学工作中，为了学生的成长和发展付出努力和时间。

3. 认真备课上课

备课是上课的基础，是教学工作的起始环节。所谓认真备课，是指教师在备课时要深入研读课程标准，明确本学科及各个章节的教学目标，领会教学的具体要求和标准，吃透教科书中的内容和材料，并根据本班学生的特点选择有效的教学方法和手段，精心组织教学内容。上课是教学工作的中心环节。在上课时，教师应确保教学目标明确、教学内容正确、教学方法恰当、教学组织合理及教学效果良好等。

4. 认真批改作业

教师应认真、及时地批改学生的作业。通过批改作业，教师可以全面了解学生的学习情况，从而有效地调整自己的教学工作；还可以通过批改结果传递重要的信息，让学生清楚地知道自己的进步和不足。此外，批改作业的方式有多种，如全面批改、重点批改、轮流批改、当面批改、指导学生互相批改等。教师应根据实际情况灵活运用批改作业的方式。

教师布置作业时应遵循的原则

（1）确保作业内容符合教学大纲（课程标准）和教科书的要求。

（2）明确作业的目的，即确保每项作业都有明确的意图，能为学生巩固知识、训练技能服务。

（3）确保作业量适当，严格遵守国家规定（以小学为例，小学一、二年级不布置书面家庭作业，三年级以上每天书面作业的完成时间不超过60分钟）。

（4）确保作业难易适度，使得大多数学生经过一定的努力能够独立完成，避免学生负担过重。

（5）坚决杜绝"题海战术"和用作业惩罚学生的做法，保护学生的身心健康。

5. 认真辅导学生

不同学生之间通常存在着个体差异，而班级授课的方式难以较好地照顾到每名学生。因

此，教师需要关注学生的个体差异，并通过个别辅导确保每名学生都能得到良好的发展。对于学习有困难的学生，教师需要给予其更多的帮助与指导；对于学习成绩优异的学生，教师需要引领其更好地成长；对于在某些方面有特长的学生，教师可通过个别辅导帮助其发展自身的特长。

6. 不得敷衍塞责

对工作不敷衍塞责是教师爱岗敬业的底线。任何一名教师对工作应付了事、消极懈怠，都可能会对学生的成长与发展、自身的教育事业，以及学校的整体教育质量和声誉造成无法弥补的损失。因此，教师应当以高度的责任感和使命感，全身心投入教育事业，在教育教学实践中不折不扣地履行自己的职责。

 师德 榜样

用爱点亮山里孩子未来之路

慎魁元，江西省九江市修水县漫江乡中小学党支部书记、校长，曾获全国优秀特岗教师、全国最美教师、江西青年五四奖章等荣誉。2013年大学毕业后，他回到家乡成为一名特岗教师，扎根乡村，真情投入，致力让每一个山里孩子享受素质教育的阳光。

2023年8月，慎魁元被调到漫江乡中小学任党支部书记、校长。为了更好地了解学校、了解师生，刚到学校不久，他就把自己的办公室改成了小型会议室，时常请师生到他的办公室坐一坐、聊一聊。另外，慎魁元还设置了"校长信箱"。全校学生，不论生活上有困难，还是学习上有困难，都可以写信告诉慎魁元。一开始，慎魁元每天都能收到很多来信，他会认真阅读每封信，并及时给有困难的学生提供帮助。

小红（化名）是九年级的一名学生，她给慎魁元写信说最近不开心，感觉平时一起玩的小伙伴们在孤立自己。为了帮助小红尽快走出心理阴霾，慎魁元趁着午休时间，邀请小红到办公室聊天，了解事情的来龙去脉。之后，慎魁元信心满满地告诉小红安心学习，其他事情交给他。后来，在开展班级活动时，小红和小伙伴们被分到了同一个小组。他们在共同完成任务的过程中，不知不觉打破了僵局，解开了心结。

这样的故事还有很多，慎魁元总是耐心地向学生了解情况，并帮助学生走出困境，没有辜负任何一名学生的期待。渐渐地，学生的来信少了，主动来校长办公室坐一坐的学生却越来越多了。

此外，只要有时间，慎魁元就会去家访。他希望通过走进学生家庭，了解学生的真实生活和想法，并努力帮他们点亮梦想。他说："教育的本质就是成人之美，希望我自己为这个社会的美好发展贡献一份力量。"

（资料来源：徐光明、邓钰、王锋旗，《用爱点亮山里孩子未来之路——记江西省修水县漫江乡中小学党支部书记、校长慎魁元》，中国教育新闻网，2024年6月28日，收入本书有删改）

第四章　身正为范，不负育人使命——教师职业道德规范

第二节　关爱学生　教书育人

一、关爱学生：师德之魂

爱是教育的灵魂，没有爱就没有教育。如果教师不付出爱，那么无论其学识多么渊博，都难以激发学生内在的学习动力，从而难以取得良好的教育效果。

（一）关爱学生的重要性

1. 有利于教师施教

教师对学生的关爱是形成良好师生关系的前提和纽带。"亲其师，信其道"①，如果学生能够感受到教师的关爱，他们就更容易理解教师的苦心，进而接纳教师的教育方式，并将教师的关爱转化为激励自己前进的动力。具体而言，教师的教导能指引学生奋力前行；教师的表扬能让学生感到愉快或产生自豪感，进而激发学生的积极性；教师的批评能促使学生自我反省，下定决心克服缺点，纠正错误。

爱让教育更加坚定

2. 有助于学生良好品德的形成

一个人良好品德的培养，离不开在一定环境条件下所获得的积极的情感体验。教师对学生的关爱能让学生产生良好的情感体验，而良好的情感体验有助于学生培养乐观、宽容、友善等良好品德。此外，教师对学生的关爱还有助于培养学生的自尊心和自信心，而自尊、自信的学生更可能养成勇敢、正直、自律等良好品德。

3. 有利于营造愉快的学习氛围

教学是由教师的教和学生的学所组成的双边互动，是师生双方的共同活动。轻松、愉快的学习氛围可以激发学生的想象力和创造力，使其全身心地投入学习之中。而创建良好学习氛围的关键在于教师对学生的态度。如果教师对学生十分关爱，学生就会拥有轻松、愉快的心情，这有利于营造轻松、愉快的学习氛围，进而促使学生的思维、想象和记忆活动有效地进行，同时也能够使教师的教学取得良好的效果。

（二）关爱学生的基本要求

《中小学教师职业道德规范》对教师关爱学生的要求如下："关心爱护全体学生，尊重学生人格，平等公正对待学生。对学生严慈相济，做学生良师益友。保护学生安全，关心学生健康，维护学生权益。不讽刺、挖苦、歧视学生，不体罚或变相体罚学生。"

---

① 卓月琴：《青年班主任的九大问题破解》，华东师范大学出版社，2018年版。

教师职业道德

1. 尊重学生，平等、公正地对待学生

每名学生都具有独立的人格和尊严，渴望得到教师的尊重。教师尊重学生，能让学生感受到自己得到了认可，从而增强自信心，获得学习的动力，自觉地追求更高的目标。反之，学生会因自尊心受到伤害而产生自卑感，从而对学习丧失信心。

教师要对学生平等相待、一视同仁。有些教师只喜爱那些品行良好、学习成绩优秀的学生，而对那些不太听话、学习成绩落后的学生，往往不太喜爱，甚至有些厌烦。这是一种不公正的做法，会给学生带来一定的负面影响。一方面，被偏爱的学生容易产生自满、自负心理，经不起逆境的冲击；另一方面，被冷落的学生容易产生逆反情绪，进而导致师生之间关系对立，甚至产生冲突。

 德行长廊

把"茧"打开

马老师班上的一名学生性格极度孤僻，平时极少与老师和同学们交流，就好像为自己做了"茧"一样，成绩也不太理想。在马老师刚教这名学生时，他连眼神都刻意回避马老师。为此，马老师找到了他的家长进行沟通，并决心和家长一起帮助这名学生改变不良现状。

课上，马老师总是关注这名学生，多向他提问；课下，马老师把他叫到跟前，及时了解他对新知识的掌握情况，多与他聊天，不给他施加过多压力。慢慢地，马老师不仅收获了这名学生感激的眼神，还看到了他发自内心的笑容。他妈妈高兴地对马老师说："老师，我儿子说自己在学习上开始入门了。"听到这句话时，马老师也兴奋不已。

请思考：上述案例中，马老师能够使这名学生改变不良现状的关键是什么？

2. 不歧视学生，不体罚学生

人无完人，每名学生都有不足之处。同时，学生在成长的过程中难免犯错。教师不能因为学生有缺点或犯错误而歧视学生，甚至体罚学生。在教育教学过程中歧视或体罚学生，非但难以使学生明白自己错在哪里，反而可能会激化师生矛盾。值得注意的是，除常见的罚站、罚跑、罚打板子等体罚方式外，以谩骂、讥讽等各种方式伤害学生的情感，侮辱学生的人格，或罚抄百遍、告家长等也不应成为教师教育学生的手段和方式。

避免教育中爱的失衡

在教育教学实践中，有些教师把握不好爱的尺度，在关爱学生时出现了失衡现象。其主要表现包括以下两种：一是因爱之心切而忽视了严格要求，结果将关爱变成了宠爱和溺爱。例如，有的教师过于迁就学生，使学生在学习中逐渐失去了自立意识；有的教师包办代替，束缚了学生创造性思维的发展。二是对学生过于苛求，动辄指责、否定学生，伤害了学生的自尊心，甚至使学生产生了严重的心理障碍。

3. 关心学生的安全与身心健康，维护学生权益

当遇到危险时，学生往往无法像成人一样做出准确的判断并进行妥善应对。这就要求教师冲在前面，尽最大力量保护学生的安全。与此同时，在日常的教育教学实践中，教师要对学生进行必要的安全教育，增强学生的安全意识。

身心健康是学生全面发展的基础。因此，教师要关注学生的身体健康，引导和督促学生加强锻炼、规律作息、科学用眼等。同时，为了避免学生在不良社会环境和不良家庭环境的影响下产生心理障碍，教师还应加强与学生的沟通与交流，及时帮助他们疏导情绪。

另外，学生不仅享有宪法所规定的公民应享有的各项权利，还享有我国法律赋予未成年人的特殊权利。例如，《未成年人保护法》和《中华人民共和国义务教育法》规定了未成年人的生存权、发展权、受保护权、参与权和接受义务教育的权利等。教师要做学生权益的维护者，要制止各类侵犯学生合法权益的行为，还应当有意识地培养学生的权利意识和自我保护意识。

师德榜样

"一根扁担"挑出大山孩子教育的希望

站在河南省南阳市镇平县高丘镇黑虎庙村，举目四望，四周山连着山。走出大山，改变命运，是生活在这里的人们世世代代的梦想，张玉滚也不例外。他曾是山里走出去的"秀才"，可当外面美好的世界朝他招手的时候，他却停下脚步，转头扎进了那个养育了他的大山。

从镇平县城出发，向西北沿着盘山公路到达海拔1600多米的山顶，向下望去，群山环绕着十里八乡的孩子们走出大山的希望——黑虎庙小学。2001年，从师范学校毕业的张玉滚在老校长的感召下毅然回到家乡，成为黑虎庙小学的一名教师。那时的黑虎庙村还没有通公路，张玉滚靠着一根从老校长手里接过的扁担，往返于高丘镇和学校之间的山路上，为孩子们挑来学习用品和生活用品，也挑起了孩子们走出大山的希望。

2006年，通往黑虎庙村的公路修好了。张玉滚省吃俭用买了一辆摩托车，继续为孩子们运送学习用品和生活用品。十几年来，他骑坏了四辆摩托车，更换摩托车轮胎的次数更是数不清。2013年10月，在张玉滚骑摩托车到镇上的途中，摩托车在一个急转弯处刹车失灵，撞上一块大石头。他当时被摔晕了过去，差点掉下悬崖。幸好路过的村民发现了他，送他去了医院。可没过几天，黑虎庙小学照常响起了上课铃声，那个熟悉的身影缠着绷带站在讲台上。在张玉滚的心里，这根"扁担"挑起了，就放不下了。

如今，这根"扁担"也后继有人。在张玉滚的影响和感召下，一批批年轻的教师陆续扎根深山，燃起山村教育的点点星火，照亮了山村孩子改变未来的希望。

(资料来源：王烁、李嘉南、鲁鹏、戴翘楚，《"一根扁担"挑出大山孩子教育的希望》，新华网，2023年9月10日，收入本书有删改)

4. 严慈相济，做学生的良师益友

教师关爱学生的目的是让学生得到良好的发展。这意味着教师对学生的关爱应建立在高度负责和理性引导的基础上。也就是说，教师在给予学生足够关爱的同时，也应对学生提出严格的要求。当然，教师对学生提出的一切要求都应符合国家相关法律法规的规定，符合教育方针政策和教育教学规律。

此外，教师对学生提出的要求应切合实际并因人而异。如果教师对学生的要求过高、偏离实际，那么学生将无法达到要求，结果可能会适得其反。另外，由于不同的学生在思想水平、认知水平等方面存在差异，所以教师要关注学生的个体差异，因材施教，适度要求，以便取得良好的教育效果。

喜欢沈老师的八个理由

下面是某小学一名学生写的日记。在日记中，这名学生陈述了他喜欢班主任沈老师的八个理由。

（1）我们班设立了图书角，沈老师带来了六本课外书，大家都爱看。

（2）春游时，我把食物弄丢了，沈老师送给我一袋面包、两瓶酸奶。其实，她自己带的也不多。

（3）上次语文考试中，我只得了85分，很伤心。沈老师借给我5分，让我下次考试还给她。

（4）沈老师买了一个漂亮的削笔器并将它摆在书橱里，我们再也不用担心忘记削铅笔了。

（5）上个星期，我不小心打碎了沈老师的水杯，同学们都怪我。我哭了。沈老师知道后，没有批评我，反而安慰我。

（6）沈老师每天和我们一起背古诗。在古诗文擂台赛中，她得了第一名。

（7）我得水痘了，一个人在家感到很孤单。沈老师带了水果来看我，还给我补课。

（8）大扫除时，沈老师不让我们擦高处的窗户，怕我们摔着，她自己擦了所有高处的窗户，累得满头大汗。

虽然日记中描述的都是沈老师在教育教学工作中的细节，但从这些不起眼的小事中，我们可以看到这位教师对学生的深切关爱。

请思考：你认为是什么让沈老师赢得了学生的喜爱？沈老师又能从中收获什么？

第四章　身正为范，不负育人使命——教师职业道德规范

二、教书育人：教师的天职

教书育人是指教师在教育教学实践中根据社会发展需要和学生身心发展规律，向学生传授科学文化知识，对学生进行思想品德教育，以促进学生全面发展的过程。教书育人是对教师职责最简明、最通俗的表达，反映了教师这一职业的本质特征。在任何时代，教育工作的根本任务都是为一定的社会或阶级培养具有一定科学文化和道德素养的人。这是由教育在社会生活中的地位及其根本任务决定的。

（一）教书与育人的辩证关系

教书育人是教师最核心的职责。教书是育人的途径和手段，育人是教书的最终目的。教书与育人是相辅相成、辩证统一的。

1. 相互联系

教书与育人统一于教师的教育教学实践和学生的全面发展过程中。教书是育人的载体，是前提和基础；育人是教书的灵魂，是指导思想。与此同时，教师要教书育人，就要以国家教育方针政策和教育目标为指导思想，将传授知识、技能与培养学生良好的思想品德结合起来。

2. 相互促进

教书与育人是能够相互渗透与促进的。各个学科的教材都包含了丰富的思想品德教育内容，教师根据各自的教学任务和教学特点实施教学的过程，也是对学生进行思想品德教育的过程。与此同时，学生在学习科学文化知识的过程中会接受教师传授的思想品德观念，从而在潜移默化中提升自身的思想品德修养。

（二）教书育人的要求

《中小学教师职业道德规范》对教师教书育人的要求如下："遵循教育规律，实施素质教育。循循善诱，诲人不倦，因材施教。培养学生良好品行，激发学生创新精神，促进学生全面发展。不以分数作为评价学生的唯一标准。"

1. 遵循教育规律，实施素质教育

"遵循教育规律，实施素质教育"是教书育人的理论依据。教育规律是教育、社会与人之间和教育内部各因素之间内在的本质的联系，具有客观性、必然性、稳定性和重复性。"遵循教育规律"要求教师必须做到了解、掌握、依据和利用教育规律。素质教育是以全面提升人的基本素质为根本目的，以人的性格为基础，以尊重人的主体性、注重开发人的智慧潜能、注重形成人的健全个性为根本特征的教育。素质教育是面向全体学生的教育，是促进学生全面发展的教育，是促进学生个性健康发展的教育。"实施素质教育"要求教师深刻理解和认同素质教育的理念，关注每名学生的成长，注重学生的全面发展。

遵循教育规律与实施素质教育是辩证统一的。教育规律的内容非常广泛。其中，社会发展规律和学生个体发展规律是教师在实施素质教育的过程中必须遵循的两条规律。

我国经济发展的关键在于科技的进步和劳动者素质的提高，而劳动者素质的提高在很大程度上有赖于各类教育活动的开展。教师应顺应社会发展潮流，大力实施素质教育，为培养社会发展所需的高素质劳动者而努力。

与此同时，由于个体在不同的年龄阶段有不同的身心发展特点，因此，在实施素质教育的过程中，教师应遵循学生个体发展的规律，针对处于不同年龄阶段的学生提出不同的要求，采取不同的教育方式。

2．循循善诱，诲人不倦，因材施教

"循循善诱，诲人不倦，因材施教"既是我国教育的优良传统，也是教师教书育人的具体原则。

循循善诱是指教师在教育教学实践中，既不急于求成，也不强制学生接受自己的教导，而是耐心地、持之以恒地、有步骤地引导学生，启发他们的自觉性，激发他们的学习动机，从而使他们主动学习，改进行为，进而实现健康成长。循循善诱不仅仅是一种教育的方法，更是一种教育的态度。循循善诱原则要求教师在教育教学实践中做到以下几点：① 由易到难地拓宽学生知识的广度，由浅入深地增进学生知识的深度；② 按照学生思维发展的规律和特点，由直观到抽象地开展教学；③ 循序渐进地开展教育教学活动，充分调动学生的主观能动性。

诲人不倦是指教师在教导学生时从不懈怠，不因疲劳或困难而放弃。诲人不倦原则一方面要求教师严于律己，努力培养教书育人的责任感、使命感，秉持兢兢业业的工作态度，保持勤奋好学的精神；另一方面要求教师坚定不移地追求教育目标的全面实现，以高度的奉献精神对待自己的利益得失和工作苦累，以不知疲倦的精神面貌直面繁重的教育任务。教育是一项长期的工作，教师要有恒心；教育也是一项复杂的工作，教师要保持高度的耐心。只有如此，教师才能在教育的过程中诲人不倦，从而让学生学而不厌。

因材施教是指教师在教育教学实践中，针对不同学生的具体情况进行不同的教育。由于遗传因素及成长环境的不同，学生的身心发展存在个体差异。同时，每个学生都有发展潜能，只是潜能发展的类型和表现形式不同而已。教育要尊重学生的个体差异，让学生的潜能及特长充分地发挥出来。作为一项重要的教育原则，因材施教要求教师在教育教学实践中根据不同学生的认知水平、学习能力及自身素质等，选择适合不同学生特点的教育方式，对学生进行有针对性的教育，发挥学生的长处，弥补学生的不足，激发学生学习的兴趣，帮助学生树立学习的信心，从而促进学生全面发展。

 德行长廊

赵乐的故事

在学习上，赵乐总是"慢半拍"。与其他同学相比，同样的学习内容，他要反复学习才能掌握。班主任为了提高他的学习成绩，花费了许多的精力，几乎利用所有的课外时间全力以赴地帮助他补习课业。赵乐几乎时时刻刻都在伏案学习。尽管如此，他的学习成绩仍然没有起色。随着年级的升高，每增加一门新学科，就多一位因他的学习成绩而找他母亲谈话的教师。

赵乐跌跌撞撞地进入了五年级。他依然伏案苦读，依然疲惫不堪，依然成绩落后……不过，他的生活开始有了新的变化。在一些课上，特别是科学课上，科学课教师除了要求学生听讲和记忆，还要求学生动手操作，引导学生通过自己的操作去获取知识。在操作过程中，科学课教师惊讶地发现，赵乐在活动中展现出了其他学生远远不及的能力。例如，他可以精细、准确地切开砧木的树皮，剥出插条上的幼芽并进行果树嫁接，而这些操作连一些园丁都不一定能做好。最令科学课教师激动的是，赵乐对一些自然现象有着浓厚的兴趣和独到的认识。于是，科学课教师向其他教师宣布，赵乐是一名聪明好学的学生，他的突出特点是他在每一次的操作活动中都能展示出很高水平的技艺。科学课教师称此现象为"智慧表现在手指尖上"。

科学课教师在生物室里开辟了一个操作角，鼓励和支持赵乐进行各种有趣的实验。在那里，赵乐甚至完成了技艺水平很高的、只有经验非常丰富的高级园艺师才能完成的植物栽培实验。实验成功后，赵乐完全转变了，他的思维"觉醒"了。原先胆怯、反应迟钝的表现慢慢地消失了，取而代之的是旺盛的求知欲，对所学习知识的透彻理解和牢固掌握，以及一年比一年进步的学习成绩。后来，赵乐考上了农学院，毕业后成了一名出色的农艺师。

请思考：上述案例中的赵乐从一个比别人"慢半拍"的孩子成了一名出色的农艺师，你认为产生这种巨大变化的原因是什么？

3. **培养学生的良好品行，激发学生的创新精神，促进学生全面发展**

美国教育家杜威指出，教育主要是培养儿童的德行。教育的重要任务之一是培养受教育者的品行。教师在培养学生的良好品行时，既要传承传统美德，培养学生高度的社会责任感、高尚的道德情操、强烈的爱国热情，以及公正、诚信、合作、奉献的良好品质，也要引导学生养成良好的个人生活习惯、学习习惯和公共卫生习惯。在培养学生良好品行的过程中，教师应做到以下两个方面：一方面，让学生在日常生活和学习中学会明辨是非，明白事理，形成正确的思想观念；另一方面，重视学生品行的规范化教育，让学生树立正确的国家观、集体观、道德观、世界观、人生观和价值观。

创新是国家发展的动力，是民族进步的灵魂。创新精神是一种勇于抛弃旧思想、旧事物，创立新思想、新事物的精神，它包括创新意识、创新兴趣、创新决心及相关的思维活动等要素。教师应通过教书育人实施创新教育，充分发挥教育在培养创新人才方面的作用，增强学生的问题意识，激发学生的创新精神，引导、鼓励学生质疑、想象和探究，培养学生的自信心、好奇心和探索精神等，从而提升学生的创新能力。

随着科技的进步及社会生产力的发展，现代社会对人才的要求更加多元化，个体的全面发展也得到了普遍重视。《深化新时代教育评价改革总体方案》对学生评价提出了明确要求："树立科学成才观念。坚持以德为先、能力为重、全面发展，坚持面向人人、因材施教、知

教师职业道德

行合一,坚决改变用分数给学生贴标签的做法,创新德智体美劳过程性评价办法,完善综合素质评价体系,切实引导学生坚定理想信念、厚植爱国主义情怀、加强品德修养、增长知识见识、培养奋斗精神、增强综合素质。"因此,教师应在培养学生良好品行的同时,激发学生的创新精神,促进学生的全面发展。

第三节 为人师表 终身学习

一、为人师表:教师职业的内在要求

德国教育家第斯多惠强调,教师本人是学校里最重要的师表,是最直观的最有教益的模范,是学生最鲜活的榜样。教师不仅是科学文化知识的传递者,也是社会文化、伦理道德、价值观念的传播者和示范者。学高为师,身正为范。教师要坚守高尚情操,在各个方面率先垂范,做学生的榜样,以自己的人格魅力和学识魅力影响学生。

《中小学教师职业道德规范》对教师为人师表的要求如下:"坚守高尚情操,知荣明耻,严于律己,以身作则。衣着得体,语言规范,举止文明。关心集体,团结协作,尊重同事,尊重家长。作风正派,廉洁奉公。自觉抵制有偿家教,不利用职务之便谋取私利。"

(一)知荣明耻,严于律己,以身作则

知荣明耻是有羞耻心、自尊心和自爱心的表现。人们只有知荣明耻,才能自觉地履行道德义务,维护自身的尊严、荣誉和人格。为人师表的教师应具备高尚的精神境界和道德情操,树立正确的社会主义荣辱观,并在追求高尚品德方面积极发挥表率作用,做到知行合一,明荣辱之分,行当荣之事,拒为辱之行,成为社会主义荣辱观的积极倡导者和模范践行者。

在教育教学过程中,教师既要用自己的学识教人,又要用自己的品格育人。所谓正人先正己,教师要严于律己,以身作则,在思想品德、学识才能、生活方式和行为举止方面树立榜样,为学生做出表率。

在道德行为上,教师应保持高度的自觉性,以身作则,时时、处处、事事提醒自己:凡是要求学生做到的,教师自己首先要做到;凡是禁止学生做的,教师也不能做。在思想作风上,教师要努力做到实事求是、表里如一,切忌弄虚作假、装腔作势、表里不一。在待人处世上,教师应做到光明正大、诚实正直、信守承诺,切忌虚情假意、两面三刀。

> **课堂互动**
>
> 教师失信于学生的危害有哪些?教师应如何避免失信于学生?

（二）衣着得体，语言规范，举止文明

教师不仅要有高尚的品德，而且要在衣着、语言和举止方面表现得体。教师的衣着既能反映教师的个性和修养，还能显示教师对待教学的态度。教师的衣着应与所在场合相协调，不适宜的衣着不仅会影响教师的形象，还会分散学生的注意力，进而影响学生的学习。

语言不仅能够反映一个人的性格特征和精神面貌，还能体现一个人的文化水平和道德修养。而教师的职业特点决定了教师语言的重要性。在教育教学实践中，教师的语言是其与学生交流思想、沟通情感的桥梁，是其"传道、授业、解惑"的重要武器。教师的语言越有魅力，其教育教学的效果越好。因此，教师要规范地使用语言，确保语言表达既准确又生动；与人交谈时须用语文明，态度诚恳，语气亲切，语调平和，音量适中，音调柔和，展现出温文尔雅的风度；讲课时应口齿清楚，吐字准确，用语精练。

教师的举止应亲切、自然、庄重且文雅。在教育教学实践中，教师尤其要注意教姿教态，恰当地运用表情、手势、动作和眼神，使之成为实现教学目标、提高教学质量的有效辅助手段。

★ 德行长廊

粉笔头的启示

某学期刚开学时，一位班主任所带的班里发生了一件令其触动很大的事。这位老师看见电视剧中的女老师写完板书后，把手中的粉笔头准确地投入讲台上的粉笔盒中，动作潇洒，干净利落，于是对女老师的这个动作甚是偏爱，并情不自禁地效仿起来，且自我感觉良好。

令这位老师没有想到的是，有几次他让几名学生进行板演。这几名学生在做完题之后，不约而同地把粉笔扔向粉笔盒。有的扔了进去，露出得意的神色；有的没扔进去，便神色自然地离开了，并没有拾起粉笔的意思。课间，这位老师询问学生后，才知道学生的这种行为习惯是向自己学的。这位老师恍然大悟：难怪每天讲台边的地上总有踩碎的粉笔头，教室的卫生也总是保持得不够好，原来是因为自己做了不好的示范。扔粉笔头这件事虽小，但其带来的负面影响可不小。

这位老师知道事情的真相后，就在全班学生面前做了自我批评，并对学生说："我们大家互相监督，改掉这个坏习惯。"此后，这位老师就从细小的事情做起，严于律己，为学生做好榜样，凡是要求学生做到的事，他自己首先做到。例如，要求学生与人讲话时要有礼貌，这位老师就带头使用礼貌用语；要求学生不迟到，这位老师就每天七点准时到校，甚至还会再早一点，且听到上课铃声后，也会马上走进教室；要求学生热爱劳动，这位老师就带头劳动。后来，学生们再也不扔粉笔头了，将教室卫生保持得特别好。

请思考：上述案例中的老师能够让学生改变不良行为习惯的原因是什么？你从上述案例中得到了什么启示？

（三）作风正派，廉洁从教，不利用职务之便谋取私利

所谓作风正派、廉洁从教，是指教师在整个从教生涯中都要坚持清廉、正直的原则，不贪念学生及家长的钱物，不贪占公共资源，不沾染社会恶习，始终以清廉纯洁的道德品行为学生做出表率。作风正派、廉洁从教既是教师处理教育教学工作与个人利益之间关系的准则，也是教师为人师表的人格魅力所在。

教师要做到作风正派、廉洁从教，应特别注意以下三忌：一忌丧失原则，如与家长发生不应有的经济来往；二忌利用家长的资源谋取个人利益，开展损害教师形象或会对学生造成不良影响的交易；三忌接受家长的宴请或收受家长赠送的礼品。

 德行长廊

礼　物

一阵敲门声后，门被打开了一道缝儿，一名学生怯生生地走进教师办公室，脚步缓慢地挪向安老师，并叫了一声："安老师。""有事吗？"安老师问。"安老师，这支钢笔是我爸爸让我送给您的，他说一定要让您收下，这样我的成绩就会变好。"安老师愣了一下，说："我收下这支钢笔，你的成绩就会变好？""对，是我爸爸说的，反正他让我把钢笔交给您。"这名学生回答道。安老师望着这名略感不解和害怕的学生，不禁笑了起来。家长自然盼望老师能多关照自己的孩子，但他们哪里知道，想要让学生在学习成绩上打个翻身仗，哪里是老师多关照就能奏效的呢！

看看那支钢笔，又看看那张充满着期待的小脸，安老师说："好，那安老师就收下你这支钢笔了。""那太好了，下次我考试就能及格了。""但我有个条件。""您说吧，只要您收下它，什么条件都行。""安老师答应收下你的钢笔，但不是现在，而是等期末考试你的成绩及格以后。""那您还是不收呀，您不收我还是及不了格。"说着，她的眼圈儿顿时红了。安老师急忙说："不是不收，而是安老师不想收你爸爸送的钢笔，要收你自己送的礼物，你明白吗？"她似懂非懂地点了点头，问道："安老师，那我要怎样做才能让您收下这支钢笔呢？"安老师回答道："你只要做到以下两点：第一，上课时不走神，不做小动作；第二，下课后认真完成作业，遇到不明白的地方就来问我。""行，我一定让您收下这支钢笔。"说完，这名学生就转身跑掉了。后来，这名学生真的按安老师所说的要求做了，学习成绩确实大有进步。

期末考试后，这名学生又拿着那支钢笔站到了安老师的面前，并说道："安老师，这回您总该收下这支钢笔了吧，因为我考试及格了，这是我自己送给您的礼物。""你告诉我这支钢笔是哪里来的。""是我爸爸买的。""这能说是你送的礼物吗？"这下可把孩子给难住了，她着急地说："安老师，我怎样才能送给您一份我自己的礼物呢？"安老师看着她那张略显焦急和充满疑惑的小脸，笑着说："傻孩子，你现在的学习成绩大有进步，这不就是你

送给我的最好的礼物吗？"学生听了恍然大悟，高兴地说："老师，我明白了。下回我一定通过自己的努力送您一份让您更加高兴的礼物。"

请思考： 对于学生给自己送礼物这件事，案例中这位老师的处理恰当吗？为什么？

二、终身学习：教师专业发展的不竭动力

终身学习是指个体为适应社会发展和实现自身发展目标，而终其一生不断学习的过程。对于教师而言，终身学习不仅是其个人发展的需要，更是完成其教书育人使命的职业需要。

《中小学教师职业道德规范》对教师终身学习的要求如下："崇尚科学精神，树立终身学习理念，拓宽知识视野，更新知识结构。潜心钻研业务，勇于探索创新，不断提高专业素养和教育教学水平。"

（一）崇尚科学精神，树立终身学习理念

崇尚科学精神是推动个体持续学习、不断进步的核心动力，其基本要求是求真务实、开拓创新。为此，教师应做到以下几点：① 坚持解放思想、实事求是，从实际情况出发，解决工作中遇到的新情况、新问题；② 热爱科学、崇尚真理，依据教育教学规律开展教育工作；③ 勤于学习，善于思考，努力用人类创造的智慧成果完善和发展自己；④ 甘心付出，勇于创新，不断提升自身的教育教学水平与教学水准。

树立终身学习的理念要求教师既要把终身学习作为职业发展的必然要求，又要把终身学习作为自己的自觉追求。教师的工作量普遍较大，有效进修的时间并不多，这在客观上给教师拓宽眼界带来了困难。因此，教师必须努力克服困难，将终身学习的理念落到实处。

终身学习，深耕教育田野

（二）拓宽知识视野，更新知识结构

教师要想做好教育教学工作，就必须具备以下几个方面的知识：① 条件性知识，即必要的教育科学知识，包括教育学的理论与方法、心理学的理论与方法、学科教学论的知识等；② 本体性知识，即学科专业知识和其他学科的相关知识；③ 实践性知识，即产生于教师的教育教学实践过程的知识。在人类知识呈几何级数增长、科技迅猛发展的背景下，教师需要不断拓宽知识视野，定期更新知识结构。需要注意的是，知识结构的更新不是一次性完成的，而是通过持续不断的学习和积累完成的，教师应将其贯穿于自己职业生涯的全过程。

德行长廊

读书成就教师

江苏省特级教师、苏州市首批名校长高万祥总结过很多关于读书的心得和体会:"读书,教书,著书,不可一日无书","书籍是学校中的学校,为新世纪培养高质量的'阅读人口'是基础教育义不容辞的神圣使命","一个人只有终生保持阅读的习惯,才能不断增强自己的爱心、良心、责任心,才能让自己永葆青春。因为,与书为友就意味着与大师为友,与文明为友,与真理为友"。

1973年1月,高万祥高中毕业。在之后两年寂寞而苦闷的日子里,文学成了高万祥唯一的精神寄托。直到现在,他还清晰地记得当年在乡下苦读的情景:白天,他经常趁着劳动的间隙,独自坐在田埂上读书,将扁担当凳子,膝盖当桌子;午休时,他一个人躲在屋里做读书笔记,汗水把稿纸都浸湿了;夏夜,他用棉花塞住耳朵,挡住屋外纳凉者的谈笑声;为了对付蚊子的"袭击",他不得不穿上长衣长裤和高筒雨靴。就这样,在这两年里,高万祥几乎读遍了当时所有能找到和买到的书,床头的那本《新华字典》早就被他翻得破烂不堪,抽屉里塞满了读书笔记、撰写的文章和一大堆退稿信。接下来,高万祥做了三年代课教师。因为未能取得民办教师的资格,20岁出头的高万祥不得不背着简单的行装,像"游击队员"一样,辗转于全乡的十多所学校。从幼儿园到高中,常常是刚一站稳脚跟,就又要开始"流浪"。尽管如此,这段经历却让高万祥深深地喜欢上了教师这一职业。

对于坚强者来说,逆境与磨难总是人生的一笔财富。1978年,高万祥凭着多年的阅读积淀,以优异的成绩考入江苏师范学院(今苏州大学)中文系。站在高大的图书馆前,高万祥激动不已,他禁不住长吁一口气:"告别了,无书可读的日子!告别了,疯狂而苍白的岁月!"大学四年间,高万祥不敢说自己是最优秀的学生,但确信自己一定可以算得上最勤奋的学生。从宿舍到餐厅,从教室到图书馆,他每天都在同样的轨迹上与时间赛跑。对他来说,那时最大的幸福莫过于有书可读。大学时代丰富的阅读给了高万祥新的生命和新的生活。

毕业后,高万祥走上了百年名校张家港梁丰中学的讲台,当班主任,做语文老师,工作是非常繁忙的。但是,高万祥常常忙里偷闲,以不懈的阅读支起一片放飞心灵的蓝天。他订阅了十多种报纸杂志,并且一有时间就跑书店。他读经典,读时文,文学、教育、哲学、历史、经济无不涉猎。他说,阅读滋润了他的教育爱心,培育了他的正义与良知,给了他诗意般的教育追求与人生追求。

多年来,高万祥绝不让教材、教参独霸课堂,他特别注重从广泛的阅读中汲取思想和精神的养料,让书籍为学生打开新的文化视窗。他一直记着教育家苏霍姆林斯基的话:"把每一名学生都领进书籍的世界,培养起对书的酷爱,使书籍成为其智力生活中的指路明灯——这些都取决于教师,取决于书籍在教师本人的精神生活中占何种地位。"因为阅读广泛,高万祥的课堂上总有不少的新鲜故事。他给学生讲作文与做人的道理,讲《忏悔录》的作者因敞开心扉而被人誉为"欧洲的良心",讲文坛泰斗巴金"把心交给读者"的创作态度,讲

第四章 身正为范，不负育人使命——教师职业道德规范

李白墓地上那块书写着"真诗不死"的石碑。他无数次提醒学生："孩子的可爱在于没有矫饰和虚伪，文章的可贵在于真情的流动。"为了让学生保持透明的童心，他要求学生把日记当成自己的精神家园，让真实的情感花朵在日记中绽放。

"天下第一好事，还是读书。"在高万祥身上，人们再一次感到此言极妙！

请思考： 上述案例中的高万祥老师对读书十分执着，并通过读书获得了教学上的成就，这对你有何启发？你认为教师应如何拓宽自己的知识视野？

（三）潜心钻研业务，勇于探索创新

潜心钻研业务与勇于探索创新之间有着密切的联系，前者是后者的基础，后者是前者的升华。随着社会的发展，教育的内容在不断变化，新的教育问题层出不穷，这使得教师的工作愈加具有挑战性。教师只有潜心钻研业务，才能掌握先进的教学理念和方法，不断更新自己的知识体系，提高教学技能和水平，更好地应对各种挑战。

但是，教师若只潜心钻研业务，教书育人，而不进行探索创新，那么其教育教学实践便很难有大的进步。教师只有勇于探索创新，才能发现更适合学生的教育方式和手段，更好地满足学生的学习需求，取得更好的教育成效。同时，教师的探索意识和创新精神还能够潜移默化地影响学生，激发他们的求知欲，培养他们的探索意识和创新精神。此外，教师的探索创新实践还能够为其他教师提供借鉴和启示，从而推动我国教育事业的不断发展。

（四）提高专业素养和教育教学水平

提高专业素养是提高教育教学水平的基础，提高教育教学水平是提高专业素养的结果。教师只有不断地提高自身的专业素养，才能成为名师，进而培养出优秀的人才；只有不断提高自身的专业素养，才能不断提高自己的教学水平，由模仿教学逐步发展到独立教学、创新教学等更高层次。为此，教师应做到以下几点：① 要善于总结教学经验，反思自己的教学实践，促使自己的专业素养得到实质性转变；② 与同事建立良好的合作关系，共同备课、评课、研课，相互学习，取长补短；③ 参加各类专业培训，阅读专业书籍、研究论文等，了解教育领域的最新动态，学习最新的教育理念、教学方法；④ 积极参加各种教学交流活动，学习其他教师的教学经验和教学方法，拓宽自己的教学视野。

综合检测

一、不定项选择题

1. （　　）是教师职业的基本要求。
    A. 爱岗敬业　　　　　　　　B. 爱国守法
    C. 为人师表　　　　　　　　D. 教书育人

2. （　　）是社会主义核心价值观的重要内容，也是社会主义道德的基本要求。
　　A. 关爱学生　　　　　　　　B. 终身学习
　　C. 爱岗敬业　　　　　　　　D. 为人师表
3. 为人师表的要求有（　　）。
　　A. 举止文明　　　　　　　　B. 严于律己
　　C. 知荣明耻　　　　　　　　D. 衣着得体
4. 教师教书育人的具体原则包括（　　）。
　　A. 依法执教　　　　　　　　B. 循循善诱
　　C. 诲人不倦　　　　　　　　D. 因材施教

二、判断题

1. 培养学生的爱国情感，最重要的是引导学生奋发图强、刻苦学习。（　　）
2. 备课是教学工作的中心环节。（　　）
3. 教师不仅要制止各类侵犯学生合法权益的行为，还应当培养学生的自我保护意识。（　　）
4. 教书是育人的途径和手段，育人是教书的最终目的。（　　）

三、简答题

1. 教师在教育教学实践中怎样做才能称得上是爱岗敬业？
2. 关爱学生的基本要求有哪些？
3. 教师应如何践行终身学习的理念？

四、案例分析题

　　学生小周和一名同学打架，把对方的鼻子打出了血，然后被其他同学拉进了办公室。李老师看到小周就气愤地训斥道："跟你讲了多少次了？你就是不听！把你的错误写下来，向全班同学做检讨！"小周保持沉默。"怎么？没听见？"李老师看了看小周，见他脸上与手上沾满尘土、衣服也掉了两个扣子，又说："看看！你像什么样子？还不快写检讨！"小周歪着脖子，气呼呼地叉开腿站着，依然保持沉默。李老师发火了："给我站好！头部端正，脚跟并拢。"小周依然如故，脸和目光朝向一边，根本没有把李老师的话当回事。李老师被激怒了，说："你不写检讨，休想去上课。一会儿我打电话叫你父亲领你回去。"随后，李老师去上课了，小周被停课。

　　过了一会儿，刘老师进来了，一见小周这副架势，顿时明白了几分。他来到小周跟前，看着他，问："怎么，又和同学'开火'了？"小周不回答。刘老师指着小周的衣服，说："把扣子都弄掉了！"小周忙用手捂衣襟，露出了黑乎乎的双手。刘老师笑着说："看看你的手。"又叫小周跟着他来到镜子前，然后说："再照照你的脸。"小周悄悄一瞟，不由地"噗嗤"一声笑了。"还笑呢。"刘老师说完便端来一盆水，拿出了毛巾、香皂，说："快洗洗。"小周洗

第四章　身正为范，不负育人使命——教师职业道德规范

了脸和手，主动倒掉了盆里的水，又站到刘老师面前——这下他头不歪了，也站直了。刘老师找来纽扣和针线，说："还不把扣子缝上？"小周露出为难的神色。刘老师笑了："来吧，我教你。"在刘老师的帮助下，小周缝好了纽扣，紧张的表情也舒缓了许多。

接下来，刘老师了解了小周打架的原因——原来，一名同学给小周起了一个不雅的绰号，小周一气之下就和这名同学动起手来。刘老师心平气和地说："同学起绰号不对，等会儿我也要找他谈谈。可你为了一点小事就动手打架，对吗？"小周不置可否。刘老师接着说："生活中哪有不与人发生矛盾的时候，以后遇事可别太冲动了啊！遇到这样的事不生气是不可能的。你可以生气，可以和他讲道理：'给别人起不雅的绰号，是对别人的不尊重！以后谁还愿意和你做朋友！'让他去反思嘛，何必用打架的方式来解决问题呢？打架的后果会比这更好吗？"听到刘老师这样问时，小周摇摇头。

接着，刘老师分析了打架的坏处，并教导小周怎样处理自己与同学之间的矛盾。小周听后说："刘老师，我听您的，以后不这样了。"刘老师说："等我与那名同学谈完以后，你们两个一起沟通沟通？""行，刘老师。到时候我也会尊重他的。"见小周这样说，刘老师笑着说："你是个明理的孩子，我相信你会做好的。回去吧！"小周说："老师，现在还没下课呢。李老师让我写检讨。"

刘老师知道小周现在不好意思回去，便说："检讨就不必写了。认识到了错误，改正了就可以了。我和李老师都给你们班上课，一会他回来后我会同他说的。看到你们改正了，李老师也会高兴的。""谢谢老师！"小周的眼神里流露出感激之情。刘老师又说："刚才我进办公室的时候，李老师从办公室里出来，他看起来很生气的样子。他是因为你们打架的事生气。其实他是真心地希望你们好。"小周说："我也知道李老师希望我们好，可他对我那个样子让我很不高兴。"刘老师说："那你现在打算怎样面对李老师啊？"小周说："下课后我主动去找李老师，向他承认我的错误。"刘老师走到小周跟前，抚着他的肩头，说："看到你能这样想、这样来处理，我非常高兴和放心！你以后会大有长进的。"小周向刘老师恭恭敬敬地鞠了个躬，转身向教室走去。

面对同一个打架的学生，两位老师却有着不同的处理方式。说说你更赞同哪位老师的处理方式，为什么？如果是你，你会怎样教育打架的学生？

道德践行

名家讲堂——优秀教师应具备哪些高尚品质？

活动目的

通过活动，掌握教师职业道德规范的内容，深刻认识践行教师职业道德规范在教育教学实践中的作用。

活动准备

（1）全班同学分成若干小组（每5~6人一组）。

（2）各组分工完成以下两个任务：一是任选一名教育名家，了解其主要教育思想、师德思想或教育事件；二是搜集近5年内的教师先进事迹材料（2~3篇）。

可供选择的教育名家有：① 我国的老子、孔子、蔡元培、陶行知等；② 国外的苏霍姆林斯基、赞可夫、布鲁纳等。

活动过程

第一轮：名家思想汇集

（1）各组派一名代表，对所选教育名家的主要教育思想、师德思想或教育事件进行阐述。

（2）各组代表人员阐述完毕后，其他小组成员分析这位教育名家的哪些思想对自己今后践行教师职业道德规范有启发意义。然后，由2~3人简单谈谈自己的感受。

第二轮：教师先进事迹讲述

各组派另一名代表富有感情地讲述本组搜集的教师先进事迹。

活动总结

活动结束后，每人写一篇总结。总结的内容应包括教育名家的思想对自己践行教师职业道德规范的启发意义、教师先进事迹对自己的影响，以及自己今后将会从哪些方面努力提高自己的职业道德修养。

综合评价

本章的学习已告一段落，请同学们结合理论知识的学习情况，课前、课中和课后的任务完成情况，以及素养目标的达成情况三个方面，按照表4-1的评价标准对本章的学习效果进行自评和互评，并请教师进行总体评价。

表4-1 综合评价表

考核项目	考核内容	分值	评价分数		
			自评	互评	师评
知识考核	能够简要说明爱国守法对教师职业的基本要求，能够举例说明爱岗敬业对教师工作的要求	15			
	能够概述关爱学生的重要性，以及教书与育人的辩证关系；能够举例说明关爱学生和教书育人对教师工作的要求	15			
	能够简要概括为人师表的要求	10			
	能够举例说明终身学习的实施要点	10			

续表

考核项目	考核内容	分值	评价分数		
			自评	互评	师评
技能考核	能够在实践中积极践行教师职业道德规范	10			
	在日常生活中,能够做到衣着得体,举止文明	10			
素养考核	能够深刻认识践行教师职业道德规范在教育教学实践中的作用	10			
	具有崇高的爱国主义精神,自觉维护民族自尊心、自信心和自豪感,为祖国的统一、富强而拼搏、奉献	10			
	树立终身学习的理念,保持对新知识、新技能持续探索的热情	10			
总分	自评(30%)+互评(30%)+师评(40%)=				

第五章

厚植情怀，共筑师生情谊
——师生间的道德问题

本章导读

教师与学生的关系是学校人际交往中最基本的关系，具有教育性、情感性和道德性。构建和谐的师生关系对于教师与学生的成长，以及学校教育教学活动的顺利开展具有积极意义。因此，教师要厚植育人情怀，积极解决学生成长中出现的各种问题，用心处理好与学生之间的关系，为学生创造一个良好的成长环境，促进他们的全面发展和健康成长。

学习目标

- 理解师生关系中所蕴含的道德意蕴。
- 明确良好师生关系的重要意义，并掌握建立良好师生关系的原则。
- 正确认识师生间的教学关系与情感关系。
- 掌握处理教学中师生关系的要求、方法和策略。
- 认识学生成长中的问题，提高处理学生情绪情感问题的能力。
- 能够结合教育实践，对教育生活中的交往问题做出道德分析。
- 树立"以学生为本"的理念，学会恰当地处理教育教学活动中的师生关系。

第五章　厚植情怀，共筑师生情谊——师生间的道德问题

> **课堂导入**

用浪漫的心反哺教育

不可否认，学生乃是教师的精神后裔，不仅会模仿教师的言行举止，更会受到教师精神气质和审美品位的濡染。从某种意义上讲，教师是学生成长的"活"教科书。

每天清晨，我抵达教室后都会环顾一圈，观察孩子们的精神状态，留意他们的脸色，有时甚至连一些女孩更换了发箍或发卡这类细节都会注意到。有一次，学生在联系本上留言："我们的小郑英姐姐换眉笔色号了，仿佛这个色号更适合小郑英姐姐。"

每每从外地回来，我都会顺便带些当地的特色小吃给班上的孩子们。去上海，就带些大白兔奶糖；去北京，就带些小串糖葫芦……有时，我还会给每个孩子寄一张明信片，让上面的那枚邮戳定格彼时彼刻我对他们的思念和祝愿。

我也常常收到他们的心意。记忆尤其深刻的是，那年他们悄悄为我策划了庆生活动，我因亲人离世未在学校，他们为我策划了阴历生日，不巧的是，我正赴外地学习，他们什么都没说，只是给了我一个拥抱。

我非常注重自身的形象。我认为，当一名教师能够展现出这个职业应有的知性和优雅时，不但容易赢得他人的尊重，也会使自己更加喜爱自己。我惊喜地发现，自己的学生也十分注重仪表，每个人都展现出了一个学子应有的干净阳光模样。拍摄合影时，他们会特意去照照镜子，整理衣冠，理顺头发。甚至在一次运动会开幕式前，有个男孩还特意擦拭了自己的鞋子。

每个节气，我都会走进大自然，感受生命的节奏和时序，并用相机定格它们的"模样"，留存作为它们的"年鉴"。孩子们也认为这是一件浪漫之事，效仿着组成了一个节气小队，每逢节气都会在校园中举办一些小活动。在植树节当天，他们在操场边亲手种下了三棵木槿，一同"种"下的还有他们的心愿瓶。一位名叫张婷玉的女孩表示，她到高中也组建了一个节气小队，她认为这是件浪漫无比的事，常常以此为傲。

我几乎每天都会用照片和文字记录生活中的小确幸。在我的影响下，孩子们也逐渐有意识地去记录生活中的一些特别时刻和有趣时光。

在教育中，每一个事件的经营与处理都承载着教师的精神质地，也在无形之中诠释并丰富着这个职业的意义。浪漫之人，往往会有诸多创意，同时也能收获快乐与惊喜。而快乐与惊喜是教育的有机组成部分，也会反哺教育，激励教师更加热爱自己的工作。

（资料来源：郑英，《经我们之手，教育变得不同凡响》，
《人民教育》，2020年第24期，收入本书有删改）

请思考：如何理解郑英老师所说的"教师是学生成长的'活'教科书"？郑英老师的故事对你理解教育生活中教师与学生的关系有什么启发？

教师职业道德

第一节 师生关系概述

教育最基础、最本源的问题是人的问题，它是以培养人的精神生活能力和道德境界为基本目的的。教育能够推动人的理性和德性的发展，促使人成为真正完善的人。可以说，教育不仅是传递文化知识的过程，同时也是传递这些文化知识中所蕴含的情感、态度和价值观的过程。一个真正的教师，应是"以人为本"教育理念的信奉者和实践者，他不仅要成为学生认知能力和知识水平提高的促进者，更要成为将知情意行融于一体的"使人成为人"的指引者。而良好的师生关系正是实现这一教育使命的重要基础。

一、教师角色与师生关系

（一）教师角色

角色是指个体表现出来的与某种社会地位、身份相一致的一整套行为模式。它反映了人们对具有特定身份的人的行为期望。围绕培养人的根本任务，教师角色意味着，教师不仅要完成其所担负的教育教学任务，而且应当满足特定时代的社会及人群对教师角色的一种合理期望。对于教师这一角色，人们通常会采用蜡烛、园丁、人类灵魂工程师等隐喻来形容和指代。这些隐喻不一定全面，但在某种程度上说明，教师在学生的成长中需要承担多重角色。

面向未来教育的教师角色定位

1. 社会的代言人

教师肩负着传承社会文化、价值观念和知识体系的重要使命，是社会的代言人。

一方面，教师在教育教学中要向学生传授符合社会要求的"道"和"业"。教育既是社会发展的产物，也是社会发展的动力源泉。作为教育的实施者，教师承担着按照社会的期望和需求来培养学生的责任。在不同的历史时期和社会背景下，社会对人才的需求不同，教育的重点和方向也会相应调整，而教师则要根据这些变化来调整教学内容和方法，以培养出符合社会当时所需要的人才。

另一方面，只有真正理解、接受并积极践行社会文化，教师才能有效规范和引导学生的行为。相反，教师如果对社会文化持怀疑或抵触态度，那么在教育学生时就可能表现出犹豫、矛盾或不坚定，这不利于学生形成正确的价值观和行为准则。因此，教师必须增强社会责任感，以社会要求提升自身道德情操，规范自身言行。

2. 学生成长的引路人

人们常说，一流的教师是教"人"的，二流的教师是教"书"的。这说明，只做传授知识的"经师"是不够的，教师必须成为能够给学生成长带来积极影响的"人师"，做好学生成长的引路人——以自身的人格、学识、情感、智慧和精神为依托，引领学生成为一个心理健康、道德高尚、敢于担当、满怀理想、充满希望且意志坚定的精神丰满的"人"。

作为学生成长的引路人，教师应做到以下几个方面：第一，解决学生的人生方向和世界观问题，即借助教育促使个体社会化，助力学生成为合格的社会公民和接班人；第二，影响学生的德性发展，即正确地引导学生，让他们学会辨别是非，并培养他们良好的道德素养；第三，关注学生的心理健康，即在教育教学中满足学生正常的心理需求，减轻他们的心理压力，同时在学生有需要时，化身"心理医生"或"心理咨询师"，倾听他们的困扰和想法，引导他们解开"心结"，帮助其建立自信和积极的心态。

3. 社会道德的践行者

中国自古就有"以身立教"的传统与理论。正如孔子所说："其身正，不令而行；其身不正，虽令不从。"车尔尼雪夫斯基也认为，"教师要把学生塑造成一种什么人，自己就应当是什么人"[①]。北京师范大学学者檀传宝指出，教师的职业道德表现实际上可能成为学生当前与未来道德生活的样板，是一种道德教育的隐性课程。

教师对学生的影响，不仅在于"言"，更在于"行"。学生能否将社会道德规范内化，不仅依赖于教师的"传道"，更取决于教师的"践行"。在教育教学工作中，教师要坚守"言为士则、行为世范"的道德情操，秉持"勤学笃行、求是创新"的躬耕态度，真正做到"以德立身、以德立学、以德施教"，成为学生为学、为事、为人的"大先生"。

新时代教师要做"经师"和"人师"的统一者

"培养社会主义建设者和接班人，迫切需要我们的教师既精通专业知识、做好'经师'，又涵养德行、成为'人师'，努力做精于'传道授业解惑'的'经师'和'人师'的统一者。"2022年4月25日，习近平总书记在中国人民大学考察时，对广大教师提出了殷切期望。习近平总书记的重要讲话语重心长、饱含深情、内涵丰富，为广大教师的职业追求指明了方向，为广大教师承担新时代育人使命提供了根本遵循。

以学术造诣开启学生智慧，以人格魅力呵护学生心灵

"经师"是指教师要精通专业知识，成为学术典范；"人师"是指教师要涵养德行，润己泽人。培养社会主义建设者和接班人，迫切需要新时代的教师集二者于一身，既传播知识、传播思想、传播真理，又塑造灵魂、塑造生命、塑造新人。

教师要把自己的温暖和情感倾注到每一个学生身上，让每一个学生都健康成长，让每一个学生都有人生出彩的机会。教书育人是教师的使命，教师不仅要追求育人，更要善于育人：要深刻把握学生的成长规律，善于因材施教，针对每个学生的特点，真诚、耐心、热情地开展指导，把三尺讲台当作自己建功立业的舞台。

---

① 雷玲：《教师要学叶圣陶》，华东师范大学出版社，2014年版。

学习老教授、老专家的优秀品质,立志成为"大先生"

老教授、老专家们为党的教育事业付出了巨大心血,做出了重要贡献。老教授、老专家之所以备受肯定与尊敬,是因为他们严谨治学、甘为人梯,集"经师"和"人师"于一身。在漫长的岁月里,他们始终心系祖国、艰苦奋斗、精诚报国,坚持国家利益和人民利益至上。这些可贵的精神与品质历久弥新,是对"大先生"内涵的生动诠释,值得教师发扬与学习。

新时代的教师要学习老教授、老专家坚定的理想信念,带着为实现中华民族伟大复兴的信念做教师、办教育,敢探未发明的新理,敢入未开化的边疆;要学习老教授、老专家无私的奉献精神,用毕生精力服务国家重大战略需求,用诲人不倦的态度影响、塑造一批又一批高素质人才。

有言为士则、行为世范的自觉,以模范行为影响和带动学生

想把学生培养成什么样的人,自己首先就应该成为什么样的人。回望历史上的大师,观察校园里的老教授、老专家,他们之所以能够赢得广大师生乃至社会各界发自内心的尊重,不仅是因为他们具有深厚的学识和高超的科研水平,更重要的是其人格、品德、修养之魅力,令人高山仰止。

教育,是以心灵唤醒心灵、以精神引领精神、以生命温暖生命的神圣事业。新时代的教师只有不断提高自身道德修养,宁静致远、淡泊名利,以模范行为影响和带动学生,做学生为学、为事、为人的"大先生",才能成为被社会尊重的楷模、被世人效法的榜样。

做一名合格的新时代教师,是这个急剧变革的伟大时代对广大教师的急切召唤,是民族复兴伟业赋予广大教师的光荣使命。"苟日新,日日新,又日新",广大教师要牢记习近平总书记的殷切嘱托,交上一份不负于人民、无愧于时代的育人答卷!

(资料来源:曹建,《新时代教师要做"经师"和"人师"的统一者——论学习贯彻习近平总书记在中国人民大学考察时的重要讲话精神》,《中国教育报》,2022年4月29日,收入本书有删改)

(二)师生关系

师生关系是指教师与学生在教育教学过程中结成的相互关系。它是一种特殊的人际关系,是教师和学生为实现教育目标,以各自独特的身份和地位,通过教与学的直接交流活动而形成的多性质、多层次的关系体系。

从教育层面看,师生关系是一种教与学的关系。教师承担着传授知识、培养技能和引导学生成长的职责,学生则是接受教育、积极学习和不断发展的主体。

从情感层面看,师生关系包含着相互的尊重、理解、信任和关爱。教师关心学生的学习和生活,学生尊重教师的付出和指导,双方在情感上建立起积极的联系。

从道德层面看,师生关系体现着责任、公平、正义等道德价值。教师要以公正、负责的态度对待每一个学生,学生也要遵守道德规范,尊重教师和同学。

总的来说,师生关系是一种复杂而多维的关系,它对教育教学的效果、学生的成长及教师的职业发展都有着深远的影响。

第五章　厚植情怀，共筑师生情谊——师生间的道德问题

> **课堂互动**
> 请结合实例谈谈你对教师角色和师生关系的认识。

二、良好师生关系的重要意义

良好的师生关系是教师和学生既作为独立且完整的个体，又作为合作者与共享共创者所构建而成的一种相互理解、相互尊重、相互信任的和谐而亲密的关系。它不仅是教育教学活动顺利进行的助推器，而且对教师和学生的发展，以及学校和谐氛围的营造都发挥着重要的促进作用。具体而言，良好师生关系的重要意义可以归纳为以下几个方面。

（一）良好师生关系在思想道德教育中的意义

思想道德教育的过程是师生之间伴随着主体思想、理论、观念的灌输和不断交流的过程，其中既有各种信息的发出和反馈，又有情感的相互交流。良好的师生关系是思想道德教育获得成效的保障。

一方面，良好的师生关系为思想道德教育奠定了情感基础。当师生之间关系亲密、信任度高时，学生更愿意向教师敞开心扉，分享内心的想法和困惑。这样，教师就能及时发现学生在思想道德方面的迷茫和偏差，并给予关心、引导和纠正。

另一方面，良好的师生关系有助于教师在思想道德教育中更好地发挥榜样作用和示范作用。在良好的师生关系中，学生对教师充满尊敬和信任，更愿意关注教师的言行举止，并主动地模仿教师的行为和价值观，从而促进其良好思想道德品质的形成。

此外，这种关系还能增强思想道德教育的感染力。因为饱含情感交流的教育更容易触动学生的心灵，激发他们内在的道德自觉，促使他们将外在的道德规范内化为自身的行为准则。

（二）良好师生关系在教学活动中的意义

良好的师生关系是教学活动得以正常进行、教学效率得以提高的保障。

首先，良好的师生关系能营造出积极、和谐的教学氛围。在这样的氛围中，学生感到轻松自在，更愿意主动参与课堂活动，思维也更加活跃，这有助于其学习效果的提高和创新能力的培养。其次，良好的师生关系有助于增强学生的学习动力。当学生与教师关系融洽时，他们会因为喜欢教师而对其所教授的学科产生浓厚的兴趣，从而愿意投入更多的时间和精力去学习。最后，良好的师生关系有助于师生在教学中实现有效沟通。良好的师生关系使得学生更愿意向教师提问，教师也能更准确地了解学生的学习状况和需求，从而及时调整教学策略和方法，提高教学的针对性和有效性。

（三）良好师生关系在学校管理工作中的意义

良好的师生关系是学校管理工作取得成效的保障。学校的各项管理工作都涉及教师和学

生。当师生关系和谐时,学生更愿意配合学校的各项管理工作,这有助于降低管理成本。而且,在良好的师生关系中,学生敢于向教师表达自己的意见和建议,教师也能更充分地了解学生的需求和想法,这为学校管理决策提供了更广泛的信息来源,可以使管理决策更加科学、民主,且符合学生的实际情况和利益。

此外,良好的师生关系能营造出温馨、和谐的校园氛围,让学生和教师都对学校产生归属感和认同感,从而愿意为学校的发展贡献力量。

三、建立良好师生关系的原则

良好的师生关系是平等民主、相互尊重、共同发展的关系。要在教育教学活动中建立良好的师生关系,教师需要遵循一定的原则。

(一)了解与关爱学生

了解学生是教育的起点。然而,只有学生愿意向教师敞开心扉,教师才能够真正了解学生。要让学生敞开心扉,使其愿意将成长中的困惑、苦恼等告知教师,教师首先需要努力成为学生的朋友。为此,教师应积极参与学生的各项活动,增加与学生的接触,使学生能够切实感受到教师想要了解他们、愿意成为他们的朋友。同时,教师还应努力成为一个热爱生活、兴趣广泛、乐于并且善于与学生交流相处的人。

爱是人的一种基本需要,是师生间心灵沟通的纽带。正如朱自清先生在《教育的信仰》一文中所说,教育者先须有"培养"的心,坦白的、正直的、温热的、忠于后一代的心!有了"培养"的心,才说得到"培养"的方法。

关爱学生是教师职业道德的核心与精髓所在。教师对学生的关爱是学生接受教育的第一动力,更是构建良好师生关系的关键。因而,教师应当在情感上热爱学生,于生活和学习的细微之处关爱学生,处处想学生之所想,帮学生之所需。尤其对于那些身处逆境的学生,教师更要用关爱去温暖他们。

(二)尊重与信任学生

教育的本质是一个灵魂唤醒另一个灵魂,真正有价值的教育一定浸润着强烈的人文关怀。大凡优秀的教师,都善于观察与揣摩学生的心态处境,让学生感受到尊重和信任。

马卡连柯曾说:"我的基本原则永远是尽量多地要求一个人,也要尽可能多地尊重一个人。"①尊重学生是建立良好师生关系的基础。要尊重学生,教师首先要尊重学生的人格。学生与教师在人格上是平等的,教师所有的教育行为都应以尊重学生的人格为前提。要尊重学生,教师还要承认学生的个性差异,根据每个学生的实际情况,有针对性地引导其成长与发展。此外,教师还要尊重学生的合法权益,如接受教育的权利、人身安全不受侵犯的权利等。

---

① 侯怀银:《共和国教育学70年 德育原理卷》,北京师范大学出版社,2019年版。

第五章　厚植情怀，共筑师生情谊——师生间的道德问题

渴望得到别人的信任，是人类重要的精神需要。教师要学会用发展的眼光看待学生，充分地信任自己的学生，以更好地激发学生克服困难的勇气。当学生犯错误时，教师不能轻易否定学生，而要给学生改正错误的机会；当学生的成绩暂时落后时，教师应相信成绩暂时落后的学生能取得优异的成绩，并鼓励学生继续努力，而不要怀疑学生的能力。

（三）公正严格地对待学生

公正指公平而不偏私。公正地对待学生，意味着在教育教学活动中，教师要对所有学生一视同仁，而不能偏袒或特殊照顾任何一个人，不论其智力、个性、相貌、成绩，以及其与自身关系的密切程度等。例如，若学生犯了错，无论其学习成绩如何，教师都应对其进行引导和教导；若学生做了好事，无论其平时的表现如何，教师都应对其行为进行鼓励和表扬。公平地对待学生，还表现为给每一个学生提供同样的发展机会。例如，有些学生不善言辞，教师应多鼓励他们发言并耐心地加以指导，锻炼其表达能力，而不是少让或不让其发言。

《礼记·学记》有云："玉不琢，不成器；人不学，不知道。"[①]如同玉石需要雕琢，学生也需要教师的严格教导才能成才。为了使学生成长为有理想、有道德、有文化、守纪律的德智体美劳全面发展的社会主义建设者和接班人，教师必须在学习习惯、学业任务、品德修养等多个方面严格要求学生。

值得注意的是，教师对学生所表现出来的公正和严格要建立在尊重和爱的基础之上。当学生感受到教师公正和严格背后所蕴含的关心与爱护时，他们会更尊重、信任教师，更愿意与教师交流、合作，从而构建起一种相互理解、相互支持、相互尊重的和谐师生关系。

课堂互动

有观点认为，有道德的教师必然会走进学生的生活，从细节处着眼，关注不同学生的道德困惑和精神现状，通过教育关怀"唤醒"和"触动"学生的精神世界。你认同这一观点吗？为什么？如果你是一名教师，你会如何与学生建立良好的师生关系？

第二节　师生间的教学关系

教学是学校教育的主要活动，是在教育目标的指引下，由教师的"教"与学生的"学"共同组成的一种教育活动。在教学过程中，教师和学生以各自的个性、经验、情感投入教学活动中，彼此相互影响、相互促进。这种相互影响和促进的动态过程，共同推动着教学活动向更高效、更有意义的方向发展。

---

① 胡平生、张萌译注：《礼记》，中华书局，2017年版。

 教师**职业道德**

一、教师在教学中要"以学生为本"

学生是教育的核心主体,是教育活动的出发点和落脚点。教师只有在教学中做到"以学生为本",才能真正实现教育塑造人、发展人的目标,让每个学生都能在教育中找到自我、发展自我。从教育的本质和目的来看,凸显"以学生为本"的教学,是具有道德价值的教学。从教学实践的角度看,"以学生为本"不能仅仅停留在价值认同与价值判断上,还需要体现在教学过程中的价值行为上。

(一)正确认识教学中的"以学生为本"

在教学中,"以学生为本"包括以下三层含义。

1. 以"育人"为教学宗旨和目的

以"育人"为教学宗旨和目的,是指教师在教学中将学生作为一个完整、独立、发展的个体加以尊重和关爱,把教学的出发点和落脚点都放在学生的身心健康与全面发展的需求上,而不能仅注重知识的传授,更不能仅看重考试成绩。

2. 以"学情分析"为教学前提和基础

以"学情分析"为教学前提和基础,是指教师在了解学生身心发展需要的基础上,从学生的实际情况出发,根据其认知水平、能力、兴趣与习惯,以及当前遇到的困难或存在的薄弱环节开展教学活动。

奥苏伯尔曾说:"影响学习的唯一最重要的因素是学习者已经知道了什么。要探明这一点,并应据此进行教学。"① 只有以"学情分析"为教学前提和基础,教师才能筛选出最适合学生的教学方法,制订出最适合学生的教学策略,创设出最适合学生的教学情境,进而激发学生的学习热情,提升教学效果。

3. 以教学双方的不断完善为教学旨规

"教学"是由教师的"教"和学生的"学"两个方面组成的,二者缺一不可。在共同的接触与碰撞中,学生借助教师主导的教学活动获取知识、提高能力、培育素养。同时,教师也会因学生的成长而感受到强烈的成就感和价值感。可以说,教育是一个教育者和受教育者相互促进、共同发展的动态过程,在这个过程中,二者都能实现自我的成长和完善。

以教学双方的不断完善为教学旨规,是指教师在了解学生、关爱学生、尊重学生、信任学生的基础上,切实调动学生学习的自觉性、主动性、积极性和创造性,使教学双方在教学过程中实现良性互动,以此促进教学双方的不断完善,进而突出学生的主体地位。

---

① 刘启珍、彭恋婷:《学与教的心理学:原理与应用(第二版)》,华中科技大学出版社,2021年版。

第五章　厚植情怀，共筑师生情谊——师生间的道德问题

师德榜样

霍懋征：把这个孩子交给我吧

有一天，霍懋征老师接到一个电话，电话里传来激动的声音："我可找到您了。您就是我的再生父母啊！"霍老师一下愣住了，问："你是不是打错电话了？""没错，霍老师，没有您就不会有我的今天。""您贵姓？""我姓何。""你是何永山？""是我，是我。"

何永山上学的时候，是学校里出了名的淘气鬼，留过两次级。只要他在班上，老师就无法上课，带过他的班主任都拿他没办法。一次开校务会时，霍老师听到何永山的班主任表示对何永山无能为力，就在会后找到校长，希望把何永山放到自己班里。校长说："不行，不能让这么调皮的孩子毁了你们先进集体的荣誉。"霍老师对校长说："把他交给我吧，相信我能把他教育好。"在霍老师的恳请下，校长最终同意她把何永山领走了。

把何永山领进班前，霍老师先统一全班的认识，然后和大家"约法三章"：不轻视他，不提他过去的事，不揭他的短处。

何永山进班后，霍老师苦思冥想，寻找工作的突破点。霍老师发现他比别的学生个子高，有力气。由此，霍老师想到了一个突破点，对何永山说："永山，你当个组长吧。挑上三个同学，再加上老师，咱们五个人负责打扫班里的卫生区怎么样？"何永山一听先是一愣，然后大声说："行！"从第二天早上开始，何永山每天总是第一个到校给大家准备好笤帚、簸箕，干得非常认真。有一天早上，他扛着一把长把笤帚兴冲冲地走到霍老师面前说："老师，您用这把笤帚吧。""为什么？"霍老师有些不解。"霍老师，我发现您的腰有毛病，您用这把笤帚扫地就不用弯腰了。"一个被认为"不可救药"的孩子也会关心别人了。

一天，霍老师看见何永山站在学校鼓号队旁边比画着敲大鼓，眼睛里流露出羡慕的神色。因为他不是少先队员，所以根本没有加入鼓号队的资格，只能眼巴巴地看着。霍老师发现他的这一兴趣后，就去找大队辅导员，说："你看何永山那么大的个子，打大鼓最合适了，而且少先队这个集体也能帮助他进步。"大队辅导员犹豫了一会儿，说道："那就试试看吧。"加入鼓号队之后，何永山非常遵守鼓号队的纪律。那年"六一"儿童节活动，霍老师特意给何永山买了白衬衫、蓝短裤。因表现出色，何永山第一次在全校同学面前受到了大队辅导员的表扬。

活动之后，何永山把白衬衫、蓝短裤叠好给霍老师。霍老师亲切地说："这衣服是老师送给你的，拿回家去吧。你今天很精神，只是脖子上少了一样东西。"没等霍老师说完，何永山仰起脸说："我知道，我还没有红领巾呢！"此后，何永山在学习上也开始努力，课上不随便说话了，课下也不胡闹了。科任老师都说："何永山像变了一个人。"不久，他真的加入了少先队。

是什么力量把一个人见人烦的孩子，变成了一个人见人爱的孩子？是爱。爱是阳光，可以把坚冰融化；爱是春雨，能让枯萎的小草发芽；爱是神奇，可以点石成金。

（资料来源：霍懋征，《没有爱就没有教育》，中华人民共和国教育部官网，2004年12月17日，收入本书有删改）

（二）教学中"以学生为本"的具体要求

要做到"以学生为本"，教师需要将教育教学活动的价值取向指向学生，将学生的成长视为出发点和归宿，并将其体现在教学设计、教学内容、教学程序和教学细节中。

1. 在备课中做到"以学生为本"

（1）深入了解学生现有的知识水平，使教学的节奏与学生学习的接受度之间保持适当张力。"保持适当张力"意味着教学内容既不能远远超过学生的学习接受度，让学生感到压力过大、无法跟上，从而失去学习的兴趣和信心；也不能过于迁就学生现有的学习接受度，导致教学进度过于缓慢，不能有效拓展学生的知识和能力；而是要在教学进度和学生的学习接受度之间找到一个平衡，使教学内容具有一定的挑战性，能够激发学生的学习动力和潜能。教师可以通过与学生交流、分析过往学业成绩、开展小测验等方式了解学生现有的知识水平。

（2）关注学生的学习动机。学习动机是指引发与维持学生的学习行为，并使之指向一定学业目标的动力倾向。简单来说，学习动机就是推动学生进行学习活动的内在原因或动力。教师可通过观察学生在课堂上的表现、与学生交流、与其他科任教师沟通等方式了解学生的学习动机，从而在课堂教学中更加有的放矢地激发和调动学生学习的积极性。

匠心育人

（3）掌握学生心理变化的规律。不同年龄阶段的学生由于生理发育、认知发展、社会经验和环境等多方面因素的影响，会呈现出相应的、具有一定普遍性和可预测性的心理变化规律。掌握学生心理变化的规律，有利于教师采用更有针对性的教学方法和教学策略。例如，小学低年级学生好奇心强，注意力集中时间短，直观形象式的教学更能激发他们的学习兴趣；小学高年级学生具备一定的抽象思维能力，更能适应逻辑推理式的教学；学生进入青春期，自我意识强烈，情绪波动较大，同时对新鲜事物充满好奇，教师在教学方法上可以更多地采用启发式教学，鼓励学生独立思考和发表自己的观点。

2. 在教学过程中做到"以学生为本"

（1）营造宽松、民主的课堂氛围。在教学过程中，教师只有深入了解学生对教学的真实感受与认识，才能够因材施教，从而获得良好的教学效果。因此，教师要营造宽松、民主的课堂氛围，给予学生思考的时间和空间，让学生乐于说出自己的想法和观点，敢于提出自己的问题和设想，甚至勇于质疑教师及教科书中的观点和内容。

（2）面向全体学生，尊重个体差异。面向全体学生意味着不放弃任何一个学生，为每个学生提供平等的受教育机会，让每个学生都能在教育中有所收获。而尊重个体差异则意味着教师要认识到每个学生都是独特的，他们在学习能力、兴趣爱好、性格特点等方面存在着不同。教师需要根据这些差异调整教学方法、教学内容和评价标准，使教育能够真正适应每个学生的需求，帮助他们充分发挥自身的潜力。

（3）在教学方式上体现"以学生为本"。"以学生为本"的教学方式具有以下基本特征：第一，学生对学习感兴趣，在课堂上拥有充分展示自己的机会；第二，学生遇到困惑和难题时能够得到教师及时的指导与帮助；第三，学生在学习过程中的各种表现都能得到教师客观、公正、恰当的激励性评价；第四，学生在教学活动中能够产生积极的体验，在知识、能力、情感等方面都能产生获得感。

3. 在教学评价中做到"以学生为本"

教师的评价对于每个学生而言都具有重要意义。它犹如一把双刃剑，运用得当便能成为学生成长道路上的强大助力；若运用不当，则可能给学生带来消极影响，阻碍其进步。教师评价的根本目的在于推动学生进步。因此，不管是对学生学习的评价，还是对学生其他方面的评价，教师都要做到"以学生为本"，以促进他们的发展为目的。具体而言，教师在评价学生时应做到以下几点。

（1）一视同仁地评价学生。教师在评价学生时，要公平、公正地对待每一个学生，摒弃个人偏见，从知识、技能、态度、思维、合作等多个维度综合评价学生的表现。

（2）不吝夸赞学生。在教学中，教师真诚地夸赞学生，表明教师在某种程度上对学生的学习状况、思考过程或思考结果给予了肯定和认可。这种肯定和认可能让学生感受到自己的努力和付出得到了重视和尊重，从而获得成功的快感与喜悦。这种积极的情感体验不仅能增强学生的自信心和自我效能感，让他们相信自己有能力更好地完成学习任务，还能激励学生继续保持积极的学习态度，主动探索知识，勇于面对挑战，以期再次获得教师的认可和赞扬。

（3）不随意评价学生。不论批评还是夸赞，教师都要根据学生的实际表现做出合情合理、具体且有指导意义的评价，切忌做出笼统、宽泛的评价。如果评价没有清晰内涵和明确指向，学生可能无法确切地了解自己哪些方面做得好，哪些方面还需要改进。这种"应付性评价"会让学生感到茫然，久而久之，学生可能会对教师的评价失去信任，导致评价失去激励学生进步和为学生指引方向的作用。

此外，教师要持续学习和反思，不断总结，不断提升，在教学的各个环节努力做到"以学生为本"，为学生营造一个充满关爱、鼓励与支持的学习环境。

道德观察

"看客"和"听众"

在一节公开课上，王老师为了顺利实现预设的教学效果，屡次让班里几位成绩好的学生回答问题。学生的出色回答令王老师非常满意。

课后，王老师认为在课堂教学中充分尊重了学生的主体地位，学生回答问题时的良好表现足以证明预期的教学效果得以实现，教学目标得以有效达成。然而，班上的大多数学生却觉得，自己在这次公开课上只是充当了"看客"和"听众"而已。

请思考：王老师在之后的工作中如何改正才能充分尊重学生的主体地位，真正做到"以学生为本"？

教师职业道德

二、教师如何对待自身的错误

教师肩负着传道授业解惑的重任,但即便怀着崇高的教育理想,也可能在不经意间出现错误。这些错误可能会对学生的成长和发展产生不同程度的影响。真正优秀的教师懂得正视并积极纠正自身的错误。这不仅是对教育事业的尊重,更是对学生成长的负责。

(一)教师错误的具体表现

教师错误的具体表现包括以下几个方面。

1. 片面地注重学生的学习成绩

在教育实践中,某些教师过于强调学习成绩的重要性,并将其视为衡量学生优劣的唯一标准。这种片面的观念导致教师只关注学生的考试成绩,而忽视了学生的全面发展。例如,对于在艺术、体育或社会实践方面有出色表现,但学习成绩稍逊的学生,教师可能未给予其应得的肯定和鼓励;在教学方法上,可能会采用填鸭式教学法,让学生通过死记硬背的方式来提高成绩,而忽略了对学生创新思维和自主学习能力的培养;在评价学生时,也仅仅依据成绩来划分等级,使得成绩不理想的学生产生自卑心理,甚至失去对学习的兴趣和信心。这种片面注重成绩的做法,严重阻碍了学生的个性发展和综合素质的提升。

2. 回避或掩盖自己在教学中的错误

在教学过程中,有些教师在面对自己的错误时,选择了逃避或掩饰。例如,讲错了知识点,却不肯承认,反而强行解释;在批改作业或试卷时出现纰漏,却不愿意纠正,担心损害自己在学生心中的权威形象。这种行为不仅违背了教学的严谨性原则,还会让学生对教师产生不信任感。教师本应是学生求知路上的引路人,如果自己都无法正视和改正自己的错误,如何能教导学生养成诚实和勇于认错的品质呢?

3. 对学生做出不公正的评价

对于学生在学校的表现,一些教师如果不愿或未能做深入的调查分析,仅凭过往的经验、个人的喜好或先入为主的印象来评判学生,就很容易对学生做出不公正的评价。对于那些不应受到批评的学生来说,不公正的待遇会挫伤其自尊心,打击其自信心,并造成师生间的情绪对立,严重时,还会造成学生人格的扭曲,进而形成师生间难以消除的隔阂。

课堂互动

> 教师为维护形象而掩盖自身错误的行为,以及对学生做出不公正评价的行为,是否违背了职业道德?为什么?

(二)教师纠正自身错误的具体途径

教师可通过以下途径来纠正自身错误。

1. 时常反思自身的教育教学行为

教育实践具有情境性与自由性两个方面的基本特征。教育中各种因素的不断变化和相互作用带来的不确定性，要求教育不能简单依赖程式化的套路。这不仅对教师提出了更高的要求，更需要教师正视自身在教育教学工作中出现的失误和错误，时常反思自身的教育教学行为，并在此基础上对教育教学经验进行总结归纳。

每位教师的教育教学行为都是在一定的教育教学理念的指导下实施的。也就是说，教育教学行为是外在表现形式，教育教学理念是内核。在反思自身的教育教学行为时，教师首先需要考虑自身的教育教学理念是否存在偏差，是否落伍于时代，是否需要修正或更新。只有深入反思指导行为的理念，才能使反思深刻而有效。

在反思具体的教育教学行为时，教师可以从教学方法的运用、对教学重难点的把握、教学资源的使用、师生互动、学生的成长与发展等方面入手进行反思，然后再具体问题具体分析，不断优化教学策略，提升教学效果。

2. 敢于在学生面前承认自身的错误

教师要有勇气在学生面前承认自己的错误。这种勇气不仅能帮助教师更好地完善自我，更能对学生产生深远的积极影响。

首先，这种坦诚的态度能够让学生明白，犯错也是成长的一部分，关键在于如何面对和改正；其次，教师承认错误也能拉近与学生的距离，让学生感受到教师并非高高在上、不容置疑，而是与他们一同在学习和进步的道路上前行；最后，教师的这种行为起到了很好的榜样示范作用，能够引导学生养成正视错误、勇于担当、积极改进的良好品质，为他们未来的发展奠定坚实的基础。

3. 善于利用错误

教师在教学中出现错误并不可怕，关键在于如何应对。优秀的教师往往善于利用错误，能够巧妙地让"错误"为教学服务。当意识到自己的错误时，教师可以当即在课堂上坦诚承认，并以此为契机，引导学生共同探讨。例如，如果发现自己讲解知识点时出现偏差，教师可以鼓励学生提出质疑，然后与学生一起分析错误产生的原因，加深学生对正确知识的理解和记忆；还可以将自身的错误作为案例，提醒学生在学习过程中要严谨认真，避免类似错误的发生。

通过这种方式，教师不仅纠正了自己的错误，还能增强师生之间的互动与信任，培养学生的批判性思维和解决问题的能力。

课堂互动

在对待自身错误上，面对不同年龄段的学生，教师是否应该采取不同的处理方式？为什么？

教师职业道德

三、教师如何对待学生的问题

学生在成长过程中，往往会面临各种各样的问题：在学业方面，可能会出现学习方法不当导致成绩不理想、对某些学科缺乏兴趣或动力、无法有效地应对考试压力等问题；在思想道德方面，可能存在价值观偏差，如过度追求物质享受、缺乏诚信意识，或者在集体中表现出自私、不懂得合作等问题；在生活习惯方面，可能存在诸如作息不规律、过度依赖电子设备、缺乏自律和自理能力等问题……

这些问题相互交织，影响着学生的身心健康和全面发展。教师应正确对待学生存在的问题，秉持关爱、理解和引导的态度，帮助学生改善问题，获得成长。具体而言，教师可以从以下几个方面入手帮助学生、引导学生。

（一）尊重学生

苏霍姆林斯基认为，只有教师关心学生个人的尊严，才能使学生通过学习的途径真正受到教育。教育的过程要让学生始终如一地体验到自己是有尊严的。

自尊是人们普遍具有的一种心理需要，学生也不例外。教师在对出现问题的学生进行教育时，如若不尊重学生（如使用过激语言等），则会挫伤学生的自尊心，且会使学生因恐惧和愤怒而产生强烈的抵触情绪乃至抗拒心理，从而影响教育效果。

因此，教师在教育犯错误的学生时，应牢固树立"尊重学生"的观念，切实呵护学生的自尊心，坚决摒弃一切有损学生自尊心的不当或过激言行。

 德行长廊

尊重，从课堂开始

要想让学生学会尊重，关键在于教师自己怎么做。有位名师曾这样说过："为人师表，请从课堂开始。"

一次，一名学生问自己的老师："老师，每次课堂提问，即使有的同学不会或答错了，您还是坚持让他说完，这样不是很浪费课堂时间吗？"

老师解释说："第一，即使学生回答错了问题，也不能中途打断他，否则就是一种不礼貌的表现，老师要给他说话和表现自我的机会；第二，假如不让学生说完，立刻批评学生，就会给学生造成心理伤害；第三，虽然他这一次回答得不对，但是老师如果能听他说完，就会给他一定的信心，让他今后更加主动思考，更加积极回答问题；第四，至于课堂时间，相比讲课，将这一两分钟花在尊重学生上更重要。"

请思考：如何理解"尊重，从课堂开始"？案例中老师的做法对你有何启发？

（二）包容学生

爱因斯坦说过："谅解也是教育。"[①]对学生一时存在的问题，尤其是其在非主观故意的情况下出现的问题，或学生已经意识到的问题，教师应用宽广的胸怀和包容的心态去对待。这样更能激励学生直面错误、改正错误。

值得注意的是，包容绝不是纵容。苏霍姆林斯基曾说："教师既要激发儿童的信心和自尊心，又要对学生心灵里滋长的一切不好的东西采取毫不妥协的态度。真正的教育者就要把这两方面结合起来。这种结合的真谛就是教师对学生的关心。"[②]包容学生的目的是让他们感受到来自教师的尊重和关爱，同时给他们留出一定的时间和空间，让他们主动去感悟和思考，自觉地矫正自己的错误行为。

（三）注重教育的时机和分寸

在教育出现问题的学生时，注重教育的时机和分寸是教师教育智慧的体现。

在教育时机方面，教师不能随心所欲、随时随地教育学生，否则容易适得其反、事与愿违。在未搞清楚事实真相之前或心情不佳时，教师切忌凭借主观臆断评判、教育学生。另外，教师应尽量避免在教室或办公室当众教育学生。

在分寸的把握上，教师要根据问题的性质和严重程度来调整教育的力度和方式。对于一些小错误或初次出现的问题，教师可以采用宽容的态度，给予学生适当的提醒，让学生有自我反思和改正的机会；而对于严重的、反复出现的问题，教师则需要采取更为严肃的教育方式，但也要注意避免过度批评导致学生产生逆反心理。

（四）做到因人而异

教师在教育出现问题的学生时应做到因人而异，即注重区分学生的性别、年龄、性格、知识水平、心理状态等，从而有针对性地开展教育工作。这样，教育才能取得良好的效果。

例如，就性格而言，对待那些性格外向、活泼开朗的学生，教师可以采用直接指出其错误的教育方式；对待性格内向、情感脆弱的学生，教师可以采用委婉、鼓励的方式进行教育；而对于脾气倔强、秉性刚直的学生，教师可以采用温文尔雅、和风细雨的方式展开教育。

（五）给予必要且适度的惩罚

作为一种教育手段，惩罚的目的不是伤害学生，而是引导他们认识错误、改正行为，并培养他们的责任感。必要且适度的惩罚能够强化学生对是非标准的认知，让学生明白行为的界限和后果，从而自觉规范自己的行为。

首先，教师在教育出现问题的学生时，必须充分了解问题的性质、严重程度及背后的原因，以确定是否有必要采取惩罚措施。

---

① 郭纪标：《教育之道，道在心灵》，华东师范大学出版社，2014年版。
② 雷玲：《与大师面对面：穿越时空的教育对话》，华东师范大学出版社，2015年版。

其次，教师在惩罚学生时，应以对学生的尊重与关爱为前提，给予学生改正的时间与机会，并对学生的未来寄予希望。在实施惩罚措施之后，教师还要对犯错学生的日常表现、思想波动、精神状态等情况进行跟踪观察，以检验教育的效果，并及时对学生的进步给予鼓励性的评价。

> **德行长廊**
>
> "绿色惩罚"
>
> 一日，张老师刚走上讲台，就有学生打报告说小勇在学校的池塘里抓了蝌蚪。
>
> 张老师想知道一贯遵守纪律的小勇为什么会做这样的事，于是问他："你为什么要抓蝌蚪？""因为我看到蝌蚪像小鱼一样在水里游来游去，很可爱，我还听说蝌蚪长大了会变成青蛙，所以，我想抓一只蝌蚪回去养起来，看看它是怎样变成青蛙的。"听到小勇的回答，张老师当即表扬了他的好奇心和钻研精神，还表扬他能把自己想解决的问题付诸行动，具有做科学家的潜质。
>
> 不过，针对他这种违反校规的行为，张老师给予了特殊的处罚——罚他好好照顾蝌蚪，并在蝌蚪变成青蛙之后，将蝌蚪成长的记录分享给大家。在教育界，这种不伤害学生自尊的善意惩罚，被称为"绿色惩罚"。
>
> 一个月后，小勇将自己的研究成果做成了幻灯片，不但图文并茂地向同学们展示了蝌蚪成长的每个阶段，还和大家分享了自己对"蝌蚪的尾巴为什么会消失""人们是怎样从青蛙的眼睛得到启示发明电子蛙眼的"等有趣问题的探究。
>
> 请思考："绿色惩罚"与传统的惩罚方式有何区别？教师需要具备哪些素质和能力，才能有效地运用"绿色惩罚"来达到教育目的？

四、教师如何应对学生的质疑

随着社会的发展和信息获取渠道的多元化，学生的思维更加活跃，自主意识更强。他们不再满足于被动地接受知识，而是更愿意主动思考和提出疑问。越来越多的学生在课堂上或学习的过程中对教师和教科书提出质疑。

教师对待学生质疑的态度和方式，不仅考验教师的教育智慧和专业素养，更牵涉学生的求知热情与成长轨迹。教师可以利用以下策略应对学生的质疑。

（一）放下心理负担

教育的目的是促进学生成长，而不是彰显自己的聪明和才华。教师放下自我，在某些情况下适当"装傻"，是尊重学生主动性的一种表现。在对学生的教育和管理中，有些教师为了捍卫所谓的权威，强制要求学生服从。这种做法可能会暂时获得学生表面的顺从，但往往无法赢得学生真正的尊重和认同。

因此，当学生提出质疑时，教师首先应放下心理负担，放下对权威的过度追求，将其视为教学相长的契机，与学生共同学习、互相交流，构筑师生"学习共同体"。

（二）肯定和鼓励学生的质疑

教师要明白，学生能够提出质疑，是他们积极学习、独立思考的有力证明，而非对教师权威的有意冒犯。因此，当学生提出质疑时，无论时间、场合是否合适，内容是否合理，态度是否恭敬，教师都应保持开放和包容的心态，肯定和鼓励学生的质疑。

首先，教师要给予学生充分的时间和空间，让其毫无顾虑地阐述自己的想法。这不仅能让学生体会到被尊重和平等对待的感觉，更有助于培养其批判性思维和独立思考的能力。

其次，教师要在言语上明确地表扬学生的好奇心和求知欲，以及其敢于提出问题的质疑精神。这种积极的反馈，可以增强学生的自信心，让他们明白质疑不仅是被允许的，更是值得称赞的行为。如此一来，教师就能够为学生营造一个安全的心理环境，进一步激发他们探索知识、发现真理、追求智慧的热情和积极性。

📋 课堂互动

> 教师因害怕承认错误而打压质疑自己学生的行为，违反了哪些职业道德规范？

（三）认真对待学生的质疑

面对学生的质疑，教师既不能不懂装懂，也不可敷衍塞责，而应本着"实事求是"的态度，认真、深入地分析学生质疑的内容或观点，仔细分辨学生的质疑究竟是源于对知识的理解存在偏差或疏漏，还是确实触及了有待深入挖掘和探讨的关键问题，进而以积极的态度和专业的素养引导学生探索知识、解决问题。

如果学生的质疑源于对知识的误解，教师应当运用生动形象、深入浅出的方式耐心为其解释，并结合具体的例子、实际的场景帮助学生消除困惑，纠正错误的认识。

如果学生的质疑具有实质性的价值，教师则要将其视为难得的教学契机，引导全班同学围绕这一质疑展开讨论，鼓励学生各抒己见，分享自己的观点和想法，并积极地与学生展开互动交流，共同探寻问题的答案。这种做法能够极大地活跃课堂气氛，促进学生之间的思想碰撞和知识交流，同时也有助于培养学生的团队协作精神和沟通表达能力。

如果课堂上无法解决学生提出的质疑，或无法与学生达成一致意见，教师则可以鼓励学生课下进行更为深入的思考，引导学生自己去解决问题；也可以鼓励学生组成学习小组，通过集体探究解决问题；还可以将该问题作为师生课外共同探讨的重要课题，与学生一起通过查阅资料、认真分析来寻找答案。

教师适当"示弱"，可以激励学生来挑战并超越自己。在这个过程中，学生不仅获得了成就感和价值感，也感受到了教师的真实与坦诚。

> **德行长廊**
>
> **苹果为什么不是方形的？**
>
> 　　美术课上，李老师在教学生们画苹果。
> 　　一名学生就李老师刚画好的苹果提出疑问："老师，您为什么不将苹果画成方形的呢？"李老师微笑着问："你准备画方形的苹果吗？"学生回答说："是的，因为我发现把苹果放在桌子上时，苹果很容易滚落到地上。我就想，如果苹果是方形的该有多好呀！"李老师鼓励他说："你真爱动脑筋，愿你将来能成为科学家，培育出方形的苹果。"
> 　　请思考：李老师的做法对你有何启发？

第三节 师生间的情感关系

　　师生之间不仅存在着正式的教育关系，还有因情感交往而形成的情感关系。这种关系是伴随着教育活动的开展自然形成的，真实地贯穿于师生之间的互动中。

　　师生间良好的情感关系是联结师生的纽带和桥梁，也是教师做好教育教学工作的必要条件。教师应关注学生的情绪情感，不断追求教育的突破和创新，完成对学生的文化熏陶、道德养成、精神影响、素养培育，在成就学生中成就自己。

一、教师如何化解学生的孤僻与冷漠

　　在教育教学实践中，教师有时会遇到具有孤僻、冷漠心理的学生。学生的孤僻与冷漠就像一层无形的屏障，阻碍着他们与外界的联结，也影响着他们的成长与发展。如何融化他们内心的坚冰，引导他们融入集体，不仅需要教师的爱心与耐心，更需要智慧与策略。具体而言，教师可以采取以下策略化解学生的孤僻与冷漠。

教师如何培育"积极情感"

（一）分析成因，"对症下药"

　　学生孤僻与冷漠心理的形成往往是多种因素相互作用的结果。分析学生孤僻与冷漠心理的成因，有助于教师找到问题的关键所在，从而"对症下药"。

　　通常，导致学生孤僻与冷漠的因素主要包括以下几个方面：① 个人因素，如性格内向、存在身体缺陷等；② 家庭因素，如家庭关系不和谐、家庭成员之间缺乏有效的沟通和情感交流等；③ 学校因素，如在学校遭受校园欺凌、多次遭受批评和挫折等；④ 社会因素，如接触到较多负面的社会信息、受不良社会风气的影响等。

　　孤僻、冷漠的学生通常不太愿意主动表达自己的想法和感受，对教师的询问和关心反应

冷淡或采取回避的态度。要想分析学生孤僻与冷漠的成因，教师可以与学生的家长、其他教师，以及与其交往较多的同学沟通，或者在课堂教学或日常生活中仔细观察孤僻、冷漠学生的表现，从侧面了解其性格特征、思想状态、家庭状况等，尽可能全面、客观地分析其孤僻、冷漠心理的成因。

对学生孤僻与冷漠心理的成因有了深入的了解后，教师就需要"对症下药"，采取有针对性的措施。例如，如果学生的孤僻与冷漠是家庭关系不和谐导致的，那么教师就需要与家长深入沟通，共同商讨解决措施；如果学生的孤僻与冷漠是由于在学校受到欺凌形成的，那么教师就需要联合校方解决欺凌问题，并对学生进行心理辅导。

（二）关注学生，信任学生

俗话说："冰冻三尺，非一日之寒。"教师要认识到，学生的孤僻与冷漠并非短时间内形成的，其化解也需要耐心和长时间的持续努力。

在与学生交往的过程中，教师可对孤僻、冷漠的学生表现出更多的关注和信任。孤僻、冷漠的学生往往因为自身性格特点或过往经历，在情感上较为封闭，缺乏与他人建立良好关系的信心和能力。教师给予更多的关注，可以让他们感受到自己是被重视和关心的，有助于打破他们内心的坚冰。教师的信任则能增强他们的自信心，让他们相信自己有能力与他人建立积极的关系，从而更好地融入集体和社会。

如何让孤僻、冷漠的学生感受到教师的关注和信任呢？除了多与其交流、多为其提供表现的机会外，教师还可以多给他们积极的心理暗示。例如，在教育教学活动中，教师可以多使用某些具有积极意味的手势、表情、眼神等，以表达对孤僻、冷漠的学生的充分信任与诚恳鼓励，使之逐渐形成良好的心境。

课堂互动

如果你是一名教师，你会如何对待孤僻、冷漠的学生？

（三）凝聚众力，共同帮扶

学生孤僻、冷漠心理的成因较为复杂，仅凭教师的力量很难改变学生的这种心理。教师可以团结多方力量，在多个层面营造出关心、包容和支持的环境，让孤僻、冷漠的学生感受到人与人之间的美好情谊，催生他们对未来学习、生活的憧憬和向往，从而促使他们逐渐改变自身的心态和行为。

（1）与家长配合，让孤僻、冷漠的学生感受到温暖的亲情。温暖的亲情是打开学生孤僻、冷漠心灵的钥匙。为此，教师可为缺乏与孩子沟通的家长提供指导，为他们提出一些行之有效的建议。例如，摒弃不必要的说教、指责甚至训斥，就孩子感兴趣的话题多与其交流，在孩子健康的兴趣爱好上给予更多的物质和精神鼓励，等等。

（2）与其他教师合作，给予孤僻、冷漠的学生更多关爱。在日常生活中，教师要与其他教师交流、合作，常用亲切、温馨的话语多与孤僻、冷漠的学生进行交流，并发掘孤僻、冷漠学生的特长或亮点，多对其进行鼓励。

（3）与学生联合，加强孤僻、冷漠的学生与其他同学的沟通。同学之间的交往具有伙伴性和非强制性，能够让孤僻、冷漠的学生更乐于接受。教师可鼓励心态好、人际交往能力强、有责任心的学生在集体活动中主动与孤僻、冷漠的学生交往，帮助其逐步改变。

（四）营造良好的班级氛围

良好的班级氛围通常具有积极向上、团结友爱、和谐有序等特点。在这样的环境中，孤僻、冷漠的学生更有可能受到感染和影响。一方面，同学们的友善和关心可以让孤僻、冷漠的学生感受到温暖和接纳，逐渐打开心扉，尝试与他人交流并建立关系；另一方面，包容、互助的氛围能够促使其他同学主动帮助孤僻、冷漠的学生融入集体，让他们体会到合作和团队的力量，从而更愿意改变自己的心态和行为。

具体而言，教师可以从以下方面入手营造良好的班级氛围。

（1）为学生树立榜样。教师的言谈举止能够对学生起到示范和指导作用。因此，教师在与学生交往的过程中要多展现出积极的态度、友善的行为、高度的责任心和公正公平的处事方式，为学生树立正向的榜样。

（2）组织多样化的活动。教师可在教学中组织各种集体活动，如分组学习活动、文体活动、团队建设活动等，以此来增强学生之间的合作与互动，进而培养他们的团队协作精神和深厚友谊。

（3）培养集体荣誉感。教师可引导学生共同设定班级目标，如争取班级荣誉、完成集体任务等，在达成目标的过程中不断增强学生的归属感和集体荣誉感。

值得注意的是，只有班主任、科任教师和学生齐心协力，朝着共同的目标努力，才能营造出积极向上、团结友爱、和谐有序的良好班级氛围。

 道德观察

这事与我无关

伴随着上课铃声，张老师走进教室，说："上课！"班长喊："起立。"

这时，张老师看见一名学生仍旧趴在桌子上睡觉，等了片刻，还是没人叫醒他。张老师随即对正在酣睡的学生后面的男生说："叫他醒醒。"这位男生面无表情地将头偏向一边，漠然地移开了原本注视着张老师的视线。

就在这时，睡觉的学生站了起来。张老师看到后，淡然地对大家说："坐下吧。"然后就像往常一样开始上课了。然而，那位男生漠不关心、冷若冰霜的举动，让张老师感到阵阵寒意，许久不能释怀。

请思考：你认为张老师应该如何更好地处理这种情况？

二、教师如何应对学生的过度依恋

在成长过程中，一些学生会表现出对教师的过度依恋，这不仅会影响他们自身的身心健康和正常发展，还会给教师带来一定的困扰。

（一）学生对教师过度依恋的原因

学生对教师产生过度依恋心理的背后存在着诸多原因，以下重点介绍几个主要原因。

（1）自卑。自卑的学生通常倾向放大事物带来的消极后果，并极易产生悲观的不良情绪。一旦某位教师表现出对其人格的充分尊重和爱护，以及对其能力的充分肯定和信任，这些学生就会对该教师形成良好甚至极佳的印象。随着与该教师的交往日益频繁和深入，学生就容易对这位教师产生过度依恋的心理。

（2）缺乏与同伴交往的能力。同伴交往对学生的身心发展有着非常重要的作用。通过与同伴交往，学生能够学会如何沟通、合作、妥协和解决冲突，提升人际交往能力，从而为其将来更好地适应社会打下坚实的基础。但有些学生在社会交往方面存在较为突出的同伴交往障碍，表现为在与同伴交往时胆怯、自卑。此时，若有教师能够耐心地帮助这些学生营造适宜交流和沟通的环境与氛围，想方设法帮助他们调整胆怯、自卑的心态，学生就可能会对教师产生过度依恋的心理。

（3）与家人之间缺乏交流。家庭的和谐程度会对学生的身心发展产生重要的影响。若家庭成员之间的交流缺乏基本的尊重与信任，当学生遇到困难和问题时，就很难从父母那里得到具体的、有指导意义的帮助或启发，久而久之，学生与父母之间就形成了一道"屏障"，阻碍了双方正常的情感交流。在这种情况下，若某位教师表现出对学生的关切，学生就非常容易对教师产生过度依恋的心理。

（二）纠正学生过度依恋教师的方法

学生过度依恋教师的现象虽不是现实教育工作中的普遍现象，但也要引起教师的重视。能否有效纠正学生的过度依恋心理，关系到学生今后的心理健康和发展，教师必须认真对待，切不可掉以轻心。具体而言，教师可通过以下几种方法来纠正学生的过度依恋心理。

1. 注重自身的言行

面对过度依恋自己的学生，教师要注意自身的言行。首先，教师应与学生保持适当的距离，在与学生互动时，既要表现出关心和亲近，又要注意不过分亲昵，让学生明白师生关系的边界；其次，教师应以公正、客观和一致的态度对待学生，避免给过度依恋自己的学生特殊待遇，以免强化他们的依赖；最后，当学生在独立完成任务或表现出自主能力时，教师应及时给予肯定和鼓励，以强化他们的行为。

2. 引导学生多与他人交往

教师应鼓励学生大胆地与他人交往，帮助学生树立正确的交往观。首先，教师应当引导学生用欣赏的眼光去发现不同教师的可敬之处和优秀之处；其次，教师应当为学生之间的交往创设机会，鼓励学生之间相互交流与合作，让学生感受并拥有同伴间的真情与友谊；最后，教师应当引导学生学会与父母相处。

> **课堂互动**
> 教师在处理学生过度依恋的问题时，应如何避免伤害学生的感情？

三、教师如何提高自己的情商

（一）为何要提高情商

情商是情绪智商的简称，通常指个体监控自己及他人的情绪情感，并识别、利用这些信息指导自己的思想和行为的能力。提高情商能使教师在教育教学工作中更加游刃有余，为学生的成长创造更有利的环境。

我国著名教育学者李希贵认为，今天的教师工作，更多的是一种情绪劳动。高情商能让教师敏锐地感知学生的情绪变化，理解他们内心的困惑和需求，从而给予恰到好处的关怀和支持。在教学中，情商高的教师能够营造积极和谐的课堂氛围，激发学生的学习兴趣和主动性。面对学生的错误和问题，他们能以平和包容的心态处理，而非简单地批评指责，帮助学生从失败中吸取教训，树立信心。同时，在与同事和家长的沟通合作中，高情商有助于他们建立良好的关系，形成教育合力，共同促进学生的全面发展。

此外，情商高的教师能够为学生树立良好的典范，助力学生的全面发展和健康成长。例如，在处理问题时，教师展现出的情绪管理能力和解决问题的能力，为学生提供了参照和示范，能够帮助学生提升自身的情绪管理能力和解决问题的能力。又如，教师通过高情商展现出的对他人的理解与尊重，能引导学生学会换位思考，增强他们的共情能力和人际交往能力，培养他们的合作精神。

（二）提高情商的有效途径

1. 增强同理心

同理心，又称"共情"，是指能够站在他人的角度，设身处地去理解他人的情感、想法和处境的能力。具有同理心的人，不仅能够感知到他人的情绪状态，还能够深入体会他人内心的感受和需求，仿佛自己也经历着同样的情况。它不是简单的同情或怜悯，而是一种能够真正走进他人内心世界、与他人产生情感共鸣的能力。增强同理心能够显著提升一个人在情绪感知、关系处理和情绪调节等方面的能力。

在教学中，教师可以通过以下方法不断增强自身的同理心。

（1）了解学生，包容学生。每个学生的成长背景、个性特点、兴趣爱好等都各不相同，教师应通过各种途径深入了解自己的学生，并尊重他们在学习能力、兴趣和发展速度上的差异，包容他们的缺点和错误。

（2）换位思考，积极倾听。在处理学生问题或评价学生表现时，教师应设想如果自己处于学生的位置会有怎样的感受和反应，并给予学生充分表达的机会，专注地聆听他们的想法、感受和经历，不打断、不急于评判。

此外，在平时的教学中，教师还要多留意学生的表情、肢体语言等，捕捉他们可能没有通过言语表达出来的情绪，并思考他们为什么会产生这样的情绪反应。

2. 培养乐观的心态

乐观的心态有助于增强心理韧性，使人在逆境中更快地恢复并积极寻找解决问题的方法。这种积极应对困难的能力是情商的重要组成部分。

具体而言，教师可以从以下几个方面培养乐观的心态：① 多关注事物积极的一面，用善意和包容的态度对待他人，并学会感恩；② 注重自我对话，摒弃消极的自我暗示，多用积极的话语鼓励自己；③ 多与乐观向上的人交往，建立良好的人际关系；④ 设定切实可行的目标，通过逐步实现目标来增强自信心和成就感；⑤ 保持健康的生活方式，如早睡早起、规律饮食、适度运动等，以维持良好的身心状态。

3. 做情绪的主人

情绪管理是个体对情绪进行感知、控制和调节的过程。情绪管理是一门学问，也是一门艺术。要想做情绪的主人，教师需要不断提升自身的情绪管理能力。

首先，教师要正确地认识自己的情绪。只有充分且客观地认识自己的情绪，教师才能更好地管理和调节它们，以更健康积极的心态投入工作中。在日常教学和生活中，教师可以多留意自己情绪的起伏变化，多问问自己"我现在是什么情绪""我为什么会有这样的情绪"，分析情绪是来自外部环境的刺激，还是来自内在的期望和压力。另外，教师也可以与同事交流彼此的情绪体验，从他人的视角获取对自己情绪更全面的认识。需要注意的是，当觉察到自身的情绪时，不论是积极情绪还是消极情绪，教师都不要对其进行评判，而要将其看作一种反映自身需求和状态的信号。

其次，教师要学会正确地表达情绪。在觉察到自己的情绪之后，教师还应学会以恰当的方式表达自己的情绪。例如，以平和、诚恳的语气，清晰地描述自己的感受和想法，而不是单纯地发泄情绪；对事不对人，表达导致情绪产生的行为或事件，而不是针对学生个人进行攻击或贬低。

最后，教师要掌握一定的情绪调适方法。常用的情绪调适方法包括调整认知、转移注意力、合理宣泄（如找人倾诉、畅快地哭一场、运动等）、积极暗示、自我放松等。其中，调整认知是指找出自己认知中的不合理信念，如"我必须做到完美，否则就是失败""别人必须对我很好"等，然后从不合理信念出发进行推论，找出其中的谬论，并打破这种不合理的信念。不合理的信念一旦破除，个体就能从根源上摆脱愤怒、焦虑等情绪的困扰。

课堂互动

《学会生存：教育世界的今天和明天》一书指出："教育的一个特定目的就是要培养情感方面的品质，特别是在人和人的关系中的情感品质。"关注情感，就是关注人的关系的丰富多样性。如果你是一名教师，你会如何处理与学生之间的情感关系？

综合检测

一、不定项选择题

1. 师生关系是教师和学生通过教与学的直接交流活动而形成的多性质、多层次的关系体系。以下关于师生关系的说法，错误的是（　　）。
   A. 从教育层面看，师生关系仅是教师向学生传授知识的单向关系
   B. 从情感层面看，师生关系包含着相互尊重、理解、信任和关爱
   C. 从道德层面看，师生关系体现着责任、公平、正义等道德价值
   D. 师生关系对教育教学的效果、学生的成长及教师的职业发展都有着深远的影响

2. 教学中"以学生为本"的具体要求有（　　）。
   A. 在备课中做到"以学生为本"
   B. 在教学过程中做到"以学生为本"
   C. 在教学经验交流中做到"以学生为本"
   D. 在教学评价中做到"以学生为本"

3. 教师在帮助学生改善问题时，可采取的措施有（　　）。
   A. 对学生进行严厉批评
   B. 尊重学生的个性和想法
   C. 无条件包容学生的错误
   D. 根据学生的特点，采取不同的引导方法

4. 下列选项中，有利于化解学生孤僻与冷漠的策略有（　　）。
   A. 分析成因，"对症下药"　　　B. 关注学生，信任学生
   C. 凝聚众力，共同帮扶　　　　D. 营造良好的班级氛围

二、判断题

1. 在教学中，教师扮演着社会的代言人、学生成长的引路人和社会道德的践行者等角色。（　　）
2. 承认学生的个体差异不属于尊重学生的范畴。（　　）
3. 教师对学生所表现出来的公正和严格要建立在尊重和爱的基础之上。（　　）
4. 对待性格外向、活泼开朗的学生，教师可以选用温文尔雅、和风细雨的方式展开教育；对于脾气倔强、秉性刚直的学生，教师可以采用直接指出其错误的教育方式。（　　）
5. 学生过度依恋教师的现象不是现实教育工作中的普遍现象，因而教师无须重视。（　　）

三、简答题

1. 面对自身出现的错误及学生的质疑，教师应如何妥善处理？
2. 教师为何要提高自己的情商？如何才能提高自己的情商？

四、案例分析题

案例一：

小周在众人眼中是个"坏孩子"，成绩欠佳，做事懒散，经常迟到、逃学，上课打瞌睡，完不成作业，对集体也毫不关心……就连他的家长都断言，这孩子没希望了。

齐老师担任小周所在班级的班主任后，在班里开展了每周一次的"发现闪光点"活动，目的在于让每个学生都能认识到自身的优势及他人的长处。"小周对大家非常友善""他从未欺负过任何人""他脾气很好"……听到同学们对他的赞扬，小周感到十分不好意思："啊？我竟然还有这么多优点……"

随着活动持续推进，老师和同学发现小周的优点越来越多，而他也开始自我约束，变得勤奋好学、遵守纪律了。

案例二：

小李是个出了名的"调皮鬼"，上学迟到对他而言是家常便饭，升入中学后这一毛病也未见改善。然而，他在中学时期的第一位班主任凌老师对待其犯错的方式，与以往的班主任截然不同。以往的班主任总是狠狠批评小李，而凌老师每次都会主动替小李找理由。

第一次迟到时，凌老师看着小李，微笑着说道："我看你的眼圈很黑，是不是昨天晚上睡得太晚了？"小李低头回应："下次我会早睡的。"第二次迟到，凌老师摸着小李的头表示："你的体温好像有点高，是不是昨晚睡觉不小心着凉了？"小李跑开了，并说道："老师，我没事！我感冒很快会好的！"

小李在开学的第一周连续5天都迟到了，可凌老师没有抱怨一句，依旧持续为他找寻各种理由，且从不重复。小李深感愧疚，暗自下定决心从第二周起无论如何都不能再迟到了。此后，虽然小李偶尔还是会迟到，但全班同学都留意到，小李上学越来越准时了。

当小李彻底不再迟到时，他主动找到凌老师："您每次替我解围，我心里都很愧疚，这比直接批评我还让我难受。而且您还促使我改掉了许多毛病。您说我迟到是因为晚上赶作业，我就会当天抽出课余时间，把前一天没做完的作业做完；您说我迟到是因为去探望姥爷，我没去，就会在周日补上。"

凌老师在教学日记中写道："孩子迟到了N次，我便替他找N+1个理由。我就是要通过对孩子的反复宽容，促使孩子慢慢意识到自身的错误，并自行纠正自己的错误。"

请你运用本章所学的知识，分析上述案例中齐老师和凌老师的做法。

道德践行

模拟课堂——遇到"刁难"怎么办?

活动目的

深入认识教师职业道德及良好的师生关系在教育教学活动中的作用。

活动准备

(1) 全班同学分成若干小组(每5~6人一组)。

(2) 各组成员共同讨论并设计一个教学活动,需要设计的内容包括教学目标、教学内容、教学方法等。注意活动时间不宜过长,以10分钟为宜。

活动过程

(1) 每组派一名代表扮演教师,班上其他人扮演学生,全班同学一起合作,模拟开展教学活动。

(2) 在活动过程中,其他组的学生需要提出一些刁难"教师"的问题,或者故意做一些需要"教师"处理或引导的行为。注意:言行应符合学生的语言行为特点。

(3) "教师"在小组成员的协助下及时处理课堂上出现的各种问题,以保证教学活动顺利进行。

(4) 各组轮流组织教学活动。在以学生的身份参与教学活动时,学生应重点观察相应小组设计的教学活动是否有趣,以及"教师"组织活动的过程是否流畅,对各种问题的处理是否得当,是否符合教师职业道德规范。

活动总结

活动结束后,各组总结自己所设计活动的优缺点,并提交一份完善后的教学活动设计方案。此外,各小组还需要对其他组所设计的教学活动及问题处理情况提出一些意见和建议,并详细阐述理由。

第五章　厚植情怀，共筑师生情谊——师生间的道德问题

综合评价

本章的学习已告一段落，请同学们结合理论知识的学习情况，课前、课中和课后的任务完成情况，以及素养目标的达成情况三个方面，按照表 5-1 的评价标准对本章的学习效果进行自评和互评，并请教师进行总体评价。

表 5-1　综合评价表

考核项目	考核内容	分值	评价分数 自评	评价分数 互评	评价分数 师评
知识考核	能够简要阐述教师在学生的成长中需要承担的角色	10			
知识考核	能够说出师生关系的内涵及其重要意义	10			
知识考核	能够结合实例说明建立良好师生关系的原则	10			
知识考核	能够正确认识师生间的教学关系与情感关系	10			
技能考核	能够结合教育实践，对教育生活中的交往问题做出道德分析	10			
技能考核	能够正确处理师生关系中的各种问题	10			
技能考核	能够积极完成课后训练，并根据实训情况进行反思与总结	10			
素养考核	能够在教育实践中切实践行"以学生为本"的理念	10			
素养考核	具备良好的团队合作精神，能够在课堂活动和实践活动中与他人相互协助、合作学习	10			
素养考核	具有一定的创新意识，遇到问题时能够积极思考并发散思维，尝试从不同角度思考问题	10			
总分	自评（30%）+互评（30%）+师评（40%）=				

113

第六章

同心同行，携手共育英才
——教师间的道德问题

> **本章导读**
>
> 教育劳动是建立在集体协作基础上的教师个体的脑力劳动。然而，由于不同的教师在背景、经验、教学理念等方面存在差异，教师集体内部不可避免地会面临一系列挑战，如沟通不畅、教育理念不合等。这些挑战若处理不当，就会直接影响教育环境的和谐与教学质量。因此，构建和谐的教师集体，避免教师间的道德问题，成为提升教育整体效能的关键一环。

> **学习目标**
>
> - 了解不同类型教师在人际关系中的表现。
> - 了解教师关系中存在的问题及成因。
> - 熟记教师在人际交往中应注意的问题。
> - 能够正确认识和处理教师之间的合作与竞争关系。
> - 能够以尊重、平等、谦虚、包容的原则与他人相处，从而建立良好的人际关系。

第六章　同心同行，携手共育英才——教师间的道德问题

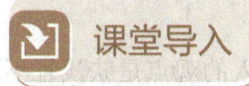

两位数学教师合作提升教育质量

李老师和王老师是同一所高中的数学教师，他们分别担任两个不同班级的教学工作。在一次期中考试后，李老师所带班级的学生数学成绩都不太理想，而王老师所带班级的学生则取得了很好的成绩。面对这种情况，李老师感到有些沮丧，但他并没有因此产生嫉妒心理，而是决定向王老师寻求帮助。

王老师了解到李老师的困境后，没有因为自己班级的成绩而沾沾自喜，反而主动提出与李老师分享自己的教学经验和教学方法。他邀请李老师观摩自己的课堂，并详细解释了他是如何激发学生兴趣和提高课堂效率的。

李老师虚心接受了王老师的建议，并开始尝试在自己的课堂上实施新的教学方法。同时，王老师也在课后帮助李老师分析学生的问题，共同商议教学方案。在两人的共同努力下，李老师班级的数学成绩在期末考试中有了显著提升。

请思考：李老师和王老师的相处方式有哪些可借鉴之处？你如何看待教师之间的专业合作与交流？

第一节　教师之间的关系概述

学生的成长是一个复杂的过程，它不仅依赖于家长和教师的努力，还需要教师之间的紧密协作。因此，为了提升教育质量，教师不仅要妥善处理与学生之间的关系，还要正确处理与同事之间的关系。

一、不同类型教师在人际交往中的表现

在教育领域内，教师因性格特质、人际互动模式的不同，大致可以分为自重型、亲和型和排斥型三大类。不同类型的教师在人际交往中具有不同的表现及特点。

（一）自重型

自重型教师通常对问题有独到的见解，能自主决策，并在处理同事关系时有以下几种表现。

1. 自我中心倾向

自重型教师通常能够清晰地设定教学目标，并专注于实现这些目标。他们可能会制订详

细的教学计划，并严格按照计划执行，以确保学生能够掌握所需的知识和技能。这种专注力有助于他们在教学过程中保持高效和有序。

但是，部分自重型教师不注重听取他人的意见，常从心理上预设他人的观点是肤浅且不切实际的，从而忽视了同事的期望与需求，引起同事的反感，导致他人的误解和自我孤立。

2. 信念坚定

自重型教师对自己的教育理念和教学方法有坚定的信念。他们相信自己的教学方式能够帮助学生取得进步，并愿意为此付出努力。这种信念可以激励他们不断探索和实践新的教学方法，以更好地满足学生的需求。

但是，这类教师有时会不乐意与同事进行深入交流和沟通。他们认为自己的意见和观点是正确的，所以在与同事相处时喜欢掌握高度的控制权，以确保沟通按照他们的预设进行，从而忽视与同事平等交流的重要性。

3. 偏执对抗

少数自重型教师可能受个人利益的驱使，忽视集体利益，从而妨碍了学校的正常工作。对于不符合个人利益的事情，他们可能表现出对抗态度，甚至挑起事端。这类教师表面上看似有主见，实则缺乏实际行动能力，其所谓的"自主"往往是个人利益未得到满足时的一种发泄。他们这种以个人利益为先的行为，不仅会损害同事之间的人际关系，还可能会引发团队内部的矛盾和冲突，导致整个教师团队的凝聚力和工作效率的下降。

（二）亲和型

亲和型教师以和为贵，对同事的请求常尽力满足，处理问题十分谨慎。在人际交往中，亲和型的教师通常有以下几种表现。

1. 从善如流

亲和型教师具备开放的心态，能正确评估他人意见，对有益于学校发展及学生成长的建议和要求，都会欣然接受并执行，不会因个人意愿的不同而消极对待。这种开放和包容的态度，使得亲和型教师在同事中赢得了信任和良好的声誉。

2. 宽以待人

亲和型教师真诚、宽容地对待每一位同事。即便遭遇误解，他们也不会耿耿于怀，更不会因此疏远或报复同事，而是相信误会终将澄清。面对错误，他们秉持教育引导的原则，展现出宽容与无私。

3. 不卑不亢

亲和型教师对自己有着清醒的认识，既不傲慢也不自卑。他们通常以不卑不亢的态度处理与同事的关系、对待同事的建议和要求，不以对方的身份或年龄为评判依据，而是以工作成效作为衡量标准。他们尊重每一位同事，视大家为共同奋斗在教育一线的伙伴，不分贵贱。

（三）排斥型

排斥型教师常常因为自己的能力、知识或兴趣爱好与教师群体主流有所不同，而存在人

第六章 同心同行，携手共育英才——教师间的道德问题

际交往障碍。这些障碍具体表现为以下两个方面。

1. 被群体排斥

排斥型教师可能因为以下两种情况被群体排斥：一是他们的行为方式违背社会道德，如缺乏责任心、过分追求个人利益，或者能力严重不足且不思进取，导致被群体排斥。二是由于他们个性内向，不擅长人际交往，很少表达个人观点，从而被群体忽视。尽管其他教师主观上可能并不想疏远他们，但尝试交流后可能会因为难以沟通而将他们排除在群体之外。

2. 自己排斥群体

排斥型教师主动排斥群体的现象也有两种情形：一是某些教师过于自负，拥有独特的兴趣领域，他们选择独立于群体之外，专注于自己的发展，常被看作"怪人""工作狂"。二是部分教师因过往经历中的挫折或伤害，形成了过强的自我保护意识。他们内心充满恐惧，难以应对人际交往中的挑战，因此在交往中表现得拘谨、紧张，导致交流效果不佳。这种不良体验的累积可能进一步强化他们的自我保护机制。

二、教师关系中的问题表现及成因

在教育领域，教师间的关系是构建良好教育生态的基础，其和谐与否直接关系到教学质量、学生成长环境乃至整个教育系统的稳定与发展。然而，教师之间的互动并不总是和谐的，而是存在着各种问题。这些问题不仅挑战着教师间的合作默契，还可能会成为影响学生全面发展的潜在障碍。以下为这些问题的具体表现和形成原因。

（一）教师关系中的问题表现

教师之间的矛盾主要存在于同一学科的教师之间、不同学科的教师之间、普通教师与优秀教师之间、持不同学术观点和教育思想的教师之间，以及不同年龄和人生阅历的教师之间。具体来说，教师关系中的问题主要表现在以下几个方面。

1. 自私自利，不考虑他人

部分教师的自我意识过强，只关心个人利益和兴趣，忽视了他人的感受和需求。他们不尊重他人，甚至将他人视为工具，为了个人名利而斤斤计较，忘义逐利，导致教师团队内部关系紧张，缺乏团结。

2. 自以为是，妄自尊大

不同教师在知识积累、教学经验、能力素质等方面存在差异，所以学校中难免存在优秀教师与普通教师之间的矛盾。有的教师在教学方面的成绩突出，表现出过度的自我优越感，而对其他教师却持轻视态度，言辞中透露着不尊重，这种自命不凡的固执心态，阻碍了教师间的正常交流与相互学习。

3. 多疑多事，嫉妒心强

有的教师对他人的言行举止异常敏感，对人淡漠，性格孤僻，不愿意与他人交往；有的教师则嫉妒心强，好贬低他人以抬高自己，甚至会中伤他人；还有的教师过分关注同事的私

事，以传播和干预他人隐私为乐。这些行为都容易引起他人的不满和厌恶，从而破坏同事间的关系。

4. 拉帮结派，制造分歧

为了在学校的年度考核或评优活动中取得好成绩，部分教师不努力提升教学能力，而是将精力投入拉帮结派、组建小团体等活动中，以此谋求私利。这种行为不仅降低了个人的工作效率和质量，也破坏了教师团队的和谐，对整个教师队伍的发展产生了负面影响。

李老师的烦恼

李老师在单位里无疑是一位杰出的教师，其教学成绩连续多年在同年级中独占鳌头，每年的业绩考核均被评为"优秀"，他也因此收获了丰厚的奖金及外出旅游的机会。

然而，李老师却坦言："虽然我的成绩是令人羡慕的，但我一点儿都高兴不起来。在平时的工作中，我感觉得到同事对我是敬而远之的。其实，不仅是我，同事间的关系也普遍显得疏离，鲜少见到教师们聚在一起热烈讨论教学问题的场景。很多教师因为担心成绩落后，整天忧心忡忡，心理压力特别大，有的教师甚至采取不正当的竞争手段来拉高成绩。没有竞争就没有进步，但过度强调竞争而忽略了对教师的人文关怀，显然是我们所不愿见到的现象。"

请思考：在这个案例中，李老师为什么感到不高兴？你认为教师之间应该如何相处？

（二）教师关系问题的成因分析

教师之间若存在矛盾，不仅会严重阻碍教育教学工作的顺利进行，还极可能因内部消耗而使教育教学效果显著下降。在教师职业道德建设的进程中，深入剖析教师人际关系矛盾产生的原因，是有效化解这些矛盾、促进教育环境和谐与教学质量提升的前提。

1. 社会方面的原因

随着社会的快速发展和开放，人们的价值观日益多元化。这种多元化可能导致教师陷入思想困惑和价值冲突之中，从而引发教师与教师之间的矛盾与冲突。此外，受社会上各种思潮的影响，部分教师过分强调"自我设计"和"个人奋斗"，实用主义、功利主义思想凸显。他们只关注眼前利益，忽视长远目标，过分看重个人价值的实现和自我利益的最大化。这些都使得教师之间的关系变得更加复杂，并加剧了教师之间的疏离感。

2. 学校方面的原因

从学校层面看，教师之间出现矛盾的原因往往涉及学校的管理机制和文化氛围等方面。

首先，学校的管理机制不够健全或执行不力会导致教师之间的权责不明确、工作分配不合理。在这种情况下，教师可能会因为工作负担不均、资源分配不公等问题而对他人产生不满。同时，如果学校的评价体系过于单一，过分强调学生的考试成绩或升学率，而忽视教师的教学过程、创新能力等其他方面的贡献，也可能引发教师之间的竞争加剧，进而导致教师之间产生矛盾。

其次，学校的文化氛围也是影响教师之间关系的关键因素。如果学校缺乏积极向上的文化氛围，忽视教师个人成长和专业发展，就可能会削弱教师的归属感和认同感，使教师之间产生疏离感。相反，如果学校能够营造出一种尊重、信任、合作的文化氛围，鼓励教师之间的交流与合作，就能够有效地减少教师间矛盾的发生。

3. 教师自身的原因

不同教师在生活背景、受教育程度、性格等方面存在差异，因此他们在教学方法、教学风格、处理问题的方式等方面也存在着差异。如果教师不会处理这些差异性问题，就会影响到教师之间的人际关系。

从认知的角度来看，很多教师都存在权威心理，总是以权威的姿态出现。然而，这种做法不仅无法赢得其他教师的尊重，反而会导致自己被孤立，失去其他教师的支持和信任。从情绪和个性的角度来看，有的教师情绪化比较严重、喜怒无常、个性要强，在处理各种关系时极易与他人产生矛盾，从而导致他们与其他教师之间的关系紧张。还有的教师认为自己在教育事业中的付出并没有得到预期的回报，因此产生了心理不平衡感或自卑感，从而导致不合群的现象，进而影响到其与他人的人际关系。

三、教师在人际交往中应注意的问题

美国人际关系学家赖斯·吉布林研究发现，那些获得幸福与成功的人，都是掌握了与人交往的窍门、有办法与人相交的人。这一发现对于教师而言，同样具有深远的启示意义。作为教育工作者，教师在人际交往中需要注意一些关键问题，掌握有效的交往技巧，以构建和谐的师生关系、促进同事间的协作及与家长的有效沟通，从而为学生营造一个更加积极、健康的学习环境。

（一）尊重自己，尊重他人

在纷繁复杂的人际交往中，教师作为知识的传播者与道德的典范，应始终秉持尊重的原则。尊重，既是对他人的礼貌与认可，也是自我价值的体现与捍卫。教师在与他人的互动中，首先要尊重自己，坚守教育信念，不随波逐流，勇于表达个人见解，同时保持谦逊与自省，不断提升专业素养与人格魅力。

同时，教师也应尊重他人。这意味着教师应避免以自我为中心，倾听不同的声音，理解他人的立场与感受，给予他人应有的尊重与关怀。同时，教师应在尊重他人的基础上，与他人建立起平等、和谐的人际关系，从而共同促进教育事业的进步与发展。

（二）和蔼待人，缩短距离

心理学研究表明，理解他人情感的素质是适应环境的重要品质。情感的微妙渲染与暗示力量，能够深刻影响人当下的行为与决策。对于教师而言，在和他人的日常交往中，应展现出和蔼的态度。这种态度不仅是教师对他人的容纳与认可的直观表现，还促使教师在言行举止中自然而然地展现出对他人的尊重与理解。

当教师用和蔼的态度对待他人时，人与人之间便呈现出一种宽松与和谐的氛围。这种氛围有助于降低双方的戒备心理，减少因误解而产生的敏感情绪，使双方更愿意敞开心扉，共同探索并发现更多共同的兴趣与话题。随着时间的推移，这些共同点将不断加深教师与他人之间的情感联系，进一步拉近彼此的心理距离。

（三）直言不讳，明确态度

在教师群体中，意见的分歧与背离在所难免。如果教师在产生矛盾时能够坦诚交流，找出争论的根源，就能最大限度地避免冲突。

为了在人际交往中有效避免情绪化反应带来的不利影响，确保沟通的顺畅和工作的高效进行，教师应展现平静且自信的态度，将个人观点建立在坚实的事实基础之上，并坦率地与对方交流。这样的交流方式有两点好处。一方面，它能让对方明确感受到自己的观点是客观公正的，是对事不对人的，从而更容易认可自己所提出的观点；另一方面，由于展现出了实事求是的态度，对方也会更加认真地考虑自己的观点，进而促使双方在相互尊重的基础上，共同探讨并解决观念上的差异，实现人际交往的和谐与合作共赢。

（四）坚持原则，友谊长存

在教师间的交往中，技巧的运用应以坚持原则为基础。每位教师都应坚持素质导向原则，以公平、效率、创新的理念为指引，处理教师间的各种问题。这不仅是教师团结协作的基础，也是他们面对教育改革和发展的自我要求。当教师在处理问题时能够始终坚持原则，并以开放、包容、理解的态度与他人沟通时，他们就更有可能赢得他人的尊重和信任，从而建立起更加深厚和稳固的友谊关系。

第二节 教师之间良好人际关系的培养

教师不是"孤独的行者"，而是职能共同体中的一员。在这个共同体中，每一位教师都是不可或缺的一部分，他们的每一分努力都是集体智慧的结晶。作为共同体的一员，教师们应当相互支持，共同面对教育中的挑战，分享教学的经验与成果，同时也应合理竞争，以开放的心态和进取的精神，不断提升自我，共同塑造教师之间和谐共进、相互成就的良好氛围，为学生的成长与教育事业的繁荣贡献力量。

一、教师之间合作关系的认识

当今社会，学生获取信息的途径逐渐多元化，学生的思想和心理问题随之增多，学生对知识深度和广度的要求增加。与此同时，社会对人才的要求越来越高，综合素质高、知识面广、文理贯通的学生越来越受到社会的欢迎。这就使得教师的教育教学工作面临着更多、更大的挑战。当教师的"单打独斗"不再能满足教育现状时，教师之间的合作对提升教育教学水平就显得至关重要。

（一）教师之间合作的意义

1. 有利于提高教师的教育教学水平

不同教师在知识结构、专业水平、思维方式、认知能力等方面或多或少地存在着差异。教师之间的合作和分享可以克服单个教师在学科知识理解上的偏差，拓宽教师的学科视野，帮助教师更好地突破教学重点和教学难点，从而提高整体教学水平。

另外，教师之间开展合作还可以有效地克服单个教师对学生个性及心理特征认识的偏差，从而有效减少因个人获取信息不足而造成的教育失误。

2. 有利于学生良好人际关系的形成

教师的一言一行都会对学生产生影响，所以学生也会参照教师为人处世的态度和方式去处理自己的人际关系。因此，教师是否善于团结协作，是否能够较好地处理人际关系，对于培养学生的合作意识，提高他们适应社会的能力，都有着至关重要的作用。

3. 有利于减轻教师的心理压力

激烈的社会竞争和繁重的工作负担增加了教师的心理压力，合作与分享能够使教师从同伴那里获得更多的支持、安慰和帮助，进而能够减轻自身的心理压力，并获得更多的信心和力量。

> **教师合作的益处**
>
> （1）心理支持。与人分享成功、分担问题，能够获得一定的信心与动力。
> （2）思维创新。同事间的思维碰撞是教学信息和灵感的巨大源泉。
> （3）合作示范。教师之间的合作行为成为榜样，不仅能够增强教师自身的合作能力和团队精神，还能提升教师教育教学实践的专业性。
> （4）集体智慧。在集体中，教师获得的成绩会比各自单独努力时所获得的成绩更好。
> （5）减负增效。通过分享每个人的计划、资料和成果，教师可以减轻自己的负担，提高工作效率。
> （6）变革动力。教师试图独立进行教学改革时，往往不易成功。而当教师集体参与时，教学改革往往更容易成功。

（二）教师之间合作的途径

1. 教研组教师合作

同一教研组的教师可通过集体备课、教研组说课和教研组头脑风暴等形式进行深入合作，从而促进彼此的专业成长和共同进步。

集体备课是指同一年级、同一学科的教师一起备课。备课的主要内容包括制订教学计划、分析重难点，选取典型例题、案例，预见学生可能出现的理解障碍及其他问题，等等。这种集思广益的备课方式能够有效地提高每位教师的备课质量，为提高课堂讲授的有效性奠定了坚实的基础。

教研组说课是指教研组定期选取一位或几位教师，让其在备课的基础上，于授课之前在教研组内就教学思路、教学方法、重点及难点的解决等进行口头讲解，教研组内的其他同事共同评课，找出问题，提出改进的意见。

教研组头脑风暴是指教研组的全体成员在融洽和不受任何限制的气氛中，以会议的形式就某个问题进行讨论、座谈。在这种合作过程中，每个人都会积极思考，畅所欲言，因此这种合作方式可以有效开拓教师的眼界和思维，帮助每一位教师获取来自教研组其他成员的智慧和灵感。

2. 教师结伴合作

教师结伴合作是指一些教师基于某种共同需求或共同特点而自由组成特定的合作小组，在相互交流与沟通中获得一定的教学方法及心理支持的方法。具体形式包括教育沙龙、师徒结对等。结伴合作方式相对灵活、针对性强、氛围比较轻松，能让教师在合作中充分、自由地分享信息，并获得一定的归属感和快乐感，因此，结伴合作对教师的专业成长作用非常直接。

3. 问题研讨式合作

问题研讨式合作主要是指教师围绕在工作中碰到的教育教学问题开展专题研讨活动。教师通过研讨中的合作、分享、交流，可有效提高自身解决问题的能力。由于每位教师都有自己的强项，也有自己的弱项，教师们只有相互合作、取长补短，才能共同取得进步。问题研讨式合作的主要方式为召开各种研讨会，如学生心理问题研讨会、校本课程研讨会等。

各自为政的教师

语文教研组组长准备推行新的教学方法，但新入组的杨老师觉得这种方法不适合现阶段的学生。在集体备课时，杨老师向教研组组长提出了自己的意见，希望能够先选择一个班进行试点，在总结经验教训后再全面推行。教研组组长认为杨老师刚来，不了解情况，否决了他的意见。

杨老师觉得组长不尊重同事、做事武断，因此在执行工作时难免有情绪。教研组组长觉得杨老师存在"个人主义"倾向，缺乏团队协作精神，双方因此频繁产生摩擦。随着时间的推移，这种紧张关系甚至微妙地影响到了学生。

请思考：你觉得这个案例反映的核心问题是什么？如果你是教务主任，你会如何解决？

二、教师之间竞争问题的处理

（一）教师之间竞争的表现

在当今社会，竞争已渗透到各行各业，教育领域也不例外。教师之间的竞争体现在多个维度，主要包括教学成绩、班级管理，以及薪酬、奖金、福利待遇和职称评定等方面。

教学成绩是教师竞争的核心领域之一，它涵盖了教师所教学生的考试成绩、年级排名及在各类学科竞赛中的表现。这些指标直接反映了教师的教学能力和学生的学习成效。

若教师担任某个班级的班主任，那么班级的日常管理水平、参与各类活动的表现，以及在"文明班集体""优秀班集体"等评选中的成绩，也是教师间竞争的重要内容之一。

与此同时，学校通常会建立班主任及科任教师的评价体系，并依据评价结果来确定教师的薪酬、奖金和福利待遇等级。这一机制进一步加剧了教师之间的竞争，促使他们不断提升自己的教学水平和综合素质。在实行竞聘上岗的学校中，教师之间的竞争还扩展到了岗位聘任、职务安排及工作量分配等方面。另外，教师在职称评定、评选先进等方面也存在着激烈的竞争。

需要注意的是，教师应当正视而非畏惧竞争，因为正是通过竞争，教师的潜能与价值才得以充分展现。教师应以拼搏进取、乐于奉献为荣，而学校也应积极营造一种崇尚先进、鼓励贡献的竞争文化，激励每位教师不断追求卓越。

（二）教师之间不正当竞争的原因

提倡教师竞争的真正目的是弘扬奋发向上的精神，鼓励追求卓越的人生态度，因此，竞争应该是公平的。但在现实生活中，却出现了个别教师为了竞争不择手段的情况。究其原因，主要有以下几个方面。

1. 教师自身的原因

部分教师的业务水平同优秀教师相比有差距，但其自尊心很强，不愿在竞争中落于人后。因此，他们可能会采取非正当手段来提升自己任教班级的成绩，或者在发现优质教学资源时选择独享，以防被同事超越。

2. 学校制度的原因

受片面追求学习成绩和升学率观念的影响，一些学校制定了过于严苛的教师评价与奖惩制度，将考试成绩作为教师业绩的主要衡量标准。这种制度环境促使个别教师为保住岗位、争取奖金和荣誉，采取一些不正当手段来提升学生成绩。

3. 社会的原因

当前社会对于学校的评价仍主要聚焦于升学考试成绩排名和升学率，这导致家长和学生对教师寄予了极高的期望，他们渴望教师能够迅速提升班级成绩。当学生成绩未能在短期内显著提升时，部分家长可能会要求学校更换教师，这种外部压力会间接促使个别教师采取不正当竞争手段来应对。

（三）教师之间不正当竞争的危害

不正当竞争导致教师间的合作变得功利化，这不仅影响了教师个人的发展和教师之间的人际关系，也阻碍了学校教育教学的高质量发展。

不正当竞争给教师带来了巨大的精神压力，使其长期处于紧张与不安之中。部分教师还可能因频繁受挫而丧失自信心，甚至对教育事业产生厌倦和抵触情绪。

此外，不正当竞争会阻碍教师之间的知识交流和经验分享。为了保持自己的竞争优势，一些教师选择封闭自我，不愿分享自己的教学心得。这种保守态度不仅限制了教师个人的专业成长，也导致学校整体教学氛围变得封闭、僵化。长远来看，这将对学校的教育教学质量和教师的整体发展造成不利影响。

（四）解决教师之间不正当竞争的措施

竞争作为社会发展的重要动力，无论是对群体还是对个人，只要公平、公正，都能起到促进作用。对于教师之间的不正当竞争问题，学校可以采取以下解决措施。

1. 强化师德教育与文化建设

学校应定期组织师德师风教育活动，强化教师的职业道德观念，明确教育的初心和使命。通过讲座、研讨会、案例分析等形式，引导教师树立正确的竞争观念，认识到不正当竞争对教育质量、学生成长及教师自身发展的负面影响。同时，学校要加强文化建设，营造尊重、理解、合作的氛围，让教师在积极向上的环境中工作，减少不正当竞争的发生。

2. 完善评价与激励机制

学校应建立科学、公正、透明的教师评价体系，综合考量教师的教学能力、科研成果、师德表现等多个方面，确保评价的全面性和客观性。在评价过程中，需注重过程评价与结果评价相结合，避免单一指标导致的片面竞争。通过优化评价体系，教师能够更加全面地了解自己的教学水平和能力，从而更加注重教学质量和学生发展，而非仅仅追求分数和荣誉。

3. 促进教师之间的合作与交流

学校应积极搭建教师合作与交流的平台，鼓励教师开展跨学科、跨年级的教学研讨和资源共享。通过组织集体备课、公开课展示、教学研讨会等活动，促进教师之间的经验分享和相互学习。此外，学校还可以定期举办教师心理健康讲座或团建活动，以增强教师之间的情感联系，缓解教师的工作压力，缓解因竞争而产生的紧张气氛。

三、教师之间建立良好人际关系的具体方法

（一）同一学科的教师要互相学习

即便教同一学科的教师，也会因毕业院校不同、教龄长短不同、知识储备不同、做事风格不同等，而在教学方法、教学风格上存在着较大的差异。例如，经验丰富的老教师可能在教学上更加稳定和传统，而年

教师间人际关系
处理技巧

轻教师则可能更富有创新精神和活力。

因此，同一学科的教师之间应当避免相互排斥，而应该团结协作、相互学习、取长补短、共同研究、共同进步。教龄长的老教师不能因年轻教师的经验不足而不屑与其交流，而年轻教师也不能因老教师的"因循守旧"而不"与之为伍"。老教师应多学习年轻教师的新思想、新方法，年轻教师应多向老教师请教教学经验与教学方法。

（二）不同学科的教师应互相尊重

现代社会对人才的要求越来越高、越来越全面，需要一个人掌握的知识和技能越来越多。这使得学科不断交叉与融合，现代教育功能不断多元化，人才培养不断复合化。这也意味着教育工作不再是某一位教师能够独自胜任的任务，而需要发挥教师集体的智慧。因此，不同学科教师之间必须以相互尊重、相互配合作为相处的基本原则。

在具体的实施中，教师需要注意以下三个方面的问题：第一，所谓的"正科"教师不应轻视"副科"教师，而应尊重并理解他们的专业和贡献；第二，在课堂教学中，教师不应为了强调自己所教科目的重要性而诋毁其他科目，以免引起同事间的矛盾与隔阂，并影响学生的全面发展；第三，在布置课外作业和安排课外辅导时间时，各科教师应依据班主任和学校教务部门的统一安排，统筹考虑，避免因过度强调某一学科而挤压学生学习其他学科的时间。

（三）先进教师与普通教师应互相学习

先进教师与普通教师在教育领域各自扮演着重要角色，双方都应保持开放心态，相互学习。

部分教师凭借学历、资历、教学水平、科研水平等方面的优势，成为先进教师。然而，先进教师不应止步于已有的成就，而应保持谦逊的态度，认识到"学无止境"的道理。他们应该主动与普通教师分享自己的经验和心得，帮助后者解决教学中遇到的难题。这不仅有助于普通教师的成长，也能让先进教师在交流中获得新的启示和灵感，实现教学相长。

当然，普通教师也应积极向先进教师学习。他们应该认识到先进教师在教学、科研等方面的过人之处，虚心请教，认真倾听，努力吸收其精华，并结合自己的实际情况，将所学到的知识和技能运用到教育教学实践中，不断探索适合自己的教学路径和方法。通过不断学习和实践，普通教师也能逐步成长为先进教师，为教育事业的发展贡献自己的力量。

（四）班主任与科任教师应互相支持

作为学校教育教学工作的两大支柱，班主任与科任教师应当紧密协作、相互支持，共同为培养高素质人才而努力。

通常而言，班主任在学生心中占据较为特殊的地位，这主要源于他们对学生信息的全面掌握及其在评价学生方面的关键作用。然而，这并不意味着班主任可以独揽大权。为了促进学生的全面发展，班主任必须展现出卓越的团队协作精神，积极联合其他科任教师，耐心倾听他们的见解，并充分发挥他们的专业优势。

同时，科任教师也应对班主任的辛勤付出给予充分的理解与尊重，主动配合班主任的各项工作，及时与班主任沟通学生的思想动态和学习状况，为班主任提供有力的支持与建议，共同为学生的成长保驾护航。

综合检测

一、不定项选择题

1. 自重型教师在人际交往中的表现有（　　）。
   A. 自我中心倾向　　　　　　　　B. 不卑不亢
   C. 偏执对抗　　　　　　　　　　D. 排斥群体
2. 教师关系中的问题主要表现为（　　）。
   A. 拉帮结派　　　　　　　　　　B. 嫉妒心强
   C. 自以为是　　　　　　　　　　D. 按部就班
3. 教师之间合作的意义是（　　）。
   A. 有利于提高教师的教育教学水平　　B. 有利于学生良好人际关系的形成
   C. 有利于学校的管理　　　　　　D. 有利于减轻教师的心理压力
4. 下列不属于教师之间的合作途径的是（　　）。
   A. 教师结伴合作　　　　　　　　B. 教研组教师合作
   C. 教育会议　　　　　　　　　　D. 问题研讨式合作
5. 学校杜绝教师之间不正当竞争的措施有（　　）。
   A. 促进教师之间的合作与交流
   B. 引导教师树立正确的竞争观念
   C. 建立科学、公正、透明的教师评价体系
   D. 在校内营造尊重、理解、合作的氛围

二、判断题

1. 在一所学校里，教师与教师、教师与学生之间都是平等的，领导与教师之间却有着等级差别。（　　）
2. 教师之间的教学经验差异比较大，教学方法、教学风格更是因人而异。在这种情况下，教师之间是无法交流的。（　　）
3. 不同学科的教师之间应该相互尊重、相互配合，"正科"教师应该尊重并理解"副科"教师的专业和贡献。（　　）
4. 教研组头脑风暴法可以开拓教师的眼界和思维，帮助教师获取来自教研组其他成员的智慧和灵感。（　　）

三、简答题

1. 一名新入职的教师该如何与同事建立和谐的人际关系？
2. 假如你是班主任，你将如何协调班级科任教师之间的关系？
3. 学校应如何处理好教师之间合作与竞争的关系？

四、案例分析题

小张今年从师范院校毕业后，到家乡某小学当了一名数学老师。这所小学是一所历史悠久的重点小学，办学质量高，在社会上享有较高的声誉。这里名师云集，许多教师都曾被评选为市学科教学带头人、骨干教师、骨干班主任等。能被这样一所学校录用，小张感到非常开心。

作为一名刚刚踏入社会的职场新人，小张抱着对新工作和新环境的热情与憧憬来到学校。与她同天报到的还有教语文的小王老师。小王告诉小张，她来之前听到了许多关于教师与同事之间相处的事情，担心教师之间会有钩心斗角、排挤新人的情况，因此叮嘱小张要小心别的教师在背后打小报告，让小张"逢人且说三分话，未可全抛一片心"。小王的提醒让原本对新工作充满兴奋的小张不禁多了一些担忧：怎样才能尽快地适应新环境，融入新集体呢？

请你运用本章所学的知识，帮小张老师分析一下如何建立良好的同事关系。

道德践行

游戏活动——假如我是教师

【活动目的】

深入认识教师职业道德在同事关系中的作用。

【活动准备】

（1）全班同学分成若干小组（每5~6人一组）。

（2）学生把自己想象为教师。各组共同商议并设计一个具有明确主题的教师相关活动，如教学研讨会、"优秀教师"评选活动等。活动设计应包含详细、清晰、具体的流程安排。

【活动过程】

（1）各组按照流程安排开展活动。首先，各组选定一名成员作为"模拟教师"。其余成员则扮演"模拟教师"的同事，通过精心设计的情境，共同对"模拟教师"进行"刁难"。

（2）随后，组内成员依次担任"模拟教师"，以确保每位成员都能体验不同的情境挑战。在此过程中，组内成员要观察并记录每位"模拟教师"处理问题的方式，评估其言行是否符合教师职业道德规范。

活动总结

活动结束后，各组需进行深入的自我反思与总结。针对组内成员在处理问题时的表现进行评价与讨论，提出建设性的意见和建议，并详细阐述这些建议背后的原因与依据。

综合评价

本章的学习已告一段落，请同学们结合理论知识的学习情况，课前、课中和课后的任务完成情况，以及素养目标的达成情况三个方面，按照表6-1的评价标准对本章的学习效果进行自评和互评，并请教师进行总体评价。

表6-1 综合评价表

考核项目	考核内容	分值	评价分数		
			自评	互评	师评
知识考核	能够准确阐述教师之间关系的不同类型，并举例说明每种类型的教师在人际交往中的具体表现	10			
	能够解释教师关系中常见的问题及其成因，并说明这些问题如何影响教师之间的合作与互动	10			
	能够举例说明教师在人际交往中应注意的问题	10			
	能够详细阐述教师之间的合作关系和竞争问题	10			
技能考核	能够在具体情境中，准确识别并判断教师类型及其人际交往特点	10			
	能够运用所学知识，分析教师关系中存在的问题，并提出有效的解决策略	10			
	能够认真完成实践活动，并根据活动开展情况进行反思与总结	10			
素养考核	具备开放包容的心态，尊重不同教师之间的差异	10			
	具备强烈的责任感和使命感，关注教师关系的和谐与发展，为营造良好的教育环境贡献自己的力量	10			
	具备持续学习和自我提升的意识，不断反思自己的言行举止，努力提高自己的专业素养和人际交往能力	10			
总分	自评（30%）+互评（30%）+师评（40%）=				

第七章

寻求共识，凝聚教育合力
——教师与家长、学校间的道德问题

本章导读

在教育教学实践中，教师应正确认识并把握好自身与家长间、与学校间的道德关系，这是确保教育质量、促进学生全面发展的重要保障。教师与家长、学校间的道德问题涉及信任、尊重、沟通、合作、责任等多个方面。各方需要共同努力来解决这些问题，从而建立基于信任和尊重的合作关系，明确各自的责任和界限，并通过有效的沟通与合作共同促进学生的健康成长和教育环境的和谐稳定。

学习目标

- 了解家校沟通与合作的基础。
- 认识教师在家校沟通与合作中常见的错误做法，了解家校沟通与合作中矛盾产生的原因。
- 掌握有效保障家校沟通与合作的具体要求。
- 熟记学校内部的分工与合作，能够正确认识教师、学校的权利与义务关系，以及协作关系。
- 正确应对教师与学校发展过程中的压力、挑战，熟悉教师与学校共同发展的保障机制。
- 树立沟通与合作的意识，在学习和生活中，既能保持自身的独立性，又能愉快地与他人合作。

教师**职业道德**

> **课堂导入**

周老师的婚礼和张老师的考核压力

周老师是某小学三年级二班的班主任。她教学能力强，年纪轻轻就成了学校的骨干教师。她工作认真负责，对待学生一视同仁，深受学生和家长的喜爱。一天，某位家长偶然得知周老师快要结婚的消息，便将消息告诉了其他家长。随后，家长们相继在班级群里向周老师送上祝福，部分家长还明确表示要给周老师送结婚礼物，甚至还有几位家长提出要给周老师"随份子"。周老师先是对各位家长表示了感谢，然后明确拒绝了家长送礼物、送礼金的想法。但是，在周老师结婚当天，仍然有很多家长来到婚礼现场，给周老师送礼物和礼金。第二天，送礼物和礼金的家长发现，周老师将收到的家长礼物和礼金全都退回了，并表示自己已经收到了家长和孩子们的祝福，心意领了，但礼物和礼金坚决不能收。家长们看到周老师坚决的态度后，更认为周老师是个负责任、有原则的好老师。在以后的工作中，周老师与家长们的沟通更加顺畅了。周老师工作时也更有劲头了。

同校的数学教师张老师已经从教一年了。她最近感到压力很大，总是担心年末的教师考核不过关。本校教师考核的结果与教师的学年奖金及下一年的绩效工资挂钩。虽然绩效工资的发放方式打破了论资排辈的规则，但教师考核的内容让张老师十分发愁。教师考核的内容包括学生对教师授课情况的评价、教师的教学成果和科研成果、教师指导学生参加竞赛的情况、教师开设公开课的情况、教师参加教学基本功比赛的成绩等项目。复杂的考核项目不仅让年轻的教师感到压力很大，也使老教师觉得力不从心。老教师们普遍认为科研论文、竞赛等不属于教学的内容，不应该列入考核的范围。老教师们还通过教职工代表大会反映了教师考核情况，但学校领导并不认同老教师们的看法，反而认为考核和评比为教师们的成长搭建了平台，提供了机遇，可促进学校的可持续发展，还告诉教师们不要有怨言，要把精力放在提高自我能力上面，努力和学校共同发展。张老师觉得老教师们和学校领导说得似乎都有道理，这让她感到很迷茫。

请思考：① 为什么不收礼物和礼金，使得周老师与家长们的沟通更加顺畅了？教师和家长在相处时应该注意哪些问题？② 你认为学校的发展和教师的发展之间有着怎样的联系？你能够为张老师指点迷津吗？

第七章 寻求共识，凝聚教育合力——教师与家长、学校间的道德问题

第一节 家校沟通与合作概述

在教育教学活动中，学校与家庭关系密切，不可分离。学校教育需要家长的支持，家庭教育需要学校教师给予科学的指导，双方因共同的教育对象——学生而联系在一起。只有学校与家庭步调一致，相互配合，才能形成教育合力；否则，就会形成教育盲区，不利于学生的成长。

一、家校沟通与合作的基础

学生作为教师与家长共同的教育对象，在教师与家长之间架起了沟通的桥梁，使两者之间产生了必然的联系。教师与家长在教育目标上存在一致性，这也使得双方所共同拥有的教育目标成为家校沟通与合作的基础。教师与家长在教育目标上的一致性主要表现在以下四个方面。

一是在学生道德培养方面的一致性。学生的道德品质不是先天固有的，也不是自发形成的，而是在学校、家庭和社会各方面的综合影响下，在各种实践活动中形成和发展起来的。教师与家长共同肩负着教育学生的责任，应该拥有共同的教育理念和教育目标，一起致力于培养学生的优秀道德品质，从而让学生能够在学校和家庭中接受连贯的、一致的教育，形成清晰的是非观念。

二是在学生知识才能培养方面的一致性。教师和家长都希望学生成绩优异、学识丰富。因此，让学生系统地掌握科学文化知识和必要的基本技能，发展他们的创新能力、语言能力、解决问题的能力等各种能力，是教师与家长应共同承担的社会责任。

三是在学生身体素质和良好的生活习惯培养方面的一致性。学生是否具有良好的生活习惯和健康的体魄，既关系到他们能否健康成长、顺利完成学业，也关系到他们今后能否担负起建设国家的重任。因此，保证学生有良好的学习条件和生活条件，引导学生加强体育锻炼并养成良好的生活习惯，也是教师与家长的共同目标。

四是在学生审美情趣培养方面的一致性。培养学生具有正确的审美观和较强的审美能力，是促进学生全面发展的重要要求。家校双方应建立紧密的合作关系，为学生创造充满美感的环境，共同参与到学生审美情趣的培养中来。同时，家长和学校都应该注意学生的个性差异，采取个性化的教育措施，引导学生认识、发现和欣赏不同的美。

总之，在教育目标上，教师与家长存在着高度的一致性。这种一致性决定了两者之间存在着建立良好关系的客观基础。

教师职业道德

> ### 德行长廊
>
> #### 打麻将的家长
>
> 班主任在批改作文的时候，了解到一名学生的父母因喜欢打麻将而无暇顾及他的学习。这名学生还在作文中表示，他经常因父母对自己的忽视而感到难过，希望父母以后能够少打麻将，多陪伴自己。于是，班主任决定进行家访。班主任一进学生家门就看到学生父母正在打麻将。见老师来了，两名家长赶忙松了手，并把老师请到另一个房间里，同时叫来了这名学生。
>
> 班主任对家长说："我们中年人其实是很辛苦的，上有老人，下有孩子，工作上也常常不顺心，生活上也有许多苦恼，一天下来是真累，所以，我们有时也需要娱乐一下，放松放松。但是，我们再苦再累，只要看到孩子有出息、有作为，就会觉得生活依然很美好。"学生妈妈说："对对对，每当看到孩子有所进步，我们都会特别满足，我们现在最大的希望就是孩子将来能有点出息。"
>
> 班主任让学生去做功课，然后把作文交给家长说："这篇作文，很多老师都认为写得很动人。我们准备把它送去发表，现在请你们两位帮忙改改。"两位家长一起读了近半个小时，学生妈妈都哭出了声。学生爸爸说："我们不是称职的家长。老师，我们想把作文留下来，以示警醒。"班主任说："我的意思并不是你们不能玩麻将，只是希望你们能多把心思放在孩子身上，多关注一下孩子的教育和成长。"
>
> 在面对问题时，教师并没有责备家长，而是给家长一个台阶，让家长意识到自身的问题，进而主动解决问题。
>
> **请思考**：阅读《打麻将的家长》，谈谈在教育学生方面，家长和教师分别承担什么责任？教师应如何说服家长关注家庭教育，积极主动地与教师携手促进学生健康成长？

二、教师在家校沟通与合作中的错误做法

在与家长沟通与合作的过程中，教师可能会由于对自己的角色和职责认识不清、缺乏良好的家校沟通与合作技巧等原因，陷入一些误区，甚至做出一些有违职业道德的错误行为。教师应提高对家校沟通与合作的认识，避免以下错误做法。

（一）排斥家长

有些教师认为，教育学生是教师的事，家长缺乏教育知识和教育经验，对学校的教育工作不了解，甚至认为家庭教育与学校教育是相互冲突的。具有这种思想的教师通常不愿意主动向家长介绍学校教育工作的情况，在学生的学习或品德出现问题时不会及时请求家长配合，切断了学校与家庭的联系，从而在客观上削弱了家庭对学生教育的效果。

家校合作共筑优质教育

第七章 寻求共识，凝聚教育合力——教师与家长、学校间的道德问题

（二）向家长"告状"

有些教师认为，那些较为调皮、难以管教的学生犯了错，教师应该直接向家长反映其在学校的不良表现。这些教师将家长请到学校来，不仅会批评学生，还会埋怨家长没有做好家庭教育工作，从而导致家长产生抗拒心理。久而久之，家长就不愿跟教师沟通。这种向家长"告状"的教育方法，效果很差，它不但解决不了学生的问题，还会导致师生关系紧张，以及家长不理解、不配合等情况，甚至会使学生滋生厌学情绪。

（三）将责任推给家长

有些教师在遇到问题时，不是积极寻求解决方案，而是简单地将责任推给家长，认为学生身上的问题都是由家长的溺爱造成的。这种做法容易让家长因被指责而感到不满，进而影响家校之间的合作关系。学生的成长和发展需要多方面的关爱、支持。当教师将责任推给家长时，可能会让学生感到自己在学校没有得到足够的关注和支持，从而影响他们的自信心和学习动力。此外，这种做法还可能让学生认为家长应该为他们的一切问题负责，从而忽视了自己在成长过程中的主动性和责任感。

博闻天下

> **教师与家长的沟通技巧**
>
> **称呼得体**
>
> 得体的称呼会使家长感到亲切、舒适。教师可根据家长和学生的关系确定一个合适的称呼，如××妈妈、××爸爸。
>
> **语气委婉**
>
> 在谈话的过程中，教师不能使用命令、警告、责备、训斥等口吻与家长对话，避免家长产生抵触心理；而应使用热情、委婉的语气和家长平等对话，营造融洽、和谐、轻松的谈话气氛。
>
> **体态语运用恰当**
>
> 体态语包括面部表情、肢体动作、身体姿势等。教师与家长交流时应面带微笑、手势恰当、握手力度得当、姿势大方端庄、穿着打扮得体等，为双方的交流做好铺垫。

三、家校沟通与合作中矛盾产生的原因

（一）双方社会角色不同

家长与教师是两种不同的社会角色。社会角色的差异决定了家长与教师看待问题的角度不同，从而导致两者之间产生矛盾。

家长通常认为，学校是教育学生的地方，教师的任务是教育学生，若出现问题，教师具有不可推卸的责任。因此，有些家长在心理上会对教师产生较强的依赖性，甚至会对教师提出脱离实际的要求。例如，学生成绩差，家长便要求教师利用下班时间一对一辅导学生；学生出现打架斗殴的情况，家长便单方面要求教师对学生严加管教；学生逃课旷课，家长便要求教师全天监督学生；等等。而很多教师认为，同一种教育方式对不同的学生有不同的教育效果，学生出现的很多问题都是因家庭教育的失误而产生的。

由此可以看出，家长与教师之间的沟通矛盾主要是由他们的社会角色不同导致的。社会角色不同，家长和教师的教育理念、教育手段等就存在差异。如果家长与教师之间缺乏有效沟通的渠道和方式，就可能会加大双方的矛盾，造成双方的误解。

（二）家长对教师权威的挑战

教师权威是教师在教育教学过程中所具有的、能使学生信服的力量和威望。这种权威不仅来自社会制度和法律法规的规定、教师的社会地位和身份，还来自教师个人的学识、修养、人格魅力及教育教学能力等个人因素。但是，由于教育观念的差异、对教师的误解或不信任，以及个别家长的个人素养不高等方面的原因，有些家长会对教师提出质疑，喜欢反驳教师。面对家长对教师的质疑和反驳，教师如果不能保持冷静和理性，不能积极与家长沟通和交流，就容易引发教师与家长之间的矛盾。

博闻天下

学校教育切勿"绑架"家长

教师"绑架"家长的事情多半发生在小学阶段，其原因主要有三个：一是分数至上的痼疾依旧。教师企图借助家长的力量，更加有效地控制学生的课余时间，督促学生学习，以提高分数。二是小学阶段的学科少，内容相对简单，绝大多数家长能够对孩子的学习进行辅导。三是孩子比较听教师的话，教师的话往往经孩子转述给家长，转述时，孩子往往会要求家长照做，使教师的话成为家长不得不听的"圣旨"。

对于家长来说，如果有能力科学地指导孩子的学习自然是好事，但要有限、有度，不能越俎代庖。家长要意识到学习是孩子的事，教书是学校的事，自己无法替代。家庭教育如果仅限于具体的课业辅导，那么随着孩子年级的上升，家庭教育的正向作用就会递减且副作用倍增。

对于教师来说，如果要成为良师，就必须坚持立足于课堂解决问题；如果长期依赖家长这个"助教"，不仅会降低教学效果，还会削弱自身的人格魅力。现代社会中，大多数家长忙于工作，要求其花费大量精力辅导孩子学习实在勉为其难。如果教师"不作为"，却逼迫家长"有所为"，还言之凿凿，家长势必会对教师和学校有所抱怨。

亲其师，信其道。如果家长怨言不断，学生耳濡目染，觉得教师不可"亲"，则教学效果必然大打折扣。总之，学校教育和家庭教育均要恪守各自的职责。

第七章　寻求共识，凝聚教育合力——教师与家长、学校间的道德问题

四、家校沟通与合作的有效保障

（一）各司其职

家庭与学校作为不同的社会组织，在培养学生的过程中承担着不同的教育职责。

家庭是学生的情感依托，也是培养学生行为习惯的起点。家庭教育应注重学生情感、性格、行为习惯等方面的培养，以及个性化教育，帮助学生初步培养正确的世界观、人生观、价值观，为其融入社会奠定初步基础。

学校是传授知识、培养人才的主要场所之一。学校教育通常以集体的方式进行，在注重学科知识传授和智力培养的同时，也非常重视学生的创新能力、协作精神，以及符合社会道德规范的良好品质和行为习惯等方面的培养。同时，学校教育还给了学生参加社会实践活动的机会，能够培养学生的社会责任感和公民意识，从而有效地促进了学生的社会化进程。

由此可见，家庭教育和学校教育各有其不同的职责，可以实现优势互补，形成教育合力，共同促进学生的全面发展。如果家庭和学校在教育过程中角色错位，出现家长过度干预学校教育，或者学校要求家长帮助学生超前学习等情况，都会对学生的成长产生不利影响。

因此，作为家庭教育第一责任人的家长和学校教育主要实施者的教师应各司其职，在教育过程中相互支持、相互配合，共同为学生的全面发展贡献力量。

（二）平等合作

教师和家长是平等的教育主体，双方必须建立起平等的合作关系，步调一致地教育学生。要建立平等的合作关系，教师首先要树立正确的"家长观"，重视双方关系的平等性。教师应明确，教师与家长的人格是平等的，二者之间不存在领导与被领导、支配与被支配的关系。因此，教师与家长应该互相尊重，在教育学生的过程中相互配合、共同协商。

（三）尊重家长

家长是教师在教育学生的过程中不可或缺的合作者，教师必须给予他们应有的尊重。具体来说，教师应做到以下几点。

1. 保持耐心，克制情绪

一般来说，当教育活动进行得比较顺利时，教师与家长发生矛盾的可能性比较小。当教育活动进行得不顺利时（如学生反复犯同类错误），教师与家长就可能会因所站角度不同而产生分歧或矛盾。为了有效应对这种情况，教师应保持冷静，耐心地倾听家长的诉求和想法，努力理解家长的关注点，积极寻求解决方案。

2. 善于倾听，虚心接受

教师应虚心听取家长的意见，并积极采纳正确的意见，这样可以让家长感受到尊重，从而强化教师与家长之间的合作。

3. 一视同仁，公平公正

教师公平公正地对待每一位家长是教育公正的延伸。教师在与家长交往时，应一视同仁，不能因家长的社会地位、经济状况或文化背景等因素而有所偏袒或歧视，否则，便有违教师职业道德。

📖 **博闻天下**

家访过程中的行为禁忌

一忌过频过滥、时机不当

对同一名学生的家访以每学期一次为宜，最多不可超过两次，并且应尽量避开用餐时间。如果家访安排在晚上，更要合理安排上门时间，避免对学生及其家长造成不便。过于频繁且时机不当的家访不但会消耗教师的精力，还会给家长造成沉重的心理负担，影响其正常生活，进而使其产生厌烦情绪。

二忌做不速之客

在每一次家访前，教师都要提前通知家长，使其做好心理准备，待家长同意后方可前往，切莫率性而为，做不受欢迎的不速之客。

三忌准备不足，目的不明

个别教师在家访之前准备不充分，或为完成学校下达的家访任务，仓促而行，为了家访而家访。结果在家访中要么泛泛而谈、言之无物，要么张口结舌、无话可说。这样的家访不但起不到增进了解、加强合作的目的，还会使教师的美好形象在家长心中黯然失色。

四忌自以为是，居高临下

家访不是简单地将课堂搬到学生家里，而是强调教师与家长、教师与学生、家长与孩子之间的交流、互动和理解。教师在家访中如果只顾自我吹嘘而忘记家访的本意，不仅达不到家访的目的，还有可能让家长和学生轻视教师，认为教师空有虚名。

五忌兴师问罪

沟通交流只有在和睦的气氛和自由的环境中才能有效进行。然而，有些教师将家访当作兴师问罪的好机会，把心灵交流会变成了批斗会。"告状"式家访只会让学生害怕、家长反感，既不利于教师与家长建立合作关系，又容易对教师、家长和学生之间的关系产生负面影响。

（四）渠道畅通

1. 增强沟通意识

教师应充分认识到家长参与学校教育的重大意义。通过与家长进行沟通，教师可以更好地了解每一个学生的情况，从而为因材施教和促进学生的全面发展创造条件。教师要为家长提供合理通畅的沟通渠道，引导家长积极地与教师联系，使其能主动就家庭教育问题向教师

第七章 寻求共识，凝聚教育合力——教师与家长、学校间的道德问题

寻求支持与帮助。

2. 建立制度保证

学校应该将家校之间的沟通作为一项日常工作，纳入学校的管理制度。学校不仅要将传统的沟通方式（如家长会、电话联系、家访等）保持下来，还应充分利用信息化社会的便利条件，开拓新的家校沟通方式。此外，学校还可以协助家长成立由家长代表组成的家长委员会，制订翔实可行的工作方案，提供必要的工作条件，以保障家校沟通各项工作的顺利实施。

 德行长廊

刘老师的留言

新学期开始了，刘老师第一次当班主任。

刘老师和家长们见面的机会不多，平时主要是通过社交软件进行交流。每天傍晚，刘老师在社交软件上给家长留言，讲一讲当天班级发生了什么事情、学生的表现如何、需要家长做些什么工作等。按照留言里的要求，家长们会在家里督促孩子写作业、做预习、改错误。

刘老师的留言除了在学生的学习方面指出重点、提出要求外，还会对学生的身体健康、情绪调整、交通安全等方面多有嘱咐，如"各位家长，这几天持续高温，请提醒孩子注意防暑，劳逸结合""这是考试前的最后一个周末，请提醒孩子调整好状态，放松心情，不要压力过大，加油"等。刘老师无微不至的呵护，让家长们非常放心。

在期末考试中，刘老师所教班级各学科的平均成绩均排在全年级第一，还在学校组织的合唱比赛中拿了一等奖。很多家长都觉得，这些成绩的取得，与刘老师的留言有着很大的关系。这些留言，凝聚着一名人民教师的敬业和辛劳，也是学生成长历程中一道美丽的风景线。

请思考：为什么刘老师的工作能够赢得家长的认可？教师应如何与家长建立积极、健康、和谐的关系？

（五）廉洁从教

廉洁从教是家校沟通与合作的基础，是促进家校间有效沟通与合作的关键。在家校沟通与合作的过程中，教师的行为和态度直接影响着家长对学校的信任度，进而影响到家校沟通与合作的深度、广度。教师要坚持廉洁从教，不收家长礼物，不委托家长办事，提高家长对教师的信任度，从而使家长愿意与教师沟通、合作。

秉持正直作风，坚守廉洁从教

1. 不收家长礼物

教师面对的是正在进行品性塑造的学生，如果学生们从小就受到不良风气的侵袭，则后果不堪设想。教师应该守住道德底线，不收受家长送的礼物，否则，其形象必然受损，学生

对教师的信任度也会降低，继而会影响学生品德教育的效果。

面对家长送礼，教师应坚决拒绝，但是要注意方式方法，不能挫伤家长的自尊，或者让家长处于尴尬的境地。此外，教师平时还要多与家长沟通学生的在校表现，让家长感受到教师对每一个学生的关爱，让家长明白即使不送礼，教师也会把学生的教育工作做好，用行动打消家长的顾虑。

巧妙还礼与据理拒礼

早上，小勇的母亲在离学校不远的路口叫住了班主任朱老师，并递给朱老师一个纸袋，满脸微笑地对朱老师说："朱老师，我家小勇说您很关心他，经常帮他辅导功课。这是我为您家孩子织的毛衣，不知道颜色行不行？"之前登记学生资料时，朱老师了解到小勇是单亲家庭，经济条件并不是很好。

望着这位穿着蓝布工作服的母亲，朱老师赶紧说："关心学生是我应该做的，你这样就不对了。"小勇母亲的脸色明显有点不自然，但还是满脸堆笑着说："您看，我只想表达感谢，是有点拿不出手，也不知道您家孩子穿着是否合适。"说完就把纸袋放进了朱老师的车篓里。朱老师看着她那粗糙的双手不自然地来回搓着，突然很受触动，于是，诚恳地对她说："谢谢！您的心意我领了。这样吧，我暂时保管这件毛衣，期末考试的时候，如果小勇的成绩又有所进步，我就把毛衣作为奖励送给他，这是您的一片心意，也是我的心意。"这位母亲听了，连连点头。

晚上，刚出校门不远，一辆轿车在朱老师身边停了下来。车内走出一位女士，对朱老师说："朱老师，我是小雅的母亲，一直想找机会认识您。"说完她拿出一沓购物券往朱老师手里塞，并说道："感谢您对我们小雅的关心，这学期她听话多了。这是几张购物券，烦请您帮我分给其他几位老师。"

朱老师把她的手推了回去，说："您的心意我领了，我们都想把小雅教育好，您这样做会影响我对她的教育。"小雅母亲笑着说："朱老师，这些购物券是自家的，也是我们的心意。"朱老师看着她真诚的眼睛，笑着拒绝说："小雅是个好孩子，我非常感谢您能把这么好的孩子交给我们教育。作为一名人民教师，对每个学生负责是我的责任。如果您有关于孩子教育方面的问题，可以及时和我沟通，我也会时常和您分享小雅的学习情况。"见小雅母亲还要坚持，朱老师接着说："对于老师来说，学生的好成绩是最好的礼物。小雅的学习成绩一向不错，我经常收到她100分的'礼物'，已经非常开心了。"小雅母亲听了也很高兴，见朱老师态度坚决，也就没再坚持，问了孩子的在校表现之后就离开了。

请思考：结合上述案例，谈谈你认为家长送礼与教师收礼会对家长、教师及学生带来哪些影响？如果你将来成为一名教师，面对家长给你送礼的情况，你会如何拒绝。

教师无小节，处处当楷模。教师一定要从自身做起，自觉抵制歪风邪气，绝不带头击破道德底线。

第七章　寻求共识，凝聚教育合力——教师与家长、学校间的道德问题

 提示

《中华人民共和国刑法》明确规定了非国家工作人员受贿罪，并将受贿罪的主体扩大到医生、教师等既非国家工作人员又非企业人员的这类人群。按照法律规定，这类人群若利用职务上的便利，索取他人财物或者非法收受他人财物，为他人谋取利益，数额较大的，处五年以下有期徒刑或者拘役；数额巨大的，处五年以上有期徒刑，可以并处没收财产。

2. 不委托家长办事

教师应与家长保持密切联系，进行良好沟通，但个别教师会利用家长这一社会资源，委托家长办事。教师与家长的这种交往并不是为了与家长进行更好的沟通，共同教育好学生，而是一种不正常的家校沟通。这不仅有损自己的教师形象，还会对学生造成一定的影响。

教师在与家长沟通、交流时，应当保持明确的界限和职业操守，避免将个人事务或私人需求委托给家长来处理，不利用自己的职业地位谋取私利。如果教师委托家长为自己办事，将个人事务与职业角色混为一谈，就很容易引发利益冲突，使教师在处理学生问题时难以保持公正和公平的态度，并引发其他家长的不满和猜疑，破坏家校之间的信任和合作关系。

因此，在教育教学工作中，教师应加强自身的思想品德修养，切实规范自身的从教行为，杜绝以教谋私；应把请家长参与学生的教育和委托家长办事区分开来，不能借前者名义办后者之事；应明确家长与教师之间的沟通、合作仅限于积极沟通学生的学习和生活情况、按时参加家长会、完成亲子作业等与学生教育相关的事，而不是借机形成私人利益关系。

第二节　教师和学校间的道德问题

在教育的广阔天地中，教师与学校共同构筑着知识的殿堂，承载着培养未来社会栋梁的重任。教师作为知识的传递者、灵魂的工程师，其职业道德不仅关乎个人声誉，更直接影响到学校的整体发展和学生的健康成长。教师与学校之间，存在着明确而紧密的权利与义务关系，教师要做好与学校协作关系中的道德建设，正确看待自身工作兼具独立性与合作性的双重特点。在追求教育卓越的同时，教师需要与学校携手共进，共同面对挑战，用高尚的师德为学校的发展注入源源不断的动力。

一、教师和学校的权利与义务关系

（一）教师和学校的权利与义务

1. 教师的权利与义务

教师的权利是指教师在教育教学活动中依法行使的权能与享受的权益。教师的义务是指

《中华人民共和国教师法》要求教师在教育教学活动中必须履行的责任。

《中华人民共和国教师法》明确规定，教师享有以下权利：① 进行教育教学活动，开展教育教学改革和实验；② 从事科学研究、学术交流，参加专业的学术团体，在学术活动中充分发表意见；③ 指导学生的学习和发展，评定学生的品行和学业成绩；④ 按时获取工资报酬，享受国家规定的福利待遇及寒暑假期的带薪休假；⑤ 对学校教育教学、管理工作和教育行政部门的工作提出意见和建议，通过教职工代表大会或其他形式，参与学校的民主管理；⑥ 参加进修或者其他方式的培训。

教师应履行以下义务：① 遵守宪法、法律和职业道德，为人师表；② 贯彻国家的教育方针，遵守规章制度，执行学校的教学计划，履行教师聘约，完成教育教学工作任务；③ 对学生进行宪法所确定的基本原则的教育和爱国主义、民族团结的教育，法制教育以及思想品德、文化、科学技术教育，组织、带领学生开展有益的社会活动；④ 关心、爱护全体学生，尊重学生人格，促进学生在品德、智力、体质等方面全面发展；⑤ 制止有害于学生的行为或者其他侵犯学生合法权益的行为，批评和抵制有害于学生健康成长的现象；⑥ 不断提高思想政治觉悟和教育教学业务水平。

2. 学校的权利与义务

学校的权利是指《中华人民共和国教育法》规定的，学校在其教育活动中依法行使的权能与享受的权益。学校的义务是指《中华人民共和国教育法》规定的，学校在教育教学活动中必须履行的法律责任。

《中华人民共和国教育法》明确规定，凡经合法手续设立的学校和教育机构，都享有以下权利：① 按照章程自主管理；② 组织实施教育教学活动；③ 招收学生或者其他受教育者；④ 对受教育者进行学籍管理，实施奖励或者处分；⑤ 对受教育者颁发相应的学业证书；⑥ 聘任教师及其他职工，实施奖励或者处分；⑦ 管理、使用本单位的设施和经费；⑧ 拒绝任何组织和个人对教育教学活动的非法干涉；⑨ 法律法规规定的其他权利。

学校及其他教育机构应履行以下义务：① 遵守法律、法规；② 贯彻国家的教育方针，执行国家的教育教学标准，保证教育教学质量；③ 维护受教育者、教师及其他职工的合法权益；④ 以适当的方式为受教育者及其监护人了解受教育者的学业成绩及其他有关情况提供便利；⑤ 遵照国家有关规定收取费用并公开收费项目；⑥ 依法接受监督。

道德观察

权利、义务和道德问题

小李是一名音乐教师，几年前来到某小学工作。刚刚走上工作岗位时，她工作热情特别高，曾连续两年在市、区公开举行的教学技能比赛中取得好成绩。工作几年以后，小李想去高等院校进修，以提升自我，但她的想法未能得到学校的支持。

虽然学校不同意小李的进修请求，但小李执意请假进修，为此她以自己生病为由，多次向学校递交病假条，借病假进修。过了一段时间，学校领导察觉到不对，对小李的病假

第七章　寻求共识，凝聚教育合力——教师与家长、学校间的道德问题

条产生了怀疑，于是就打电话对小李说："如果你有什么想法，就尽管说，学校会尽力帮助你的。"

小李心想，自费进修对于学校来说也是一件好事，况且校长以前一直对自己不错，倒不如跟校长直接讲明自己的想法，也许会得到校长的同意与支持。

于是，小李硬着头皮找到了校长，把自己的想法原原本本地告诉了校长，校长很明确地告诉小李，她有两种选择：一是回学校上班，二是和学校脱离关系。小李既不想轻易地失去进修的机会，也不想与学校脱离关系。她觉得自己已经是学校的教师了，与学校之间存在劳动关系，学校不能轻易辞退自己。于是，小李继续去进修，没有正常上班。过了一段时间，小李突然接到了同事转交给她的调离单位的通知。小李再次找到校长，想问明原因。校长答复她，因为她很长时间没有来上班，所以学校对她做出了调离学校的决定，并扣发她未正常工作的 8 个月工资。

作为一名人民教师，小李应履行恪守职业道德、完成教学任务的义务。若不能履行义务，学校只能依法对小李实施处分，以维护其他教师和学生的根本利益。

请思考：小李老师的问题出在哪里？教师应该怎样正确认识自身的权利与义务，并在行使权利和履行义务的同时避免道德问题？

（二）教师和学校在权利与义务方面的道德问题

教师是开展教育教学活动的专业人员，学校是教育教学活动的组织机构，两者是不可分离、互为依托、互为存在基础的。教师和学校对自身权利与义务的认识出现偏差，会导致自身在行使权利与履行义务时出现道德问题，从而影响教师和学校双方的共同发展。

1. 教师的道德问题

教师在权利与义务方面常见的道德问题如下。

（1）教师对权利与义务的理解不全面、不准确，或者忽视教师这个职业所需承担的社会责任和道德义务。例如，个别教师由于对"爱岗敬业"的理解不到位，导致做出备课时简单化、上课时完全不考虑教学效果、批改作业时不认真等错误行为，这些行为都有违教师职业道德。

（2）教师过分自我，不拘小节，忽视言行细节的育人作用和示范作用。例如，个别教师平时在学校吸烟、说话带脏字、不分场合地发牢骚、完全按照自己的喜好讲课等，忽视了自身言行举止对学生产生的负面影响，未能较好地履行教师应尽的义务。

（3）教师忽视学校的社会影响和整体利益，只关注自身一时一事的利益或小团体的利益，使学校的长远利益和整体发展面临危机和损害。例如，个别教师以学校的名义为自身谋福利，导致学校的名誉受损。

（4）教师对学校的权利与义务不了解或在认识上有偏差，从而放任学校实施违规行为。例如，个别教师对学校"管理、使用本单位的设施和经费"的权利和"依法接受监督"的义务理解得不到位，认为学校在代扣代缴教师个人所得税时逃税漏税，或者在招生过程中额外

收取少量费用等行为无伤大雅,这些都是不可取的。

2. 学校的道德问题

学校在权利与义务方面常见的道德问题如下。

(1)学校忽视教师的民主权利。例如,教师享有"通过教职工代表大会或者其他形式,参与学校的民主管理"的权利,但部分学校由于怕麻烦、怕耽误时间等,不按时召开教职工代表大会或不愿意听取教师的意见。

(2)学校在为教师解读相关政策方面缺位。一些学校较少甚至从不为教师解读国家和上级主管部门发布的政策规范、考核要求等,致使教师在理解或执行相关问题时出现偏差。

(3)校长一言堂。由于中小学校实行校长负责制,校长承担着重大的责任,对学校的一切重大事务享有决定权。久而久之,一些学校就会出现校长一言堂的情况。

(4)学校的个别管理者不遵守相关规章制度,在工作中处理问题因人、因事而异。例如,个别管理者把自己置身制度之外,通过不正当手段为自己或他人谋取私利,从而破坏了学校的公平公正原则;个别管理者在制度的实施过程中,对那些与自己走得近、关系好的教师予以特殊照顾,损害了其他教师的利益和工作积极性,从而影响了整个教师队伍的士气与凝聚力;等等。

(三)教师和学校应遵守的道德要求

教师必然要在学校领导的管理之下开展教育教学活动。因此,教师与学校领导关系的融洽程度,会对学校的校风和教育教学质量产生重要的影响。教师与学校领导关系融洽、协调,有利于两者增进信任,营造和谐的工作氛围,从而提高教育教学效果。如果教师与领导关系不融洽,不能相互理解和相互支持,就会导致管理工作混乱,教学秩序失常,从而对学校的教育工作产生不良影响。

在学校的教育教学活动中,教师是被领导者,必须接受领导者的管理,遵守一定的道德要求。具体而言,教师必须做到以下两点。

一是要尊重领导,服从领导,忠于职守。学校领导是学校集体的代表,是全校工作的组织者。教师对领导者的尊重程度在一定程度上反映了其道德素养和道德水平。教师应该自觉服从学校领导者关于任职、任课的安排,正确对待监督和检查等各项活动,自觉遵守学校的各项规章制度和相关纪律。

二是要协助领导,做好配合,积极为学校的发展建言献策。教师是学校最重要的人力资源,除了应承担起教书育人的责任外,还应积极主动地建立和发展自身与学校领导之间的平等、友好的合作关系,协助学校领导管理教学事务,做学校领导的得力助手和良好合作者;要主动参与学校的建设和发展,及时提出合理化建议,把教育事业当作自己的使命,并心甘情愿地为其奋斗终生。

同样,学校领导也应遵守一定的道德要求,具体而言,学校领导必须做到以下几点。

首先,要真诚地对待教师,尊重、信任教师,认可教师为学校发展、学生成长所做的贡献和努力,以提高教师对自身职业的满意度。

其次，要关心教师，热心地为教师服务，积极地为教师解决工作和生活中的困难，努力为教师提供必要的服务和支持。

最后，要积极采纳教师提出的合理意见与建议，以赢得教师的尊重和信赖，从而推动双方工作的顺利开展。

二、教师与学校的协作关系

所谓协作，就是个体与个体之间、个体与群体之间、群体与群体之间为达到共同的目的，彼此相互配合的一种联合行动方式。教师与学校之间的协作关系直接影响着学校发展、教师教学和学生学习的质量。教师应明确自身工作的特点，全面了解学校内部的组织结构，正确处理与学校协作关系中的道德问题，将自身发展融入学校发展大计之中。

（一）教师工作的独立性与合作性

做好教师工作既需要教师个人的智慧和付出，也需要教师之间的相互合作、相互配合。因此，教师工作兼具独立性与合作性。

1. 教师工作的独立性

教师工作的独立性是指在以班级为单位授课的教学模式下，教师的教学活动具有自主编排教学内容、自主选择论证材料、自主控制教学进程、自主设计教授方式、自主决定教学语言和形体表达方式的特性，这些特性集中体现在课堂教学活动中。

教师工作的独立性能够帮助教师充分展示自己的个性特征，发挥自身的创造力，使每个教师所开展的课堂教学活动各不相同、各有特色。这也是学校课堂教学活动的生机与活力所在。

教学的独立性为教师形成自己独特的教学风格提供了机会。所谓教学风格，是指教师在长期的课堂教学实践中逐渐形成的授课特色，是在教学语言的运用、教学方法的选择、教学过程的安排，以及教学情趣、教学风度等方面所显示出的较为成熟、稳定的特点。教学风格是教师教学艺术特色的集中体现，也是教学艺术高度成熟的标志。丰富多彩的教学风格，能够使课堂教学活动充满生机与活力，从而推动教学改革向纵深发展。

虽然教师工作的独立性能调动教师的积极性和创造性，发挥教师的主导作用，孕育出丰富多彩且充满生机与活力的课堂，但是它也具有一定的局限性。其局限性主要体现在以下两个方面：① 班级授课的方式使得"好课"被限制在了特定的班级、特定的学科和特定的时间段，不能让更多的学生受益；② 可能会使教师在备课、课堂设计、选择教学方式等方面受到自身条件的限制，从而无法使教学效果达到最优。

2. 教师工作的合作性

教师工作的合作性是指教师在教育教学实践中，需要与同事、学生、家长及学校管理者之间建立起积极、协作、互补的工作关系。这种合作性不仅有助于提升教育教学质量，还能促进教师的个人成长和专业发展。

总的来说，教师工作的合作性主要体现在以下几个方面。

首先，教师之间的合作。学校为教师之间的合作提供了平台。在学校中，教师通过集体备课、教学研讨、说课、评课等方式，可以与其他教师共享教学资源、交流教学经验、探讨教学难题，从而不断地提升自己的教学水平和能力。这种合作不仅有助于学校形成统一的教学标准和要求，还能在教师之间形成互帮互助的氛围，帮助教师成长。

其次，教师与学生的合作。学校为教师与学生的合作提供了支持与保障。通过师生之间的合作互动，教师与学生之间可以建立起良好的师生关系。在这样的关系中，教师与学生共同探索和分享，相互鼓励和支持，从而实现共同成长。

再次，教师与家长之间的合作。教师应该通过家校合作，促使学校与家长之间形成教育合力，共同促进学生的健康成长。

最后，教师与学校管理者之间的合作。教师与学校管理者应共同制订学校的发展规划和目标，确保这些发展规划和目标既符合学校的整体发展战略，也充分考虑了教师的专业意见。同时，在教育教学实践中，教师应理解并尊重管理层的各项决策，学校管理者应尊重教师的专业地位。教师与学校管理者应携手合作，共同为学校的发展贡献自己的智慧和力量。

（二）学校内部的组织机构

学校内部的组织机构一般是指学校根据其规模、工作任务、管理目标和自身的需要，按照精干高效、统一指挥、系统平衡和权责统一的原则，将组织成员按不同的工作性质、职务、岗位组合起来，形成的层次恰当、结构合理的有机整体。

根据不同的工作性质和工作内容，学校内部的组织机构可以分为政治性的组织机构、群众性的组织机构、行政性的组织机构和业务性的组织机构四种。

政治性的组织机构主要是指在学校处于政治核心地位的中国共产党的基层组织，以及对学校的重大决策提出合理化建议、对学校干部和各方面工作进行监督并在学校党支部领导下积极参与学校管理的民主党派的基层组织。

群众性的组织机构是指学校中的教职工代表大会、工会、共青团、少先队、学生会等。群众性的组织机构对学校的教育工作不仅起到了参谋、支持和配合作用，也发挥了桥梁和纽带作用。

行政性的组织机构是指学校的校务委员会、教学处、总务处、校长办公室、财务室等。行政性的组织机构是校长领导下的审议机构、职能机构、办事机构，是学校管理的主体组织机构，它在推动学校各项工作的顺利开展和高效运作方面发挥着重要作用。

业务性的组织机构是指校长和职能部门领导的科研室、教研组、年级组等，是教育教学科研组织机构，承担部分管理职责，属于执行性、操作性的业务机构。业务性的组织机构在学校行政组织的领导下，直接参与学校的教育教学实践，是学校育人活动的直接组织者和操作者。

虽然一线教师的教育教学水平直接决定着学校的教育教学成果，但一所学校的正常运转是全体教职工共同努力的结果，育人环境的创设需要学校所有成员合力进行。因此，学校不

第七章 寻求共识，凝聚教育合力——教师与家长、学校间的道德问题

同岗位人员之间应相互尊重，协同配合，构建友好的合作关系。

（三）教师与学校协作关系中的道德建设方法

教师与学校协作关系中的道德建设，对学校的整体发展和学校内部工作的顺利开展都至关重要。

就学校而言，学校一方面可以通过规章制度的制订和行政管理手段的运用，明确内部各组织各部门之间的关系、岗位职责和考核标准，建立起有效的部门合作机制。另一方面，可以通过宣传和教育，增强全体教职工的整体意识、合作意识和道德意识，构建起相互合作的思想基础。此外，学校作为教育教学活动的组织者，还应尊重教师个人的劳动成果，支持教师在教学上形成自己独特的教学风格，鼓励教师在教学方法和手段上有所创新，确保教学个性化的实现。

就教师而言，无论教师在学校的哪个部门工作，都应不断提高自身的道德修养，这是建立良好合作关系的关键。要想提高自身的道德修养，教师首先要学会尊重，即尊重制度和章程，尊重他人的人格和劳动；其次，要学会平等待人，不要因他人的职位高低、岗位差别、能力强弱而区别对待，而应对所有人都以诚相待，以心换心；再次，要学会换位思考，了解他人的苦衷，倾听他人的难处；最后，要学会宽以待人，凡事不要以自我为中心，不出口伤人，要坦诚待人。此外，教师还应在教学资源的利用上、教学方法的推广上、教材的分析和理解上，与其他教师相互合作与分享，从而避免独立工作带来的局限，进而更好地完善教学方法，提升教学效果。

该不该分享经验？

田老师是一位善于学习和思考的数学老师，他有着丰富的课堂教学经验，总结了许多能破解知识难点的教学方法，自编了许多优秀的课件、练习题，其所教班级的数学成绩也较为出众。每当同年级的教研组开展交流活动时，教研组长就想让田老师介绍一下经验，但田老师总说没什么经验可讲，在讨论时也很少发言。每当有老师下课后说起某些内容怎么讲学生都不明白时，田老师就说应该这样或那样，当被追问时，田老师却说："我随便说说的，我也没实践过呢！"久而久之，同组的老师都认为田老师不想把经验分享给大家，害怕别人超过他。最后，大家都不愿意与田老师交流了。

教研组长告诉田老师，学校的考核并不以个别老师所教班级的成绩作为衡量标准，而是以整个年级的成绩来衡量，所以，全体教师只有同心协力，汇聚集体的力量，才能提高整个教师队伍的教学水平，进而取得良好的教学成绩。教研组长请田老师把自己好的教学方法和经验分享给其他老师，并表示这种分享对田老师本人、教研组、学校都是有利的。但田老师并不认同教研组长的想法。

由于自己说服不了田老师，教研组长找到了校长，希望校长能够做好田老师的思想工

作，并且表示自己愿意让田老师担任教研组长。校长没有立刻做决定，表示自己想先听听田老师的想法。

田老师向校长表达了自己的想法。他认为，好的教学方法和经验是他自己下功夫总结出来的，免费分享出去会显得没价值；好的课件、好的习题是自己用心琢磨出来的，是有知识产权的。此外，田老师认为，有的老师自己不愿意动脑子，总想从别人那里拿现成的教学方法和经验，这令他反感，而且每个班的情况不同，不能使用同一种教学方法，所以，直接分享某种教学方法并不能有效地提高教师队伍的整体教学水平。

请思考：你认为田老师的看法对吗？为什么？如果你是校长，你会如何回应田老师？

三、教师与学校发展过程中的道德保障

（一）教师与学校面临的压力与挑战

1. 教师面临的压力与挑战

教师作为学校教育教学的专业人员，承担着教书育人的职责，其在工作中也面临着来自各个方面的压力和挑战。这些压力和挑战主要表现在以下几个方面。

（1）不断深化的教育改革给教师带来压力和挑战。改革创新是新时代教育发展的必由之路。教育改革是伴随着时代发展而不断进行的，每一次教育改革都会对教师的教学理念、教学方法、教学手段提出新的要求，进而给教师带来新的压力和挑战。

（2）学校为了适应时代的要求或办出特色，会进行内部体制、机制的变革，如学校特色课程、校本教材的研制和开发，自主排课方法、评价体系的创立，学科竞赛成员、特长生的培养，以及教师的科研、评优、考核、晋职和工资奖励机制的建立等，都会给教师带来压力和挑战。

（3）家长对自己孩子不切实际的期盼和对高水平教育教学的需求给教师带来压力和挑战。一方面，许多家长希望自己的孩子能取得优异成绩，进入顶尖学府，这种期望往往忽略了学生的个体差异、兴趣爱好及学习能力等因素。当这些过高的期望未能实现时，家长可能会将责任归咎于教师，给教师带来巨大的心理压力。另一方面，随着社会的进步和教育理念的更新，家长对教育教学质量的要求也越来越高。他们希望教师能够采用先进的教学方法激发学生的学习兴趣，在有限的课堂中实现"减负增分"。这对教师的专业素养和学习能力提出了更高的要求。

（4）来自学生的压力和挑战。当前，教师对学生的培养是多方面的，不仅需要满足学生的学习需求，还需要关注学生的个体差异、心理健康、社会背景、合作能力和创新能力的培养等。在这些压力与挑战下，一方面，教师需要确保学生掌握必要的知识和技能；另一方面，教师要努力为他们创造一个包容、多元的学习环境，给每个学生提供个性化的辅导和学习方案，准确识别其心理需求，提供必要的心理支持和帮助，设计能够提高学生合作能力、创新能力的学习任务等。这都对教师提出了更高的要求。

第七章 寻求共识，凝聚教育合力——教师与家长、学校间的道德问题

2. 学校面临的压力与挑战

学校面临的压力与挑战是多方面的，这些压力和挑战不仅来源于教育内部的需求和变革，还涉及社会、经济、文化等多个方面。其中，最主要的原因有以下两点。

（1）国家对推动教育高质量发展的新要求，使学校面临如何谋求自身高质量发展的压力和挑战。《中共中央关于进一步全面深化改革 推进中国式现代化的决定》明确要求，要深化教育综合改革，加快建设高质量教育体系，统筹推进育人方式、办学模式、管理体制、保障机制改革，要求健全德智体美劳全面培养体系，提升教师教书育人能力，健全师德师风建设长效机制，深化教育评价改革。国家层面的宏观要求，对学校提出了高要求。各学校需要从自身实际出发，着力推进本校的教育改革，加强教育创新，积极探索适合本校发展的教育模式和路径。

（2）学校作为国家教育体系的重要组成部分，承受着来自各方，如上级领导部门、家长、社会各界等的考核、督导和评价的压力。当多个方面的要求和评价标准不一致时，学校就会面临极大的挑战。学校需要思考如何处理好"办'人民满意'的教育与符合教育规律、培养创新精神""加强体育运动教育与避免出现校园安全事故"等矛盾，来确保教育的质量和学生的全面发展。

面对压力和挑战，学校必须不断地改革和创新，通过更新发展观念、变革管理制度、制订发展战略，在变革中求发展，在创新中完善自我。同时，学校必须把挑战当作机遇，把压力当作动力。

（二）教师与学校共同发展的保障

百年大计，教育为本，教育大计，教师为本。学校作为"百年大计"的实施者、"教师为本"的落实者，要谋求学校和教师的共同发展，特别是要在引领教师发展、提高教师素质、构建教师发展空间和平台上下功夫。

1. 确保学校发展与教师发展的一致性

学校发展是教师发展的动力和保证。学校的发展能为教师提供更广阔的发展空间和更好的发展平台。例如，学校通过建立"鼓励先进、争当优秀"激励机制，使更多的高素质人才脱颖而出；通过建立教学竞争与合作的机制，让教师在竞争中相互合作，共同研究，取长补短。

教师发展是学校发展的助推器。教师素质的提高会促使教师倾注更多的热情肩负起教书育人的神圣使命，努力提高教育质量和教学水平，进而使学校的各项教育教学计划落到实处，能推动学校更好地发展。

总之，学校发展的过程也是教师更新教育观念、优化教育素质的过程。教师在辛勤耕耘、不断提升自我的同时，必定会创造出更多、更好的教育教学成果来推动学校的发展。

2. 学校采用多种方式促进教师发展

学校一般会发动党、政、工、团各级组织以活动为载体，以制度为依托，以机制为动力，采用激发、引领、助推等多种方式促进教师发展。

所谓激发，是指学校通过一定的措施和方法，引发教师自主发展的内在动力，激励教师

有意识地、自主地根据社会对教师的期望和要求，进行自我提升和自我发展，使自己符合学校教育发展的需要，符合国家、社会对教师职业的要求。激发的具体形式包括职业道德教育、党团活动、座谈交流等。

所谓引领，是指学校为教师的发展营造氛围，搭建平台，创设环境，并通过学习型组织的建设、学校文化的建设、学科教研组的建设等为教师尽快成长、施展才华、追求梦想提供条件。引领的具体形式包括组建互补型的教学备课组、开展"以老带新"的拜师活动、建立并落实说课评课制度、组织开展基本功大赛、提供外出学习比赛的机会，以及组织培训和交流活动等。

所谓助推，是指学校通过建立或更新激励与约束机制、制度，促进和保障教师发展，激发和保护教师投身于教育改革创新、推动教育事业发展的积极性、主动性和创造性，推动教师队伍向着师德高尚、业务精湛、结构合理、充满活力的方向发展。助推的具体形式包括制订教师评价办法、考核制度和奖励机制等。

3. 增强学校软实力

对一所学校来讲，良好的校舍、场地、设施设备等办学条件属于硬实力，而良好的办学理念、办学特色、校园文化、教师素质、科研能力和学校口碑等属于软实力。

在建设社会主义现代化教育强国、建设高质量教育体系的时代召唤下，衡量教育的强与弱、质量的高与低，不仅要看学校的硬实力，还要看学校自身的软实力。因此，学校应适应教育发展的新需求，着力提高自身软实力，可采取以下具体措施：① 努力挖掘自身极具文化性的教育资源，如当地传统文化资源，为学校建设、高质量发展、软实力的提高增添文化底蕴；② 鼓励教师把优秀的价值观念融于日常教学内容，向学生传递具有价值性的教育资源；③ 完善学校各项规章制度，为学校软实力发挥作用提供一定的制度保障。

4. 提升教师素质

教师素质包括思想政治素质、职业道德素质、文化素质、能力素质、心理素质、身体素质和外在素质等。其中，思想政治素质、职业道德素质是教师素质的核心。

教师提高自身思想政治素质和职业道德素质的途径主要有两个：一是学校的教育，即外部环境的创设；二是教师的自我反省和提高。其中，教师的自我反省和提高是关键。

（1）学校的教育。学校一般通过大力弘扬优秀教师的事迹、树立先进典型、宣传和培育示范群体、培养良好校风等方式，培养和提高教师的思想政治素质和职业道德素质。

（2）教师的自我反省和提高。教师自己要想成为师德高尚的教育工作者，就必须努力从小事做起，从一点一滴做起，不断提高自身的思想素养和道德修养。具体来说，包括以下几点。

第一，教师在工作中应多一些奉献，少一些计较。教师工作的特点是用心、用爱、用智慧去培育国家的未来，教师付出的时间和精力无法计算，可以说，育人工作和教学工作"没有最好，只有更好"。奉献和责任是古今中外教师这个职业共同的特点。少一分计较就多一份快乐，多一份奉献就多收获一份尊重。

第二，教师要多一些爱心，少一些功利。教师的爱不但要起于心，更要重于行。教师要善待每一个学生，不论其学习成绩的优劣。一句温馨的话语，一个善意的微笑，一个鼓励的手势，都能让学生感受到教师的爱。

第三，教师要多一些反思，少一些牢骚。教师在教育教学中遇到问题时应不急躁、不发牢骚，要经常对自己的行为进行反思；在反思的过程中，要多一些换位思考，设身处地地想一想学生的感受；要走进学生的内心，了解他们的所思、所想、所求。

第四，教师要多一些储备，少一些应付。教师要不断学习新知识，获取新信息，以便适应时代的发展和育人的需要。教师只有博览群书，勤奋学习，不断丰富自己的知识储备，才能更好地为学生授业解惑。

第五，教师应多一些自律，少一些随意。教师的仪表、风度、言谈举止、姿态表情是其文化素养和审美情趣的外在表现。在教育教学活动中，教师端庄儒雅的形象和合乎规范的言行举止会对学生产生潜移默化的影响，让学生在耳濡目染中变得谦逊笃学、温文尔雅。

总之，教师是引导者，是引领学生点亮梦想的人，是激发学生创造力的人，是鼓励学生进取的人，是以人格魅力塑造学生高雅品位的人。为人师表、身教育人是教师完成教育教学任务的重要保证。只有以身立教，才能无愧于社会、家长和学生，无愧于"人类灵魂工程师"这一光荣称号。

教师素质的构成

思想政治素质是指教师在政治方向、政治立场、政治观点、政治品德和思想作风等方面基本情况的总和。它影响着教师的世界观、人生观、价值观、幸福观、节操观、责任感、义务感和荣誉感等思想观念，决定着教师职业活动的方向和态度，对其他素质的形成起着决定性的作用。思想政治素质是教师整体素质的灵魂，是教师素质结构中带有定向意义、动力意义的核心部分。

职业道德素质是指教师在道德品质方面的修养，是教师在道德认识、道德情感、道德意识和道德行为上的稳定特征。

文化素质是指教师通过学习和积累所培养的文化修养，以及由此进一步形成的知识体系的基本情况。一般来讲，教师的文化素质包括三个方面的内容：一是专业知识，二是文化基础知识，三是教育科学知识。

能力素质是指教师顺利完成教育教学活动所必须具备的能力。教师应具备的能力主要包括组织教学的能力、分析教材的能力、语言表达能力、组织管理能力、板书能力、自我控制的能力、创新能力、开展课外活动的能力、科学研究能力、审美能力等。

心理素质是指表现在教师身上的那些经常的、稳定的心理特征。心理素质的内容十分广泛，包括心理过程和个性心理特征等。

身体素质是指教师在身体方面的基本情况。它是教师体质的反映，也是教师在教育教学活动中表现出来的各种机能，包括体格状况、体能状况和身体的适应能力等情况。

外在素质是指教师呈现在人们面前的风度仪表和外在的精神面貌。它是教师的德、能、体、貌等各种素质在教育教学活动和社会交往中的综合表现及其形成的独特风貌。

综合检测

一、不定项选择题

1. 教师与家长在教育目标上的一致性主要表现为（　　）。
   A. 在学生道德培养方面的一致性
   B. 在学生知识才能培养方面的一致性
   C. 在学生身体素质和良好的生活习惯培养方面的一致性
   D. 在学生审美情趣培养方面的一致性

2. 下列各项中，教师的错误做法不包括（　　）。
   A. 排斥家长　　　　　　　　B. 向家长反映学生的学习情况
   C. 训斥家长　　　　　　　　D. 向家长"告状"

3. 下列行为中，教师尊重家长的表现有（　　）。
   A. 耐心地回应家长的问题
   B. 认真地听取家长的意见
   C. 一视同仁地对待每一位家长
   D. 收下家长的礼物

4. 教师的权利包括（　　）。
   A. 获得报酬　　　　　　　　B. 对其他教师实施奖励或者处分
   C. 参加进修或培训　　　　　D. 参与学校民主管理

5. 教师的义务不包括（　　）。
   A. 服兵役　　　　　　　　　B. 恪守职业道德
   C. 收取学生学费　　　　　　D. 遵守宪法、法律

6. 教师教学工作的独立性是指教师的教学活动具有（　　）的特性。
   A. 自主设计教授方式　　　　B. 自主控制教学进程
   C. 自主编排教学内容　　　　D. 自主选择论证材料

7. 提高教师的思想政治素质和职业道德素质的主要途径有（　　）。
   A. 学校的教育　　　　　　　B. 学生的反馈
   C. 家长的反馈　　　　　　　D. 教师的自我反省和提高

二、判断题

1. 学校与家长应该各司其职，家长不能就教师在教育教学实践中的不当行为提出质疑。
（　　）

2. 向家长"告状"不仅会导致师生关系的紧张，还会使学生滋生厌学情绪。（　　）

第七章 寻求共识，凝聚教育合力——教师与家长、学校间的道德问题

3. 正确的"家长观"的核心是教师与家长关系的平等性。（ ）
4. 学校为了节省时间，不按时召开教职工代表大会是允许的。（ ）
5. 学校不同岗位的工作人员各司其职即可，不一定需要合作。（ ）
6. 学校业务性的组织机构直接参与学校的教育教学活实践，是学校育人活动的直接组织者和操作者。（ ）

三、简答题

1. 如何保障家校间的有效沟通与合作？
2. 教师与学校协作关系中的道德建设方法有哪些？

四、案例分析题

案例一：

班级要组织一次周末外出参观活动，这与一名学生参加兴趣班的时间发生了冲突。家长想让孩子放弃这次活动，但又拗不过孩子，便给组织活动的李老师发信息，问李老师应该怎么办。

谁知，李老师不仅没有给出解决办法，还反问家长："不让她去，难道她会开心吗？"

这样一个反问句把家长惹怒了，矛盾一触即发。家长生气地问："你们参观的目的是什么，难道非去不可吗？"

随后，家长将与李老师的聊天记录截图发给了班主任刘老师，并说道："我也想尊重孩子，但是孩子坚持上了这么久的兴趣班，也很不容易。你们的活动也没提前通知我，我被弄得措手不及。"

刘老师马上回复她："您说得很有道理。要不就向李老师请个假，不去参观了吧？"

家长说："可孩子一直期待与同学一起参加活动。"

刘老师又说："您真是一位好妈妈，能替孩子着想，细心周到。既然这样，您还是和孩子商量商量吧，认真听听孩子的想法。"

家长说："那我和孩子再商量一下，然后给你们答复吧！"

案例二：

赵青青是学校教务处的打字员，一个人担负着全校6个年级2000多名师生的试卷、课堂练习和学习资料的打印工作。这天，她找到教务主任，一边哭一边说自己不想干了。因为个别老师不但自己不遵守学校打印室提前两天送交打印内容的规定，而且不排队，来了之后就要求马上打印，若不给打印，就会闹矛盾。赵青青说，每天早上七点多她就来上班了，常常忙到晚上八点多才能下班，苦一些累一些她都能忍受，但不被其他老师理解，让她对这份工作产生了抵触情绪。

（1）案例一中，李老师的回复为什么会惹怒家长？如果你是李老师，面对家长的信息会做何回复？班主任刘老师的做法有哪些可取之处？

（2）案例二反映了哪些问题？如果你是教务主任，你会如何处理此事呢？假如你是一名教师，你应该如何与其他教师建立良好的合作关系？

道德践行

情景模拟——与家长的沟通艺术

活动目的

深入认识家校合作中教师应具备的职业道德。

活动准备

（1）全班同学分成若干小组（每5~6人一组）。
（2）各组成员进行分工，分角色饰演家长和教师。

活动过程

（1）组内成员协商，共同设计具体的家校合作模拟情境，如家长会、家访等，内容不限。
（2）设计表演方案，每组将表演的关键点用文字表述出来即可。
（3）以小品的形式分组进行表演。
（4）其他小组在观看表演时，要注意观察表演中的细节，并分析小品中教师的做法是否妥当。

活动总结

活动结束后，每人围绕"家校合作中教师应具备的职业道德"这一主题撰写一篇600~800字的观后感。

第七章 寻求共识，凝聚教育合力——教师与家长、学校间的道德问题

综合评价

本章的学习已告一段落，请同学们结合理论知识的学习情况，课前、课中和课后的任务完成情况，以及素养目标的达成情况三个方面，按照表 7-1 的评价标准对本章的学习效果进行自评和互评，并请教师进行总体评价。

表 7-1 综合评价表

考核项目	考核内容	分值	评价分数		
			自评	互评	师评
知识考核	能够简要阐述家校沟通与合作的基础	5			
	能够举例说明家校沟通与合作中教师的错误做法	10			
	能够举例分析家校沟通与合作中矛盾产生的原因	5			
	能够简要概括保障家校沟通与合作有效进行的措施	5			
	能够阐释教师与学校的权利与义务关系、协作关系	10			
	能够举例说明谋求教师与学校共同发展的道德保障	5			
技能考核	能够在实践中形成对家校关系的正确认识	10			
	能够在实践中正确认识教师和学校的权利与义务关系，以及协作关系	10			
	能够按照教师和学校权利与义务关系中的具体道德要求开展工作	10			
	能够通过自我批评、自我反思提高自身的思想政治素质和职业道德素质	10			
素养考核	具有沟通与合作的意识，能够独立化解生活中与他人之间的小矛盾	10			
	具有高尚的道德情操，能够自觉抵制社会不良风气，以德立身，以身立教	10			
总分	自评（30%）+互评（30%）+师评（40%）=				

第八章

知行合一，促进教师成长
——教师职业道德评价

本章导读

在教师职业道德建设中，教师职业道德评价发挥着举足轻重的作用。教师作为人类灵魂的工程师，其职业道德水平直接关系到教育质量和学生的健康成长。教师职业道德评价能为教师指明改进和努力的方向，调节和推动教师的职业道德行为，是教师加强自身修养的风向标。因此，对教师职业道德进行评价，不仅仅是对教师个人素养的检验，更是对整个教育事业负责。

学习目标

- 了解教师职业道德评价的含义、内容、功能和原则。
- 熟记教师职业道德评价的标准、形式与方法。
- 正确认识发展性的教师职业道德评价观，并掌握构建教师职业道德评价机制的方法。
- 能够积极、全面地进行自我评价，并公正、客观地评价他人。

第八章 知行合一，促进教师成长——教师职业道德评价

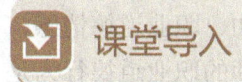

教师好不好，学生来评价

某校开展师德师风问卷调查活动，向全体学生发放了《师德师风问卷调查表》，广泛征集学生对学校师德师风建设工作的意见和建议。为了保证调查结果的全面性和权威性，此次调查采取不记名形式，鼓励学生根据实际情况做出选择和回答。调查的内容涵盖了教师的责任心、教学水平、管理能力和从教行为等方面，特别是对教师是否关心学生、是否廉洁从教、有无体罚和变相体罚学生等方面进行了深入的调查。

同时，为了保证调查结果的真实性，本次调查活动采用匿名方式，并要求正副班主任、科任教师一律回避，以保证学生能够如实、客观地填写问卷，从而无所顾忌地给教师和学校提出宝贵的意见、建议。填写完成的调查问卷由专人汇总并加以整理，调查结果将记录在教师的个人档案中。

请思考： 学校在学生中开展针对教师师德师风的问卷调查活动，对于强化教师职业道德有哪些作用？

第一节 教师职业道德评价概述

教师职业道德直接关系着人才培育质量的高低，直接影响着人才强国和科技兴国战略的实施效果。在教师的道德建设中，正确的教师职业道德评价是推动教师道德规范向道德意识和道德行为转化的重要力量。通过教师职业道德评价，教师能够了解自身的职业道德水平，发现与他人的差距，找到改进与努力的方向。与此同时，教师职业道德评价在协调人际关系及形成良好的社会道德风尚等方面也具有重要作用。

师德建设需要长效机制护航

一、教师职业道德评价的含义及内容

教师职业道德评价是指教师本人、他人或社会，根据教师职业道德的原则、规范和科学的标准，在系统、广泛地搜集各方面信息，充分占有各种资料的基础上，运用现代技术手段，对教师职业道德进行的考察和价值判断。教师职业道德评价的目的是在对教师的职业道德进行全面考查、判断和论证的基础上，探索教师职业道德形成和发展的客观规律，从而有效地指导广大教师提高自身的职业道德素养，完善自身的职业道德品质。

教师职业道德评价的主要内容是考察教师的职业道德品质。教师的职业道德品质是教师在长期的职业道德活动中形成的比较稳定的特征和倾向，由职业道德认知、职业道德情感、职业道德信念、职业道德意志和职业道德行为五个方面组成。其中，教师的职业道德行为是教师职业道德品质的外在表现，也是教师职业道德评价的主要对象。教师职业道德行为评价所提供的反馈信息，有利于教师不断提升职业道德意识、调整职业道德行为。

二、教师职业道德评价的功能

教师职业道德评价目的的实现需要相应的功能来保证。功能是指事物或方法本身固有的效用，它是由事物内部要素和结构所决定的，是一种相对稳定、独立的机制。总的来说，教师职业道德评价的功能主要包括以下几点。

（一）评定功能

评定功能是教师职业道德评价最基本的功能，它具体体现在以下几个方面。

第一，将教师个体的职业道德行为与教师职业道德规范进行比较，对教师职业道德水平的高低进行评价与判定。教师职业道德规范是评价教师职业道德水平的基本依据，包括教师应具备的道德素养、职业操守、教育理念等方面的要求。

第二，帮助教师辨明各种师德现象的善恶是非。广泛的职业道德评价可以形成正确的职业道德舆论和群体心理，鼓励、倡导良好的教师职业行为和职业素质，批评、贬斥、抵制不良的教师职业行为和职业素质。这种评价机制有助于激励教师选择高尚的职业行为，树立高尚的职业情操。

第三，矫正、强化和监督教师的道德行为。教师职业道德评价可以通过学生、家长、同事等多方面的反馈，让教师和学校及时了解教师道德行为中的问题和不足，帮助教师认识问题、改正错误。同时，教师职业道德评价促使教师将职业道德抽象的规范转化为具体的职业行为，推动他们在教学中更好地履行职责，并对其他教师的职业行为进行监督。

（二）导向功能

教师道德评价不仅能评估教师过去的行为，还能为教师的未来发展指明方向。通过教师职业道德评价，教师可以清晰地认识到自己在职业道德方面的优缺点，从而明确自己今后需要努力的方向，不断提升自己的职业道德水平。

同时，教师道德评价的结果往往会受到社会各界的关注。正面的评价结果能够提升教师的社会形象和声望，负面的评价结果则可能会引发社会舆论的批评和反思。这种社会舆论的导向作用，在推动整个社会关注和监督教育行业的同时，也通过道德评价向教师传递关于职业道德行为的价值信息，使教师能够明辨是非，自觉接受职业道德规范的约束，促使教师更加注重规范自己的职业道德行为。

（三）激励功能

激励功能是评定功能的必然结果。教师职业道德评价可以让教师的先进行为得到社会的认可和表彰，并让个别教师的不当行为受到社会的谴责和惩罚。积极的职业道德评价可以激励优秀教师继续践行教师职业道德规范，消极的职业道德评价可以督促教师加强职业道德修养。只有当职业道德评价的功能和价值得到充分发挥，教师才能体验到道德的必要性和重要性，从而进一步激发教师对道德的向往和追求。

三、教师职业道德评价的原则

教师职业道德评价的原则是评价的理论依据和基本要求，也是教师职业道德评价指导思想的体现。在教师职业道德评价的过程中建立和贯彻科学的评价原则，不但有利于端正评价与被评价人员的态度，克服评价的主观性、片面性、随意性，而且有利于实现评价过程的规范化、科学化和有序化，从而确保评价结果的客观性和准确性。

（一）教育性原则

教育性原则是指教师职业道德评价要充分发挥评价的教育作用，围绕教育的价值和目标去设计、实施的原则。

贯彻教育性原则，评价者首先要设立科学的评价指标，保证评价结果真实可靠。其次，评价者要关注评价背后的具体行为过程及其价值体现。例如，教师进行多次家访工作，是为了完成学校的任务，还是为了获得家长的教育支持。最后，评价者要让教师从评价结果中得到有价值的反馈，以引导其发扬优点、改正缺点，不断地提升自身的职业道德修养。

（二）民主性原则

民主性原则是指教师职业道德评价要坚持走群众路线，要相信、尊重、依靠教育行政部门、学校领导、教职员工和社会各界的力量，调动各方面的积极性，充分发扬民主精神，以共同做好教师职业道德评价工作。

贯彻民主性原则，评价者首先要在制订评价方案与指标时广泛征求各部门、广大教师和相关人员的意见，反复酝酿、讨论；其次，在评价过程中，要具有民主思想和民主作风，避免教师职业道德评价的神秘化、一言堂；再次，要调动广大教师进行自我职业道德评价的积极性；最后，要充分重视社会各界对教师职业道德评价的反馈。

（三）全面性原则

全面性原则是指对教师进行职业道德评价必须坚持全面发展的理念，避免片面化和绝对化。教师职业道德的表现是多方面的，体现在其所从事的一切活动中，因此教师职业道德评价必须对教师进行全面的考察，切忌以点概面、以偏概全。

贯彻全面性原则，评价者在评价过程中需要综合考虑教师的多个方面，确保评价的全面性和准确性。在评价过程中,评价者既要关注教师的职业道德行为,又要考察教师的教育教学能力、师德师风、学术诚信等多个方面;既要考虑教师的日常行为表现,又要关注其在教学、科研、管理等方面的实际成果和贡献。与此同时,教师的职业道德行为是处于不断发展变化中的,因此在进行教师职业道德评价时,评价者不能囿于成见,要以发展的眼光评价教师的职业道德行为。只有全面考虑,才能避免评价的片面性和主观性,从而使评价更全面地反映教师的综合素质和职业表现、更准确地判断教师的职业道德水平。

此外,全面性原则还要求评价者具备较高的专业素养和客观公正的态度,能够准确理解和应用评价标准,以便确保评价结果的客观性和公正性。

做"四有"好老师,成为新时代"大先生"

教师是立教之本、兴教之源。2018年初,中共中央、国务院颁布《关于全面深化新时代教师队伍建设改革的意见》,标志着我国教师队伍建设迎来前所未有的战略机遇期。

全面深化新时代教师队伍建设改革,目的是要培养造就党和人民满意的高素质、专业化、创新型教师队伍。倡导全社会尊师重教,形成优秀人才争相从教、教师人人尽展其才、好老师不断涌现的良好局面。党的二十大报告进一步明确提出实施科教兴国战略,强化现代化建设人才支撑,办好人民满意的教育。强调加强师德师风建设,培养高素质教师队伍,弘扬尊师重教社会风尚。新时代教师队伍建设改革已经在路上。

持续弘扬师道,加强师德师风建设

师道,在中国语境中就是君子大人之道,要使人彰显出内心深处的光明品德,重新认识生命的意义。"大学之道,在明明德,在亲民,在止于至善。"① 在传统中国,师者具有崇高的地位,因此,"一日为师,终身为父","师哉,师哉,桐子之命也"②。

作为新时代的教师应心存仁爱,敬业乐群,尊敬自己和所从事的事业,用爱心和耐心做好老师。

首先,要认识到师德即自重,是影响教育成效的关键因素。教师不仅要有渊博的专业知识和优秀的业务能力,还要具有个人威信、丰富的经验,并且言行一致。只有德高望重的老师,才能获得学生的尊敬和钦佩,从而保证教学工作的顺利开展。

其次,要认识到师德即自省。自律自省是儒家修身的基本方法,教师应多进行自我反省,避免过失。孔子要求"吾日三省吾身""见贤思齐焉,见不贤而内自省也"③;孟子认为,"行有不得者皆反求诸己"④;荀子也认为,"君子博学而日参省乎己,则知明而行无过矣"⑤。

再次,要认识到师德是一种人文素养。教师应表现出对人类尊严的维护,对人类价值命运的追求和关切,对五千年绵延不断、浩如烟海的中华优秀传统文化的高度重视。同时,

---

① 周奉真译注:《大学》,人民文学出版社,2020年版。
② 夏海:《国学流变(上)》,中华书局,2019年版。
③ 陈晓芬译注:《孔子》,中华书局,2016年版。
④ 万丽华、蓝旭译注:《孟子》,中华书局,2016年版。
⑤ 方勇、李波译注:《荀子》,中华书局,2015年版。

第八章 知行合一，促进教师成长——教师职业道德评价

教师还应该有人梯精神，具有强烈的家国情怀、优秀的道德品质、深厚的人文素养，要把教育视为一项值得奉献终身的崇高事业，而不是一份养家糊口的职业。

最后，要认识到师德还表现在对教师职业幸福的追求上。教师专业身份认同感、教育教学满意感、人际交往和谐感、职业情境舒适感对新时代教师追求职业幸福具有深刻的启发意义。

持续提升教师政治、道德、文化素养

政治过硬、信仰坚定是师德师风建设的鲜明导向。教师有责任将坚定的政治立场、正确的价值观念和道德理念传递给学生，帮助学生正确地认识世界，树立社会主义核心价值观。为此，教师需要具备良好的政治素养，以实现对学生的政治思想、道德品格等方面的正确引导，为党育人，为国育才。

面对社会转型升级、文化多元碰撞、教育改革发展的时代大背景，教师需要以科学的思想认识和扎实的理论知识来保证坚定的政治立场。以马克思主义的科学世界观和方法论为指导，厘清主流价值观和非主流价值观的界限，认清中国和世界发展大势，增进对中国特色社会主义的政治认同、思想认同、理论认同、情感认同，不断提高政治站位，提升政治素养，忠诚于党的教育事业，在教育教学实践中锤炼政治品格，夯实新时代教师师德基石，不断提升自身的职业素养，争做有理想信念、有道德情操、有扎实学识、有仁爱之心的"四有"好老师，成为学生锤炼品格的引路人、学习知识的引路人、创新思维的引路人和奉献祖国的引路人。

（资料来源：吴颖惠，《做"四有"好老师，成为新时代"大先生"》，《中华读书报》，2023 年 7 月 19 日，收入本书有删改）

四、教师职业道德评价的标准

荀子说："故绳墨诚陈矣，则不可欺以曲直；衡诚县矣，则不可欺以轻重；规矩诚设矣，则不可欺以方圆；君子审于礼，则不可欺以诈伪。①"意思是说，将绳墨标准摆在那里，就没办法混淆曲直来欺骗人了；将秤摆在前面，就没办法混淆轻重来欺骗人了；将圆规曲尺放在那里，就没办法混淆方圆来欺骗人了；君子明确礼的内容，奸诈不实的学说就没法欺骗人了。这段话说明，人们对人或事进行评价时，都应该使用一定的标准。

教师职业道德评价标准是衡量、判断教师在教育教学实践中善恶行为的准绳。善与恶是人类历史上形成的具有最一般意义的普遍的道德法则，因此善与恶也是教师职业道德评价的一般标准。但是，教师职业道德毕竟不能等同于社会的道德，在评价标准的问题上，教师职业道德评价的标准也不能简单地等同于一般的社会道德标准。教师职业道德评价的标准既要体现社会性，又要体现职业性。也就是说，教师职业道德评价的标准应结合教师的职业特点，把社会性的道德要求具体落实在教师的职业行为当中。

---

① 安小兰译注：《荀子》，中华书局，2016 年版。

综上所述，教师职业道德评价的标准，应包括以下两个方面：一是教师职业道德评价的社会行为标准，即社会道德标准；二是教师所从事的教育职业的要求，即职业道德标准。

（1）社会道德标准。社会道德标准即善恶标准，教师职业道德是社会道德的一部分，反映了社会对教师的道德要求。教师为社会培养和提供人才是教育教学活动的社会目的。这种社会目的要求教师的行为必须符合一定的社会道德要求，符合教育规律，要最大限度地提高教育效果，极力促进教育事业的发展。因此，在社会标准中，与一定的社会道德原则相符合的教师职业道德行为是善的，与一定的社会道德原则相悖的教师职业道德行为是恶的。

（2）职业道德标准。职业道德标准要求教师的职业道德行为应有利于促进学生身心的全面和谐发展，主要包括以下几个方面的内容：① 教师的职业道德行为应有利于学生的心理健康发展和良好心理品质的形成；② 教师的职业道德行为应促进学生德、智、体、美、劳等方面的全面发展；③ 教师的职业道德行为应有助于教育事业的发展，应有利于在全社会形成良好的道德氛围。

师德榜样

陶行知的"两只口袋"

陶行知是我国近代伟大的教育家，被人们称为"万世师表"。他身体力行推动平民教育，义无反顾地投身于为中国人民争取民主、争取自由的斗争之中，无私奉献、鞠躬尽瘁，用生命支撑起了"万世师表"这个称呼的分量和光华。

1939年，陶行知在重庆创办育才学校，招收因战争而流离失所的难童。为了育才学校的生计，陶行知与全校师生经常一起在社会上募捐。他还宣布了一条纪律：募捐来的钱归公，在任何情况下，任何人都不得借故挪用公款。他自己是这样说的，也是这样做的。

当时，陶行知特意在上衣上缝了两只口袋：一只口袋装公款，一只口袋装私款。这两只口袋里的钱，他从不混淆。有一次，陶行知到很远的地方募捐，走访了很多地方，募捐了不少现款，装公款的那只口袋被装得满满的。在准备返程搭车时，陶行知突然发现放私款的那只口袋里一分钱也没有了。尽管一天奔波下来，他已经疲惫不堪、饥肠辘辘，但他仍然坚持从十里外的地方步行回校，没有用公款口袋里面的一分钱。

学校师生听说陶先生的事迹后，都对他的做法表示了敬意。陶先生语重心长地告诫师生："'千丈之堤，以蝼蚁之穴溃；百尺之室，以突隙之烟焚。'任何时候，我们都要慎微慎初，严守廉洁底线。"陶行知就是这样在点滴小事中筑起了自己的"人格长城"，成为世人自律的表率。

（资料来源：佚名，《陶行知的"两只口袋"》，重庆市纪委监委网，2022年10月31日，收入本书有删改）

五、教师职业道德评价的形式

教师职业道德评价的形式主要有社会评价和自我评价两种。社会评价即教师以外的个人或组织对教师职业道德行为进行的评价；自我评价即教师对自身职业道德行为进行的评价。社会评价和自我评价从客观与主观、外在与内在的不同角度，共同对教师的职业道德行为起着制约和调节的作用。

（一）社会评价

教师职业道德的社会评价主要是指人们借助社会舆论和教育传统习惯等外部力量，对教师教育行为的善恶性质做出的判断。社会评价作为一种相对持久的精神调节，对教师职业道德的内化起着重要作用。它可以唤起教师内心的道德信念，促使教师道德人格的升华。

1. 社会舆论

社会舆论是指社会公众对特定社会问题、事件公开发表的一致性的意见或言论。它是社会意识的一种表现形式，往往反映了社会公众的利益和要求，具有公共性、公开性、急迫性、广泛性和评价性等特点。

教师职业道德评价的社会舆论可以分为校内舆论和校外舆论。校内舆论是指学校内部成员对教师、教师集体或管理人员的教师职业道德的态度和评价。校外舆论是指家长、社会团体和组织、国家机关或其他社会成员对教师职业道德的态度和评价。

社会舆论是教师职业道德评价中运用得比较广泛的一种形式。当某种教育道德原则和规范为大多数人所接受和信奉，进而形成社会舆论时，这种舆论就会通过对人们行为的肯定、赞扬或否定、谴责等方式，深刻地影响整个社会的教育道德风尚。长期的社会舆论能有力地促使教师按照一定的教育道德原则和规范来支配自己的行为，调整自己同他人或社会的关系。因此，社会舆论是对教师职业道德进行评价的外在形式。

2. 教育传统习惯

教育传统习惯是指在长期的教育实践中逐渐形成和积累起来的，已经被人们普遍承认并熟悉的道德经验和教育行为方式。教育传统习惯涵盖了教育观念、教育思想、教育理论、教育内容、教育形式、教育方法、教育技术、教育体制等多个方面，具有稳定性、地区性等特点。教育传统习惯通常深入人心，被人们视为一种不言自明的行为准则和常规。

需要注意的是，教育传统习惯并非一成不变。随着社会的发展和教育的不断变革，有些教育传统习惯可能已经不再适应当前的教育需求。因此，在运用教育传统习惯进行教师职业道德评价时，评价者应保持开放的心态和敏锐的洞察力，取其精华、去其糟粕，及时根据时代要求更新评价方式，以适应评价工作的实际需求。

（二）自我评价

自我评价是教师依据一定的职业道德原则和规范对自身做出的一种道德上的自我认识、

自我衡量和自我判断。自我评价具有自我激励、自我导向、自主转换等功能，它可以随时帮助教师辨明自身教育行为的善恶。

自我评价的关键在于教师是否具有强烈的内心信念。所谓内心信念，是指教师发自内心的、对某种道德义务的真诚信仰和强烈的责任感。内心信念是教师对自身行为的是非善恶所具有的内在认识和评价，它一旦形成，就会成为支配和左右教师行为的强大的精神力量。

课堂互动

教师在进行自我评价时，应注意哪些方面？

社会评价和自我评价是互相关联、互相补充、互相影响的。良好的社会舆论和教育传统习惯相互促进，共同担当着培养教师良好内心信念的重任，而教师的内心信念又是形成良好的社会舆论和教育传统习惯的思想基础。因此，在教师职业道德评价中，只有综合运用社会评价和自我评价，充分发挥各自的优势，形成内力和外力的良性循环，才能建立起有效的教师职业道德评价机制，使道德评价充分、有效地发挥作用，进而促进教师职业道德水平的提高，推动教师职业道德的发展。

六、教师职业道德评价的方法

教师职业道德评价的方法是在教师职业道德评价过程中所采用的各种方式和手段的总称，是实现教师职业道德评价任务、保证教师职业道德评价顺利进行、取得教师道德评价良好效果的关键因素之一。总的来说，教师职业道德评价的方法主要有量表评价法和定性评价法两种。

（一）量表评价法

量表评价法是指通过预先设置好的等级评价量表或调查问卷，对教师的职业道德行为进行评价的方法。这种评价方法通过搜集和整理数据，将评价项目、评价标准、评价结果以表格的形式呈现，能够帮助评价者客观地描述、评估教师的职业道德品质和行为，具有全面性、客观性和广泛性的特点。

评价者在使用量表评价法时，需要注意以下两点。

（1）设计科学合理的评价量表或调查问卷。量表或调查问卷的设计应该基于充分的理论基础和实践经验，确保评价指标的全面性、客观性和可操作性。同时，评价者应该对量表或调查问卷进行信度（即可靠性）和效度（即有效性）的检验，以确保其结果的可靠性和有效性。

（2）严格控制评价过程。在评价过程中，评价者应严格按照量表或调查问卷上的指标进行评价，避免主观因素的干扰。

第八章 知行合一，促进教师成长——教师职业道德评价

📖 博闻天下

某校师德考核方案

为了提高教师的师德修养，某校制订了一份师德考核方案，对教师各方面的表现都提出了一定的要求。

一、指导思想

以全面提高教师职业道德水平为目的，坚持以人为本，大力倡导"爱国守法、爱岗敬业、关爱学生、教书育人、为人师表、终身学习"的职业道德行为规范，努力建设一支师德高尚、业务精湛、家长满意、学生喜爱的教师队伍。

二、考核对象

全体教职工。

三、考核工作的组织

1. 考核领导小组

考核领导小组共5人，由领导班子成员、工会主席、教师代表组成，校长任组长。

2. 考核程序

（1）教职工对照《中小学教师职业道德规范》进行自我评估，填写师德考核表，并在年底教职工大会上进行师德述职。

（2）考核采取自评和考核小组评价相结合的方式进行。其中，自评得分占总分的10%，考核小组评价得分占总分的90%。

3. 考核原则

本次考核工作应在坚持教育性原则、民主性原则和全面性原则的基础上，充分考虑教师工作业绩，做到公开公正。

四、考核等次评定

（1）采用百分制，考核结果分为3个等次：① 90分以上为优秀；② 60～89分为合格；③ 59分以下为不合格。

（2）有下列情形之一者，其师德考核直接认定为"不合格"：① 在教育过程中，有不利于学生健康成长的言行，产生恶劣社会影响的；② 在备课、上课、批改作业、组织考试、课外活动等教学环节中敷衍塞责，造成责任事故的；③ 有讽刺、挖苦、歧视、辱骂、体罚，或者其他侵犯学生合法权益的行为并造成严重后果的；④ 利用职权索取、收受家长财物的；⑤ 在家长或学生面前不注意言行，造成不良影响、损害学校名誉的；⑥ 无故不到岗或未经校领导同意旷工的；⑦ 参与黄、赌、毒等政府明令禁止的活动，被有关部门立案查处的；⑧ 有其他违法违纪、违反社会公德、严重损害教师形象和教育声誉行为的。

五、考核结果

（1）本次师德考核结果将结合年度考核进行，作为教师个人年度工作考核及奖励的基本条件之一。

(2)师德年度考核结果为"优秀"的教师,在职称晋升、评先评优、培训进修等方面具有优先权。

(3)师德年度考核结果为"不合格"的教师,在五年内不得晋升高一级职称,不得参加评优评先活动。

(4)师德考核结果记入教师个人档案。

附件:师德考核表(见表8-1)

表8-1 师德考核表

姓名		性别		出生年月		政治面貌	
学历		职称		任教年级		任教学科	
项目	分值	考核主要内容				教师自评	考核小组评分
爱国守法 (20分)	5	热爱祖国,热爱人民,拥护中国共产党的领导,拥护社会主义					
	5	全面贯彻国家教育方针,自觉遵守相关法律法规,没有违背党和国家方针政策的言行					
	5	遵守社会公德,严于律己,作风正派,依法履行教师职责和义务					
	5	遵守学校的各项规章制度					
爱岗敬业 (20分)	5	忠诚于人民教育事业,志存高远,勤恳敬业,甘为人梯,乐于奉献					
	5	对工作高度负责,认真备课上课,认真批改作业,认真辅导学生					
	5	严格遵守劳动纪律,保质保量完成教育教学任务					
	5	不做利用职权索取、收受家长财物、损害学校声誉的事					
关爱学生 (20分)	5	严慈相济,做学生的良师益友					
	5	关心、爱护学生,尊重学生人格,平等、公正地对待学生					
	5	保护学生安全,关心学生健康,维护学生合法权益					
	5	不讽刺、辱骂、歧视学生,不体罚或变相体罚学生					
教书育人 (20分)	5	遵循教育规律,实施素质教育					
	5	循循善诱,诲人不倦,因材施教					
	5	将思想政治教育融入教学、管理和服务中,教育学生树立正确的世界观、人生观、价值观和社会主义荣辱观					
	5	激发学生创新精神,促进学生全面发展,不以分数作为评价学生的唯一标准					

续表

项目	分值	考核主要内容	教师自评	考核小组评分
为人师表（10分）	5	衣着得体，语言规范，举止文明		
	5	关心集体，团结协作，尊重同事，尊重家长		
终身学习（10分）	5	崇尚科学精神，潜心钻研业务，勇于探索创新		
	5	树立终身学习理念，积极拓宽视野，更新知识结构，不断提高专业素养和教育教学水平		
综合评价				
额外加分	个人获得国家、省、市、县级奖项的，其考核总分可分别加10分、6分、4分和2分；教师所在部门获得国家、省、市、县级表彰的，该教师考核总分可分别加6分、4分、2分和1分			
总分	教师自评（10%）+考核小组评分（90%）=			

填表时间：　　年　月　日

（二）定性评价法

定性评价法是指运用分析与综合、比较与分类、归纳与演绎等逻辑分析方法，对所获得的数据、资料进行思维加工的评价方法。定性评价法强调观察、分析、归纳与描述，更加关注评价对象在"质"的方面的发展，以及教育结果与教育目标之间的一致性。其优点在于不受统计数据的限制，可以发挥人的智慧和经验的作用，减少由统计数据不足或不精确而造成的评价结论错误。但是，定性评价法也存在一些缺点，如评价结果易受评价者主观意识的影响，或者其知识、经验的局限。

 提示

需要注意的是，量表评价法和定性评价法都存在一定的局限，因此，评价者在进行教师职业道德评价时，应该将这两种评价法结合起来使用，以便获得更加全面、准确的评价结果。

评价者在使用定性评价法时，应先对教师的职业道德行为进行描述，然后对其善恶、主次、轻重等进行科学和客观的分析，再有针对性地提出意见与建议，最后对教师职业道德做出综合评价。

一般来说，评价者可以使用教师师德档案袋对教师的职业道德行为进行记录。师德档案袋主要包括教师基本情况表（见表8-2）、师德建设情况表（见表8-3）、师德考核情况表（见表8-4）、师德承诺书等内容。

表8-2 教师基本情况表

姓名		性别		出生年月			
民族		学历		政治面貌			（照片）
参加工作时间				现任专业技术职务及任职时间			
学习及工作经历	时间		所在单位			主要职务	
获得奖励情况							
获得处分情况							
自我评价							

表8-3 师德建设情况表

学习记录	
参加活动记录	
获奖情况	
惩罚记录	
考核结果	
存在问题	
努力方向	
学校鉴定	
评价时间	（盖章）

第八章　知行合一，促进教师成长——教师职业道德评价

表 8-4　师德考核情况表

主要师德事迹							
自我评价							
师德民主评议情况	评价主体	参评人数	优秀票	优秀率	合格票	合格率	不合格票
	主管领导						
	其他教师						
	家长						
	学生						
学校考核意见	校长签名： （盖章）						
建议考核等级							

> 🏅 **德行长廊**

师德承诺书

为认真贯彻落实《中华人民共和国教师法》《中小学教师职业道德规范》的规定，更好地履行教师职业道德，塑造良好的教师形象，做一名受学生尊敬、让家长满意、获社会好评的人民教师，我承诺如下。

（1）爱国守法。热爱祖国，拥护党的领导。全面贯彻国家教育方针，自觉遵守《中华人民共和国义务教育法》《中华人民共和国教师法》等法律法规，依法履行教师职责权利。

（2）爱岗敬业。忠诚于教育事业，勤于进取，甘为人梯，乐于奉献。对工作高度负责，认真备课上课，潜心培育德、智、体、美、劳全面发展的建设者和接班人。

（3）为人师表。坚守高尚情操，遵守社会公德。知荣明耻，身体力行，言行一致。衣

着得体,语言规范,举止文明。关心集体,团结协作,尊重同事,尊重家长。

(4) 遵纪守规。不向学生推销任何商品,不强制学生到指定书店购买复习资料、教辅读物,不巧立名目乱收费。

(5) 廉洁从教。不从事任何形式的有偿家教活动,不举办或参与举办各类收费培训班、补习班、提高班,不利用职务之便动员、暗示或强制学生参加有偿家教。

(6) 终身学习。崇尚科学精神,树立终身学习理念,拓宽知识视野,更新知识结构。勇于探索创新,掌握现代教育技术,不断提高专业素养和教育教学水平。

(7) 关爱学生。关心爱护全体学生,尊重学生人格,平等公正对待学生,保护学生安全,关心学生健康,维护学生权益。

(8) 尊重家长。主动与家长保持联系,定期开展家访活动,认真听取家长的意见和建议,构建和谐家校关系。

我深知肩负重任,因此,我将潜心钻研教育,真心服务社会,努力实现我的诺言,决不辜负教师这个光荣称号。

承诺教师:×××
20××年×月×日

请思考:如果你将来想要成为一名光荣的人民教师,那么你应该如何履行自己的师德承诺?

第二节 教师职业道德评价机制的构建

教师职业道德直接关系着人才培育质量的高低,直接影响着人才强国和科技兴国战略的实施效果。在教师的道德建设中,正确的教师职业道德评价是推动教师道德规范内化为道德意识和道德行为的重要力量。因此,在当前加强教师职业道德建设的背景下,对教师职业道德评价机制的研究不容忽视。构建科学的教师职业道德评价机制,引导教师职业道德沿着正确的道路发展,激励教师不断提升自身的职业道德水平,对提高教师职业道德建设的实效性具有重要的意义。

一、确立发展性的教师职业道德评价观

教师职业道德评价观影响着教师职业道德评价的目的、方式、方法等,是开展教师职业道德评价活动的前提和基础。要构建科学的教师职业道德评价机制,应先确立发展性的教师职业道德评价观。

发展性的教师职业道德评价观认为,教师职业道德评价应以促进教师职业道德品质的不断提升与完善为主要目的。进行教师职业道德评价不仅应该检验教师的职业道德行为,还应

第八章　知行合一，促进教师成长——教师职业道德评价

该为提升与完善教师职业道德品质提供信息与帮助，激励教师不断提高自身的职业道德境界。同时，教师职业道德评价应为教师指明方向，使教师加深对职业道德规范的理解和认识，将外在的职业道德要求转化为自身内在的职业道德需求，从而不断地调整自己的职业道德行为，提升自己的职业道德水平。

发展性的教师职业道德评价观还认为，教师职业道德评价不仅需要关注评价的结果，还需要关注评价的过程。因此，教师职业道德评价应对教师职业道德行为进行系统观察和理论分析，为教师提供准确、真实的信息，使教师能够正确地认识自我、分析自我，进而确立合理的自我发展目标。

发展性的教师职业道德评价观非常重视增强教师评价的意识、调动教师参与评价的积极性、引导评价者与被评价者之间的平等交流。在评价过程中，评价双方通过不断地交流与磋商，可以帮助教师厘清思路并建立正确的职业道德观念，充分调动教师自我修养的积极性，激励教师不断提高自己的职业道德素养。

二、完善教师职业道德评价标准

教师职业道德评价标准是开展教师职业道德评价活动的依据，也是教师践行职业道德的重要参照。确定科学的教师职业道德评价标准，是构建教师职业道德评价机制的关键环节，也是加强教师职业道德建设的需要。

（一）构建多维度的教师职业道德评价标准

教师职业道德评价不能简单地以学生的成绩或一般的教学行为为标准，而应基于教师职业道德建设的目标，将动机与效果辩证统一、将教育与育人紧密结合，构建多维度的教师职业道德评价标准。

总的来说，评价者应从对教育理想的执着追求、对业务的精益求精、对学生的爱护与关心、对同事的热心帮助、对自身的严格要求、对终身学习的探索与实践等多个方面出发，构建科学的教师职业道德评价标准，从而更全面、客观地评价教师的师德水平。

（二）确立不同层次的教师职业道德评价标准

教师所处的职业生涯发展阶段不同，其教育境界、从教态度和热爱学生等方面的师德表现也不同。在教师职业道德评价中，若采用过于统一或理想化的职业道德评价标准去评价所有教师，不仅会挫伤教师参与职业道德评价的积极性，还可能会限制教师个性化的发展。

因此，在构建科学的职业道德评价标准时，评价者应在设置共性评价标准的基础上，充分考虑和尊重教师之间的个体差异，针对不同发展阶段的教师，提出不同层次的职业道德要求并确立相应的评价标准。只有这样，才能为教师个体的职业道德发展提供可靠的依据，并为其职业道德的提升提供广阔的空间。

三、丰富教师职业道德评价的方式

建立教师本人、教育管理者、同事、学生及家长共同参与的教师职业道德评价制度，是教师职业道德评价发展的趋势。总的来说，丰富教师职业道德评价的方式可以参考以下两点。

（一）确保评价主体与评价方式的多元化

评价主体与评价方式的多元化是确保教师职业道德评价全面、公正、有效的关键。传统的教师职业道德评价主要以学校领导组成的考核小组为评价主体，由他们自上而下地对所有教师开展总结性评价。这种评价方式往往流于形式，信度及效度较低。要想让教师职业道德评价更可靠、更有效，评价者应搜集并整合多方面的评价信息，注重评价主体与评价方式的多元化，深入、准确地评价教师的职业道德行为。

1. 评价主体的多元化

评价主体的多元化主要体现在以下几个方面。

（1）自我评价。教师需要通过自我反思和评估，深入了解自己的职业道德表现，发现自身的优点和不足，积极进行自我提升和自我完善。自我评价是提升教师职业道德的重要内在机制，它能够激发教师的内在动力，增强教师职业道德的自觉性和主动性。

（2）领导评价。学校领导作为教育管理的主体，对教师的职业道德行为负有监督和管理等责任。领导评价可以通过日常观察、绩效考核等方式进行，并为教师提供职业发展的指导和建议。

（3）同事评价。同事评价有助于促进教师之间的交流和合作，形成相互学习、共同进步的良好氛围。同事之间长期共事，相互了解较深。同事评价可以帮助评价者从不同角度观察教师的职业道德表现，发现教师潜在的优点和不足。

（4）学生评价。学生是教育的直接对象，对教师职业道德水平的高低有着最直观的感受。评价者可以让学生通过问卷调查、座谈会等形式，就教师的职业道德表现进行评价。学生评价能够反映教师在日常教学中的真实情况，为教师提供来自受教育者的反馈。

（5）家长评价。家长作为学生的重要监护人，对教师的职业道德行为有一定的了解。家长评价可以通过家长会、家访等形式进行，以便帮助评价者了解教师在家校合作、关注学生成长等方面的表现。

2. 评价方式的多元化

评价方式的多元化主要体现在以下几个方面。

（1）问卷调查。通过设计合理的问卷，评价者可以搜集不同评价主体对教师职业道德的评价意见。问卷调查具有广泛性和客观性，能够反映多数人的看法。

（2）座谈会。评价者可以组织相关评价主体进行座谈，就教师的职业道德表现进行深入讨论和交流。座谈会能够提供具体的反馈，有助于教师全面了解自己的职业道德表现。

（3）日常观察。评价者可以通过日常观察，了解教师在工作中的职业道德表现。日常观

第八章　知行合一，促进教师成长——教师职业道德评价

察能够帮助评价者获取第一手资料，具有真实性和直接性。

（4）量化评价。评价者可以设定具体的评价标准和评价指标，对教师的职业道德表现进行量化评分。量化评价能够确保评价的客观性和准确性。

（5）定性评价。评价者可以采用定性评价的方式，对教师的职业道德表现进行描述和分析。定性评价能够提供丰富、全面的信息，有助于评价者深入理解教师的职业道德表现。

（二）提高教师职业道德评价的实效性

提高教师职业道德评价的实效性需要多方面的努力和配合。总的来说，提高教师职业道德评价的实效性需要参考以下几个方面的内容。

（1）加强评价结果的应用。评价者应将评价结果及时反馈给教师本人和相关部门，并将其作为教师考核、晋升、奖惩等方面的重要依据之一。这样可以激发教师提高职业道德水平的内在动力，促进教师的专业成长和发展。同时，评价者应根据评价结果制订具有针对性的改进措施和培训计划，帮助教师不断完善自己的职业道德表现。

（2）及时搜集意见与建议。评价者应搜集评价主体对评价过程、评价结果及改进措施等方面的意见与建议，及时发现并改进评价工作中存在的问题和不足。

（3）提高教师自我评价的技术与能力。在实践中，学校应加强对教师的理论培训，为教师提供科学的教师职业道德评价标准，并以此为参照，指导教师进行系统化的自我反思。同时，教师应积极参与评价工作，对评价标准、评价方式、评价结果提出自己的意见和建议，从而促进评价工作的不断完善。

（4）将自我评价制度化。学校应定期组织教师开展关于职业道德的自我评价，指导教师实事求是地撰写自评报告，并将自评报告存入教师的个人档案中。

四、建立反馈和激励机制

科学的教师职业道德评价机制能够引导教师沿着正确的职业道德方向发展，激励教师不断提高自身的职业道德水平。为此，学校应建立有效的反馈和激励机制，以确保评价工作能够取得实效并推动教师职业道德水平的不断提升，从而真正发挥教师职业道德评价的作用。

（一）反馈机制

1. 建立畅通的评价与反馈渠道

学校应设立专门的教师职业道德评价委员会，负责搜集、整理和分析教师职业道德评价的相关信息，并将评价结果及时反馈给教师个人和相关部门。委员会应该由具有专业知识和严谨态度的成员组成，以确保评估结果的客观性和公正性。同时，学校应建立畅通的反馈渠道，鼓励教师就评价结果提出自己的意见和建议，以便帮助学校进一步完善相关机制。

2. 定期组织教师职业道德评价活动

定期组织教师职业道德评价活动是提升教师队伍整体素质、促进教育事业健康发展的重

要手段之一。

教师职业道德的发展是一个动态变化的过程，受到多种因素的影响。连续并定期开展教师职业道德评价活动，既可以监督教师的职业道德状况，把握教师当前的职业道德水平，为教师提供及时的反馈和指导；又可以了解教师职业道德发展的动向，为教师职业道德向更高水平发展提供支持与动力。

此外，随着社会的发展和教育改革的深入，教师职业道德的标准也在不断提高。定期组织教师职业道德评价活动可以确保教师职业道德评价机制始终适应时代的要求，使其及时吸纳新的教育理念和职业道德标准，为教师职业道德建设提供有力的支持和保障。

因此，学校应针对教师的实际情况，周期性地开展教师职业道德评价活动，并定期组织教师展开交流与讨论。

3. 组织评价双方共同分析评价结果

学校获得教师职业道德评价结果后，应组织评价双方共同分析评价结果。评价双方应在平等、信任的基础上，共同分析评价信息，共同商议提升教师职业道德水平的措施，并推动其落实。此举可以增强评价的透明度和公正性，促进评价双方的沟通和理解，从而更好地发挥评价的导向和激励作用。与此同时，学校还应积极创建宽松、和谐的教师职业道德评价文化，使得评价活动在真实、积极的氛围中开展。

（二）激励机制

1. 表彰先进

学校应将教师职业道德纳入绩效考核体系，对职业道德表现优秀的教师给予物质奖励，如奖金、津贴等。同时，学校可以将职业道德表现作为岗位晋升的重要依据，通过评选"优秀德育工作者"、宣传优秀教师等方式树立先进典型，对认真履行师德义务、表现优秀的教师予以表彰，鼓励教师不断提升自身的职业道德水平。

2. 提供培训和职业发展机会

学校应创造公平、公正的工作环境，定期组织教师参加职业道德培训，提高教师对职业道德的认识。同时，学校应为表现良好的教师提供职业发展的机会，如参加学术交流、赴外考察等，激发教师的工作积极性和创造力。

博闻天下

教育评价改革，为教育强国建设激活力增动力

教育评价事关教育发展方向，事关教育强国建设。2020年，中共中央、国务院印发《深化新时代教育评价改革总体方案》（以下简称《总体方案》），提出到2035年，基本形成富有时代特征、彰显中国特色、体现世界水平的教育评价体系。

新时代教育需要科学的评价"指挥棒"

如今，教育强国建设进入蓄势突破、全面跃升的关键阶段。深化新时代教育评价改革，

第八章　知行合一，促进教师成长——教师职业道德评价

既是国家所需，也是时代所需。面对教育评价这一世界性、历史性、实践性难题，中国需要做出自己的回答。

作为中华人民共和国第一个关于教育评价系统性改革的纲领性文件，《总体方案》以立德树人为主线，以高质量发展为主题，以破"五唯"（即唯分数、唯升学、唯文凭、唯论文、唯帽子）为导向，以五类主体为抓手，着力推进政策系统集成、举措破立结合、任务协同发展。《总体方案》提出了 22 条重点改革任务，搭建起了新时代教育评价改革的"四梁八柱"。

近年来，国家层面配套政策体系逐步健全：先后出台和推动落实 20 余份教育评价改革配套文件，覆盖基础教育、职业教育、高等教育各领域评价改革；规范 SCI 指标使用、破除高校哲学社会科学研究评价中"唯论文"不良导向、扭转"唯帽子"倾向，人才评价改革制度体系逐步完善；加强违规事项监督整改，改变"以分数论英雄"的错误评价取向，引导各级党委政府树立正确的教育政绩观，对照教育评价负面清单，设立举报投诉电话、邮箱、网络平台等，接受群众监督举报。

与此同时，各地将中央改革的"蓝图"转化为本地"施工图"，研究制定教育评价改革重点推进事项。广东省聚焦高等教育发展不平衡、不充分的问题，实施高等教育"冲一流、补短板、强特色"提升计划，推进高校分类评价，引导不同类型高校科学定位、特色发展、争创一流；陕西省坚持问题导向，在教育督导提能增效上求实效，推动教育督导法治化、信息化、队伍专业化、履职尽责规范化；山东省将教育评价改革工作落实情况纳入省政府履行教育职责评价、职业院校办学质量年度考核及本科高校高质量发展绩效考核，建立全学段全覆盖评价体系；开展教育评价改革巡回宣介，引导树立正确评价导向，建立省级"十不得、一严禁"网络检测系统，坚决克服"五唯"顽瘴痼疾……

各界反映，教育评价改革开局良好，持续深化，部分领域教育功利化倾向得到有效遏制，取得了重要阶段性成效，形成了破"五唯"的广泛共识。不少学者认为，深化新时代教育评价改革，牵住了教育领域综合改革的"牛鼻子"，让评价"指挥棒"日渐科学高效，更有力地回答了"培养什么人、怎样培养人、为谁培养人"这一教育的根本问题。

教师评价，着力扭转重科研轻教学、重教书轻育人等倾向

教师是立教之本、兴教之源。改革教师评价，关键在于扭转教育评价中重科研轻教学、重教书轻育人等倾向，确立潜心教学、全心育人的制度要求，引导广大教师认真履行育人职责。

当前，评价改革推进过程中，各地各校进一步聚焦评价内容导向和评价文化养成。一方面，人才称号获得情况已不再作为学科评估、学位点申报、项目评审中评价的重要内容。有的高校推行代表作制度，鼓励学院结合自身特点自主设置高水平代表作成果清单；有的高校注重"从 0 到 1"的原创性研究，鼓励持之以恒、久久为功，在基础研究领域取得重要原创性成果。另一方面，许多学校积极为不同层次、不同类型的人才搭建平台，最大限度地激发各类人才创新和创造活力。有的学校为突出师德师风表现和教师教学实绩，制订

了多元化、复合型教师队伍的评价体系；有的学校参考成果转化实效、重视社会服务参与度，为不同类型、岗位的人才铺设出了适合自身特点的成长路径。

在某高校，有两位担任副教授近20年的教师，因所在领域学术期刊影响因子不高，在论文发表方面与其他学科教师相比处于弱势。近年来，这所高校开通人文社科实践型晋升通道，将"分类发展、多元评价"的理念融入教师评价和晋升工作中。得益于此，两位老师经过学院推荐评审、同行评议、校级答辩等规定程序，最终晋升为实践型教授。

探索在持续，难点待突破。有专家表示，部分高校主要以科研论文评价教师的局面还需进一步扭转，各类人才"唯帽子"等现象还不同程度存在；指向德智体美劳全面发展的过程性评价体系尚未全面有效建立；教育评价内容、工具、程序、结果使用等方面的专业化和科学化水平亟待提高。

这些，正是重点领域和关键环节难啃的"硬骨头"。专家们认为，只有在这些方面取得突破和创新，才能带来教育评价改革的格局性变化。教育部门应以深化教育评价改革为牵引，全面打好教育改革发展的升级之战。

（资料来源：靳晓燕，《教育评价改革，为教育强国建设激活力增动力》，《光明日报》，2024年5月21日，收入本书有删改）

综合检测

一、不定项选择题

1. 教师职业道德评价往往通过社会舆论的力量来规范、约束和指导教师的道德生活，这体现了教师职业道德评价的（　　）。
   A. 导向功能　　B. 评定功能　　C. 激励功能　　D. 转化功能
2. 教师职业道德评价的一般标准是（　　）。
   A. 善恶标准　　B. 至善标准　　C. 具体标准　　D. 抽象标准
3. 教师职业道德评价的评价主体多元化可以体现在（　　）。
   A. 自我评价　　B. 同事评价　　C. 日常观察　　D. 问卷调查
4. 教师职业道德评价的评价方式多元化主要体现在（　　）。
   A. 自我评价　　B. 同事评价　　C. 日常观察　　D. 问卷调查

二、判断题

1. 教师职业道德评价的内容主要是考察教师的职业道德品质。（　　）
2. 教师职业道德评价能够帮助教师认准职业发展的方向。（　　）
3. 积极的职业道德评价会督促教师加强职业道德修养。（　　）
4. 教师职业道德评价观是开展教师职业道德评价活动的前提和基础。（　　）

三、简答题

1. 简述教师职业道德评价中应遵循的原则。
2. 教师职业道德评价的形式有哪些？它们各自的优点是什么？
3. 为何要完善教师职业道德评价标准？

四、案例分析题

小张老师来到实验小学任教已经有一年的时间了。在平时的教育教学工作中，她总是兢兢业业、尊重领导、爱护学生，也非常注重和家长建立良好的关系。第二学期结束时，学校要开展教师的职业道德评价工作。小张老师觉得自己虽然平时很努力，但还有许多做得不太到位的地方。因此，对于能否顺利地通过学校的职业道德评价，她心里始终没底。她想在此之前，先开展一次自我评价。

小张老师开展自我评价时应该注意哪些方面？你能运用本章所学的教师职业道德评价的相关知识，为小张教师制作一份教师职业道德自我评价方案吗？

道德践行

角色扮演——假如让我来评价

活动目的

通过活动，深入理解构建科学、合理、公正的教师职业道德评价机制的重要性，促进职业道德水平的提升。

活动准备

（1）全班同学分成若干小组（每6~8人一组），各组选出1名组长。组长负责活动的组织、讨论和实施等工作。其他小组成员分别扮演学校领导、教师、其他教师代表、学生代表和家长代表。

（2）查找教育部印发的《中小学教师职业道德规范》《中等职业学校教师职业道德规范》《高等学校教师职业道德规范》等文件的相关内容。

（3）搜集各个学校的教师职业道德评价标准。

活动过程

（1）各组讨论以下问题：教师职业道德评价应采用哪些评价方式？如何确保评价的全面性和客观性？讨论时，分别扮演学校领导、教师、其他教师代表、学生代表、家长代表的小组成员应根据自己所扮演的角色提供相关的意见和建议。

（2）各组结合教师职业道德规范和各个学校的教师职业道德评价标准，根据讨论结果制订一个具体、可操作的教师职业道德评价标准。该评价标准应包括爱岗敬业、关爱学生、教书育人、为人师表等各方面的内容。

（3）各组根据本组制订的评价标准设计调查问卷、评价表格等评价工具。

（4）各组在全班展示本组的教师职业道德评价标准，其他组则针对这些标准提出改进意见。

活动总结

每人总结活动中的收获，并思考以下问题：如何构建一个科学、合理、公正的教师职业道德评价机制？为什么说教师职业道德评价机制可以提升教师职业道德水平并促进教育事业的健康发展？

综合评价

本章的学习已告一段落，请同学们结合理论知识的学习情况，课前、课中和课后的任务完成情况，以及素养目标的达成情况三个方面，按照表 8-5 的评价标准对本章的学习效果进行自评和互评，并请教师进行总体评价。

表 8-5 综合评价表

考核项目	考核内容	分值	评价分数		
			自评	互评	师评
知识考核	能够简要说明教师职业道德评价的含义、内容、功能和基本原则	10			
	能够简要阐述教师职业道德评价的标准、形式与方法	10			
	能够简要阐述发展性的教师职业道德评价观的内容	10			
	能够简要阐述如何构建一个科学、合理、公正的教师职业道德评价机制	10			
技能考核	能够正确认识教师职业道德评价，并在实践活动中正确运用教师职业道德评价的相关知识，有效地进行教师职业道德评价	20			
	能够积极完成实践活动，并根据训练情况进行反思与总结	20			
素养考核	能够积极地、全面地进行自我评价，并客观、公正地评价他人	10			
	愿意进行自我反思，能够发现问题并及时改进；愿意接受来自同学、教师、家长的监督和反馈，不断提升自身道德修养	10			
总分	自评（30%）+互评（30%）+师评（40%）=				

附　录

附录一　小学教师专业标准（试行）

为促进小学教师专业发展，建设高素质小学教师队伍，根据《中华人民共和国教师法》和《中华人民共和国义务教育法》，特制定《小学教师专业标准（试行）》（以下简称《专业标准》）。

小学教师是履行小学教育教学工作职责的专业人员，需要经过严格的培养与培训，具有良好的职业道德，掌握系统的专业知识和专业技能。《专业标准》是国家对合格小学教师专业素质的基本要求，是小学教师实施教育教学行为的基本规范，是引领小学教师专业发展的基本准则，是小学教师培养、准入、培训、考核等工作的重要依据。

一、基本理念

（一）师德为先

热爱小学教育事业，具有职业理想，践行社会主义核心价值体系，履行教师职业道德规范，依法执教。关爱小学生，尊重小学生人格，富有爱心、责任心、耐心和细心；为人师表，教书育人，自尊自律，做小学生健康成长的指导者和引路人。

（二）学生为本

尊重小学生权益，以小学生为主体，充分调动和发挥小学生的主动性；遵循小学生身心发展特点和教育教学规律，提供适合的教育，促进小学生生动活泼学习、健康快乐成长。

（三）能力为重

把学科知识、教育理论与教育实践有机结合，突出教书育人实践能力；研究小学生，遵循小学生成长规律，提升教育教学专业化水平；坚持实践、反思、再实践、再反思，不断提高专业能力。

（四）终身学习

学习先进小学教育理论，了解国内外小学教育改革与发展的经验和做法；优化知识结构，提高文化素养；具有终身学习与持续发展的意识和能力，做终身学习的典范。

二、基本内容

附表1 小学教师专业标准的基本内容

维度	领域	基本要求
专业理念与师德	（一）职业理解与认识	1. 贯彻党和国家教育方针政策，遵守教育法律法规。 2. 理解小学教育工作的意义，热爱小学教育事业，具有职业理想和敬业精神。 3. 认同小学教师的专业性和独特性，注重自身专业发展。 4. 具有良好职业道德修养，为人师表。 5. 具有团队合作精神，积极开展协作与交流。
	（二）对小学生的态度与行为	6. 关爱小学生，重视小学生身心健康，将保护小学生生命安全放在首位。 7. 尊重小学生独立人格，维护小学生合法权益，平等对待每一位小学生。不讽刺、挖苦、歧视小学生，不体罚或变相体罚小学生。 8. 信任小学生，尊重个体差异，主动了解和满足有益于小学生身心发展的不同需求。 9. 积极创造条件，让小学生拥有快乐的学校生活。
	（三）教育教学的态度与行为	10. 树立育人为本、德育为先的理念，将小学生的知识学习、能力发展与品德养成相结合，重视小学生全面发展。 11. 尊重教育规律和小学生身心发展规律，为每一个小学生提供适合的教育。 12. 引导小学生体验学习乐趣，保护小学生的求知欲和好奇心，培养小学生的广泛兴趣、动手能力和探究精神。 13. 引导小学生学会学习，养成良好学习习惯。 14. 尊重和发挥好少先队组织的教育引导作用。
	（四）个人修养与行为	15. 富有爱心、责任心、耐心和细心。 16. 乐观向上、热情开朗、有亲和力。 17. 善于自我调节情绪，保持平和心态。 18. 勤于学习，不断进取。 19. 衣着整洁得体，语言规范健康，举止文明礼貌。
专业知识	（五）小学生发展知识	20. 了解关于小学生生存、发展和保护的有关法律法规及政策规定。 21. 了解不同年龄及有特殊需要的小学生身心发展特点和规律，掌握保护和促进小学生身心健康发展的策略与方法。 22. 了解不同年龄小学生学习的特点，掌握小学生良好行为习惯养成的知识。 23. 了解幼小和小初衔接阶段小学生的心理特点，掌握帮助小学生顺利过渡的方法。 24. 了解对小学生进行青春期和性健康教育的知识和方法。 25. 了解小学生安全防护的知识，掌握针对小学生可能出现的各种侵犯与伤害行为的预防与应对方法。
	（六）学科知识	26. 适应小学综合性教学的要求，了解多学科知识。 27. 掌握所教学科知识体系、基本思想与方法。 28. 了解所教学科与社会实践、少先队活动的联系，了解与其他学科的联系。

178

续表

维度	领域	基本要求
专业知识	（七）教育教学知识	29．掌握小学教育教学基本理论。 30．掌握小学生品行养成的特点和规律。 31．掌握不同年龄小学生的认知规律和教育心理学的基本原理和方法。 32．掌握所教学科的课程标准和教学知识。
	（八）通识性知识	33．具有相应的自然科学和人文社会科学知识。 34．了解中国教育基本情况。 35．具有相应的艺术欣赏与表现知识。 36．具有适应教育内容、教学手段和方法现代化的信息技术知识。
专业能力	（九）教育教学设计	37．合理制定小学生个体与集体的教育教学计划。 38．合理利用教学资源，科学编写教学方案。 39．合理设计主题鲜明、丰富多彩的班级和少先队活动。
	（十）组织与实施	40．建立良好的师生关系，帮助小学生建立良好的同伴关系。 41．创设适宜的教学情境，根据小学生的反应及时调整教学活动。 42．调动小学生学习积极性，结合小学生已有的知识和经验激发学习兴趣。 43．发挥小学生主体性，灵活运用启发式、探究式、讨论式、参与式等教学方式。 44．发挥好少先队组织生活、集体活动、信息传播等教育功能。 45．将现代教育技术手段整合应用到教学中。 46．较好使用口头语言、肢体语言与书面语言，使用普通话教学，规范书写钢笔字、粉笔字、毛笔字。 47．妥善应对突发事件。 48．鉴别小学生行为和思想动向，用科学的方法防止和有效矫正不良行为。
	（十一）激励与评价	49．对小学生日常表现进行观察与判断，发现和赏识每一位小学生的点滴进步。 50．灵活使用多元评价方式，给予小学生恰当的评价和指导。 51．引导小学生进行积极的自我评价。 52．利用评价结果不断改进教育教学工作。
	（十二）沟通与合作	53．使用符合小学生特点的语言进行教育教学工作。 54．善于倾听，和蔼可亲，与小学生进行有效沟通。 55．与同事合作交流，分享经验和资源，共同发展。 56．与家长进行有效沟通合作，共同促进小学生发展。 57．协助小学与社区建立合作互助的良好关系。
	（十三）反思与发展	58．主动收集分析相关信息，不断进行反思，改进教育教学工作。 59．针对教育教学工作中的现实需要与问题，进行探索和研究。 60．制定专业发展规划，积极参加专业培训，不断提高自身专业素质。

教师职业道德

三、实施建议

（一）各级教育行政部门要将《专业标准》作为小学教师队伍建设的基本依据。根据小学教育改革发展的需要，充分发挥《专业标准》引领和导向作用，深化教师教育改革，建立教师教育质量保障体系，不断提高小学教师培养培训质量。制定小学教师准入标准，严把小学教师入口关；制定小学教师聘任（聘用）、考核、退出等管理制度，保障教师合法权益，形成科学有效的小学教师队伍管理和督导机制。

（二）开展小学教师教育的院校要将《专业标准》作为小学教师培养培训的主要依据。重视小学教师职业特点，加强小学教育学科和专业建设。完善小学教师培养培训方案，科学设置教师教育课程，改革教育教学方式；重视小学教师职业道德教育，重视社会实践和教育实习；加强从事小学教师教育的师资队伍建设，建立科学的质量评价制度。

（三）小学要将《专业标准》作为教师管理的重要依据。制定小学教师专业发展规划，注重教师职业理想与职业道德教育，增强教师育人的责任感与使命感；开展校本研修，促进教师专业发展；完善教师岗位职责和考核评价制度，健全小学教师绩效管理机制。

（四）小学教师要将《专业标准》作为自身专业发展的基本依据。制定自我专业发展规划，爱岗敬业，增强专业发展自觉性；大胆开展教育教学实践，不断创新；积极进行自我评价，主动参加教师培训和自主研修，逐步提升专业发展水平。

附录二　中学教师专业标准（试行）

为促进中学教师专业发展，建设高素质中学教师队伍，根据《中华人民共和国教师法》和《中华人民共和国义务教育法》，特制定《中学教师专业标准（试行）》（以下简称《专业标准》）。

中学教师是履行中学教育教学工作职责的专业人员，需要经过严格的培养与培训，具有良好的职业道德，掌握系统的专业知识和专业技能。《专业标准》是国家对合格中学教师的基本专业要求，是中学教师实施教育教学行为的基本规范，是引领中学教师专业发展的基本准则，是中学教师培养、准入、培训、考核等工作的重要依据。

一、基本理念

（一）师德为先

热爱中学教育事业，具有职业理想，践行社会主义核心价值体系，履行教师职业道德规范，依法执教。关爱中学生，尊重中学生人格，富有爱心、责任心、耐心和细心；为人师表，教书育人，自尊自律，以人格魅力和学识魅力教育感染中学生，做中学生健康成长的指导者和引路人。

（二）学生为本

尊重中学生权益，以中学生为主体，充分调动和发挥中学生的主动性；遵循中学生身心发展特点和教育教学规律，提供适合的教育，促进中学生生动活泼学习、健康快乐成长，全面而有个性地发展。

（三）能力为重

把学科知识、教育理论与教育实践有机结合，突出教书育人实践能力；研究中学生，遵循中学生成长规律，提升教育教学专业化水平；坚持实践、反思、再实践、再反思，不断提高专业能力。

（四）终身学习

学习先进中学教育理论，了解国内外中学教育改革与发展的经验和做法；优化知识结构，提高文化素养；具有终身学习与持续发展的意识和能力，做终身学习的典范。

二、基本内容

附表2　中学教师专业标准的基本内容

维度	领域	基本要求
专业理念与师德	（一）职业理解与认识	1. 贯彻党和国家教育方针政策，遵守教育法律法规。 2. 理解中学教育工作的意义，热爱中学教育事业，具有职业理想和敬业精神。 3. 认同中学教师的专业性和独特性，注重自身专业发展。 4. 具有良好职业道德修养，为人师表。 5. 具有团队合作精神，积极开展协作与交流。
	（二）对学生的态度与行为	6. 关爱中学生，重视中学生身心健康发展，保护中学生生命安全。 7. 尊重中学生独立人格，维护中学生合法权益，平等对待每一位中学生。不讽刺、挖苦、歧视中学生，不体罚或变相体罚中学生。 8. 尊重个体差异，主动了解和满足中学生的不同需要。 9. 信任中学生，积极创造条件，促进中学生的自主发展。
	（三）教育教学的态度与行为	10. 树立育人为本、德育为先的理念，将中学生的知识学习、能力发展与品德养成相结合，重视中学生的全面发展。 11. 尊重教育规律和中学生身心发展规律，为每一位中学生提供适合的教育。 12. 激发中学生的求知欲和好奇心，培养中学生学习兴趣和爱好，营造自由探索、勇于创新的氛围。 13. 引导中学生自主学习、自强自立，培养良好的思维习惯和适应社会的能力。 14. 尊重和发挥好共青团、少先队组织的教育引导作用。
	（四）个人修养与行为	15. 富有爱心、责任心、耐心和细心。 16. 乐观向上、热情开朗、有亲和力。 17. 善于自我调节情绪，保持平和心态。 18. 勤于学习，不断进取。 19. 衣着整洁得体，语言规范健康，举止文明礼貌。

续表

维度	领域	基本要求
专业知识	（五）教育知识	20．掌握中学教育的基本原理和主要方法。 21．掌握班级、共青团、少先队建设与管理的原则与方法。 22．掌握教育心理学的基本原理和方法，了解中学生身心发展的一般规律与特点。 23．了解中学生世界观、人生观、价值观形成的过程及其教育方法。 24．了解中学生思维能力、创新能力和实践能力发展的过程与特点。 25．了解中学生群体文化特点与行为方式。
	（六）学科知识	26．理解所教学科的知识体系、基本思想与方法。 27．掌握所教学科内容的基本知识、基本原理与技能。 28．了解所教学科与其他学科的联系。 29．了解所教学科与社会实践及共青团、少先队活动的联系。
	（七）学科教学知识	30．掌握所教学科课程标准。 31．掌握所教学科课程资源开发与校本课程开发的主要方法与策略。 32．了解中学生在学习具体学科内容时的认知特点。 33．掌握针对具体学科内容进行教学和研究性学习的方法与策略。
	（八）通识性知识	34．具有相应的自然科学和人文社会科学知识。 35．了解中国教育基本情况。 36．具有相应的艺术欣赏与表现知识。 37．具有适应教育内容、教学手段和方法现代化的信息技术知识。
专业能力	（九）教学设计	38．科学设计教学目标和教学计划。 39．合理利用教学资源和方法设计教学过程。 40．引导和帮助中学生设计个性化的学习计划。
	（十）教学实施	41．营造良好的学习环境与氛围，激发与保护中学生的学习兴趣。 42．通过启发式、探究式、讨论式、参与式等多种方式，有效实施教学。 43．有效调控教学过程，合理处理课堂偶发事件。 44．引发中学生独立思考和主动探究，发展学生创新能力。 45．发挥好共青团、少先队组织生活、集体活动、信息传播等教育功能。 46．将现代教育技术手段整合应用到教学中。
	（十一）班级管理与教学活动	47．建立良好的师生关系，帮助中学生建立良好的同伴关系。 48．注重结合学科教学进行育人活动。 49．根据中学生世界观、人生观、价值观形成的特点，有针对性地组织开展德育活动。 50．针对中学生青春期生理和心理发展特点，有针对性地组织开展有益身心健康发展的教育活动。 51．指导学生理想、心理、学业等多方面发展。 52．有效管理和开展班级、共青团、少先队活动。 53．妥善应对突发事件。

续表

维度	领域	基本要求
专业能力	（十二）教育教学评价	54. 利用评价工具，掌握多元评价方法，多视角、全过程评价学生发展。 55. 引导学生进行自我评价。 56. 自我评价教育教学效果，及时调整和改进教育教学工作。
	（十三）沟通与合作	57. 了解中学生，平等地与中学生进行沟通交流。 58. 与同事合作交流，分享经验和资源，共同发展。 59. 与家长进行有效沟通合作，共同促进中学生发展。 60. 协助中学与社区建立合作互助的良好关系。
	（十四）反思与发展	61. 主动收集分析相关信息，不断进行反思，改进教育教学工作。 62. 针对教育教学工作中的现实需要与问题，进行探索和研究。 63. 制定专业发展规划，积极参加专业培训，不断提高自身专业素质。

三、实施建议

（一）各级教育行政部门要将《专业标准》作为中学教师队伍建设的基本依据。根据中学教育改革发展的需要，充分发挥《专业标准》引领和导向作用，深化教师教育改革，建立教师教育质量保障体系，不断提高中学教师培养培训质量。制定中学教师准入标准，严把中学教师入口关；制定中学教师聘任（聘用）、考核、退出等管理制度，保障教师合法权益，形成科学有效的中学教师队伍管理和督导机制。

（二）开展中学教师教育的院校要将《专业标准》作为中学教师培养培训的主要依据。重视中学教师职业特点，加强中学教育学科和专业建设。完善中学教师培养培训方案，科学设置教师教育课程，改革教育教学方式；重视中学教师职业道德教育，重视社会实践和教育实习；加强从事中学教师教育的师资队伍建设，建立科学的质量评价制度。

（三）中学要将《专业标准》作为教师管理的重要依据。制定中学教师专业发展规划，注重教师职业理想与职业道德教育，增强教师育人的责任感与使命感；开展校本研修，促进教师专业发展；完善教师岗位职责和考核评价制度，健全中学教师绩效管理机制。中等职业学校教师参照执行。

（四）中学教师要将《专业标准》作为自身专业发展的基本依据。制定自我专业发展规划，爱岗敬业，增强专业发展自觉性；大胆开展教育教学实践，不断创新；积极进行自我评价，主动参加教师培训和自主研修，逐步提升专业发展水平。

附录三　中小学教师职业道德规范

一、爱国守法

热爱祖国，热爱人民，拥护中国共产党领导，拥护社会主义。全面贯彻国家教育方针，

教师职业道德

自觉遵守教育法律法规，依法履行教师职责权利。不得有违背党和国家方针政策的言行。

二、爱岗敬业

忠诚于人民教育事业，志存高远，勤恳敬业，甘为人梯，乐于奉献。对工作高度负责，认真备课上课，认真批改作业，认真辅导学生。不得敷衍塞责。

三、关爱学生

关心爱护全体学生，尊重学生人格，平等公正对待学生。对学生严慈相济，做学生良师益友。保护学生安全，关心学生健康，维护学生权益。不讽刺、挖苦、歧视学生，不体罚或变相体罚学生。

四、教书育人

遵循教育规律，实施素质教育。循循善诱，诲人不倦，因材施教。培养学生良好品行，激发学生创新精神，促进学生全面发展。不以分数作为评价学生的唯一标准。

五、为人师表

坚守高尚情操，知荣明耻，严于律己，以身作则。衣着得体，语言规范，举止文明。关心集体，团结协作，尊重同事，尊重家长。作风正派，廉洁奉公。自觉抵制有偿家教，不利用职务之便谋取私利。

六、终身学习

崇尚科学精神，树立终身学习理念，拓宽知识视野，更新知识结构。潜心钻研业务，勇于探索创新，不断提高专业素养和教育教学水平。

附录四　中小学班主任工作规定

第一章　总　则

第一条　为进一步推进未成年人思想道德建设，加强中小学班主任工作，充分发挥班主任在教育学生中的重要作用，制定本规定。

第二条　班主任是中小学日常思想道德教育和学生管理工作的主要实施者，是中小学生健康成长的引领者，班主任要努力成为中小学生的人生导师。

班主任是中小学的重要岗位，从事班主任工作是中小学教师的重要职责。教师担任班主任期间应将班主任工作作为主业。

第三条　加强班主任队伍建设是坚持育人为本、德育为先的重要体现。政府有关部门和学校应为班主任开展工作创造有利条件，保障其享有的待遇与权利。

第二章　配备与选聘

第四条　中小学每个班级应当配备一名班主任。

第五条　班主任由学校从班级任课教师中选聘。聘期由学校确定，担任一个班级的班主任时间一般应连续1学年以上。

第六条　教师初次担任班主任应接受岗前培训，符合选聘条件后学校方可聘用。

第七条 选聘班主任应当在教师任职条件的基础上突出考查以下条件：
（一）作风正派，心理健康，为人师表；
（二）热爱学生，善于与学生、学生家长及其他任课教师沟通；
（三）爱岗敬业，具有较强的教育引导和组织管理能力。

第三章 职责与任务

第八条 全面了解班级内每一个学生，深入分析学生思想、心理、学习、生活状况。关心爱护全体学生，平等对待每一个学生，尊重学生人格。采取多种方式与学生沟通，有针对性地进行思想道德教育，促进学生德智体美全面发展。

第九条 认真做好班级的日常管理工作，维护班级良好秩序，培养学生的规则意识、责任意识和集体荣誉感，营造民主和谐、团结互助、健康向上的集体氛围。指导班委会和团队工作。

第十条 组织、指导开展班会、团队会（日）、文体娱乐、社会实践、春（秋）游等形式多样的班级活动，注重调动学生的积极性和主动性，并做好安全防护工作。

第十一条 组织做好学生的综合素质评价工作，指导学生认真记载成长记录，实事求是地评定学生操行，向学校提出奖惩建议。

第十二条 经常与任课教师和其他教职员工沟通，主动与学生家长、学生所在社区联系，努力形成教育合力。

第四章 待遇与权利

第十三条 学校在教育管理工作中应充分发挥班主任的骨干作用，注重听取班主任意见。

第十四条 班主任工作量按当地教师标准课时工作量的一半计入教师基本工作量。各地要合理安排班主任的课时工作量，确保班主任做好班级管理工作。

第十五条 班主任津贴纳入绩效工资管理。在绩效工资分配中要向班主任倾斜。对于班主任承担超课时工作量的，以超课时补贴发放班主任津贴。

第十六条 班主任在日常教育教学管理中，有采取适当方式对学生进行批评教育的权利。

第五章 培养与培训

第十七条 教育行政部门和学校应制订班主任培养培训规划，有组织地开展班主任岗位培训。

第十八条 教师教育机构应承担班主任培训任务，教育硕士专业学位教育中应设立中小学班主任工作培养方向。

第六章 考核与奖惩

第十九条 教育行政部门建立科学的班主任工作评价体系和奖惩制度。对长期从事班主任工作或在班主任岗位上做出突出贡献的教师定期予以表彰奖励。选拔学校管理干部应优先考虑长期从事班主任工作的优秀班主任。

第二十条 学校建立班主任工作档案，定期组织对班主任的考核工作。考核结果作为教师聘任、奖励和职务晋升的重要依据。对不能履行班主任职责的，应调离班主任岗位。

第七章 附则

第二十一条 各地可根据本规定，结合当地实际情况，制定中小学班主任工作的具体实施办法。

第二十二条 本规定自发布之日起施行。

附录五 关于加强和改进新时代师德师风建设的意见

为认真贯彻落实《新时代公民道德建设实施纲要》，深入推进实施《中共中央 国务院关于全面深化新时代教师队伍建设改革的意见》，全面提升教师思想政治素质和职业道德水平，现就加强和改进新时代师德师风建设提出如下意见。

一、加强师德师风建设的总体要求

1．指导思想。以习近平新时代中国特色社会主义思想为指导，深入学习贯彻习近平总书记关于教育的重要论述和全国教育大会精神，把立德树人的成效作为检验学校一切工作的根本标准，把师德师风作为评价教师队伍素质的第一标准，将社会主义核心价值观贯穿师德师风建设全过程，严格制度规定，强化日常教育督导，加大教师权益保护力度，倡导全社会尊师重教，激励广大教师努力成为"四有"好老师，着力培养德智体美劳全面发展的社会主义建设者和接班人。

2．基本原则。

——坚持正确方向。加强党对教育工作的全面领导，坚持社会主义办学方向，确保教师在落实立德树人根本任务中的主体作用得到全面发挥。

——坚持尊重规律。遵循教育规律、教师成长发展规律和师德师风建设规律，注重高位引领与底线要求结合、严管与厚爱并重，不断激发教师内生动力。

——坚持聚焦重点。围绕重点内容，针对突出问题，强化各地各部门的领导责任，压实学校主体责任，引导家庭、社会协同配合，推进师德师风建设工作制度化、常态化。

——坚持继承创新。传承中华优秀师道传统，全面总结改革开放特别是党的十八大以来师德师风建设经验，适应新时代变化，加强创新，推动师德师风建设工作不断深化。

3．总体目标。经过5年左右努力，基本建立起完备的师德师风建设制度体系和有效的师德师风建设长效机制。教师思想政治素质和职业道德水平全面提升，教师敬业立学、崇德尚美呈现新风貌。教师权益保障体系基本建立，教师安心、热心、舒心、静心从教的良好环境基本形成，师道尊严进一步提振。全社会对教师职业认同度加深，教师政治地位、社会地位、职业地位显著提高，尊师重教蔚然成风。

二、全面加强教师队伍思想政治工作

4．坚持思想铸魂，用习近平新时代中国特色社会主义思想武装教师头脑。健全教师理论学习制度，开展习近平新时代中国特色社会主义思想系统化、常态化学习，重点加强习近平总书记关于教育的重要论述的学习，使广大教师学懂弄通、入脑入心，自觉用"四个意识"

导航，用"四个自信"强基，用"两个维护"铸魂。依托高水平高校建设一批教育基地，同时统筹党校（行政学院）资源，定期开展教师思想政治轮训，使广大教师更好掌握马克思主义立场观点方法，认清中国和世界发展大势，增进对中国特色社会主义的政治认同、思想认同、理论认同、情感认同。

5. 坚持价值导向，引导教师带头践行社会主义核心价值观。将社会主义核心价值观融入教育教学全过程，体现到学校管理及校园文化建设各环节，进一步凝聚起师生员工思想共识，使之成为共同价值追求。弘扬中华优秀传统文化、革命文化和社会主义先进文化，培育科技创新文化，充分发挥文化涵养师德师风功能。身教重于言教，引导教师开展社会实践，深入了解世情、党情、国情、社情、民情，强化教育强国、教育为民的责任担当。健全教师志愿服务制度，鼓励支持广大教师参加志愿服务活动，在服务社会的实践中厚植教育情怀。重视高层次人才、海外归国教师、青年教师的教育引导，增强工作针对性。

6. 坚持党建引领，充分发挥教师党支部和党员教师作用。建强教师党支部，使教师党支部成为涵养师德师风的重要平台。建好党员教师队伍，使党员教师成为践行高尚师德的中坚力量。重视在高层次人才和优秀青年教师中发展党员工作，完善学校领导干部联系教师入党积极分子等制度。开展好"三会一课"，健全党的组织生活各项制度，通过组织集中学习、定期开展主题党日活动、经常开展谈心谈话、组织党员教师与非党员教师结对联系等，充分发挥教师党支部的战斗堡垒作用和党员教师的先锋模范作用。涉及教师利益的重要事项、重点工作，应征求教师党支部意见。

三、大力提升教师职业道德素养

7. 突出课堂育德，在教育教学中提升师德素养。充分发挥课堂主渠道作用，引导广大教师守好讲台主阵地，将立德树人放在首要位置，融入渗透到教育教学全过程，以心育心、以德育德、以人格育人格。把握学生身心发展规律，实现全员全过程全方位育人，增强育人的主动性、针对性、实效性，避免重教书轻育人倾向。加强对新入职教师、青年教师的指导，通过老带新等机制，发挥传帮带作用，使其尽快熟悉教育规律、掌握教育方法，在育人实践中锤炼高尚道德情操。将师德师风教育贯穿师范生培养及教师生涯全过程，师范生必须修学师德教育课程，在职教师培训中要确保每学年有师德师风专题教育。

8. 突出典型树德，持续开展优秀教师选树宣传。大力宣传新时代广大教师阳光美丽、爱岗敬业、甘于奉献、改革创新的新形象。深入挖掘优秀教师典型，综合运用授予荣誉、事迹报告、媒体宣传、创作文艺作品等手段，充分发挥典型引领示范和辐射带动作用。开展多层次的优秀教师选树宣传活动，形成校校有典型、榜样在身边、人人可学可做的局面。组织教师中的"时代楷模"、全国教书育人楷模、国家教学名师、最美教师等开展师德宣讲。鼓励各地各校采取实践反思、情景教学等形式，把一线优秀教师请进课堂，用真人真事诠释师德内涵。

9. 突出规则立德，强化教师的法治和纪律教育。以学习《中华人民共和国教师法》、新时代教师职业行为十项准则系列文件等为重点，提高全体教师的法治素养、规则意识，提升依法执教、规范执教能力。制订教师法治教育大纲，将法治教育纳入各级各类教师培训体系。强化纪律建设，全面梳理教师在课堂教学、关爱学生、师生关系、学术研究、社会活动等方面的纪律要求，依法依规健全规范体系，开展系统化、常态化宣传教育。加强警示教育，引导广大教师时刻自重、自省、自警、自励，坚守师德底线。

四、将师德师风建设要求贯穿教师管理全过程

10. 严格招聘引进，把好教师队伍入口。规范教师资格申请认定，完善教师招聘和引进制度，严格思想政治和师德考察，充分发挥党组织的领导和把关作用，建立科学完备的标准、程序，坚决避免教师招聘引进中的唯分数、唯文凭、唯职称、唯论文、唯帽子等倾向。鼓励有条件的地方和学校结合实际探索开展拟聘人员心理健康测评，作为聘用的重要参考。严格规范教师聘用，将思想政治和师德要求纳入教师聘用合同。加强试用期考察，全面评价聘用人员的思想政治和师德表现，对不合格人员取消聘用，及时解除聘用合同。高度重视从海外引进人才的全方位考察，提升人才引进质量。

11. 严格考核评价，落实师德第一标准。将师德考核摆在教师考核的首要位置，坚持多主体多元评价，以事实为依据，定性与定量相结合，提高评价的科学性和实效性，全面客观评价教师的师德表现。发挥师德考核对教师行为的约束和提醒作用，及时将考核发现的问题向教师反馈，并采取针对性举措帮助教师提高认识、加强整改。强化师德考核结果的运用，师德考核不合格者年度考核应评定为不合格，并取消在教师职称评聘、推优评先、表彰奖励、科研和人才项目申请等方面的资格。

12. 严格师德督导，建立多元监督体系。完善多方广泛参与、客观公正科学合理的师德师风监督机制。加强政府督导，将各级各类学校师德师风建设长效机制落实情况作为对地方政府履行教育职责评价的重要测评内容，针对群众反映强烈的问题、师德师风问题多发的地方开展专项督导。加强学校监督，各级各类学校要在校园显著位置公示学校及教育主管部门举报电话、邮箱等信息，依法依规接受监督举报。强化社会监督，探索建立师德师风监督员制度，定期对学校师德师风建设情况进行监督评议，向教育主管部门反馈，将监督评议情况作为学校及领导班子年度考核的重要内容。

13. 严格违规惩处，治理师德突出问题。推动地方和高校落实新时代教师职业行为十项准则等文件规范，制定具体细化的教师职业行为负面清单。把群众反映强烈、社会影响恶劣的突出问题作为重点从严查处，针对高校教师性骚扰学生、学术不端以及中小学教师违规有偿补课、收受学生和家长礼品礼金等开展集中治理。一经查实，要依规依纪给予组织处理或处分，严重的依法撤销教师资格、清除出教师队伍。建立师德失范曝光平台，健全师德违规通报制度，起到警示震慑作用。建立并共享有关违法信息库，健全教师入职查询制度和有关违法犯罪人员从教限制制度。

五、着力营造全社会尊师重教氛围

14. 强化地位提升，激发教师工作热情。制定教育改革发展和教师队伍建设重大决策、重要文件充分听取教师代表意见。各地重要节庆日活动，邀请优秀教师代表参加。做好优秀教师表彰奖励，依法依规在作出重大贡献、享有崇高声誉的教师中开展"人民教育家"荣誉称号评选授予工作，健全教书育人楷模、模范教师、优秀教师等多元的教师荣誉表彰体系。完善表彰奖励及管理办法，依法依规确定荣誉获得者享受的政治、生活待遇，加强对荣誉获得者后续支持服务。

15. 强化权利保护，维护教师职业尊严。维护教师依法执教的职业权利，推动完善相关法律法规，明确教师教育管理学生的合法职权，研究出台教师惩戒权办法。学校和相关部门依法保障教师履行教育职责，对无过错但客观上发生学生意外伤害的，教师依法不承担责任。教师尊严不可侵害，对发生学生、家长及其亲属等因为教师履职行为而对教师进行侮辱、谩骂、肢体侵害，或者通过网络对教师进行诽谤、恶意炒作等行为，有关部门要高度重视，从严处理，构成违法犯罪的，依法追究相应责任。学校及教育部门应为教师维护合法权益提供必要的法律等方面支持。

16. 强化尊师教育，厚植校园师道文化。从幼儿园开始加强尊师教育，加快形成接续我国优秀传统、符合时代精神的尊师重教文化。推进尊师文化进教材、进课堂、进校园，通过尊师第一课、9月尊师主题月等形式，将尊师重教观念渗透进学生的价值体系。有条件的地方和学校可结合实际统筹有关资源，因地制宜安排一线教师特别是长期从教教师进行疗休养，重点向符合条件的班主任和乡村教师倾斜。做好教师荣休工作，礼敬退休教师，弘扬尊师风尚。建立健全教职工代表大会制度，保障教师参与学校决策的民主权利。加强家庭教育，健全家校联系制度，引导家长尊重学校教育安排，尊敬教师创造发挥，配合学校做好学生的学习教育。

17. 强化各方联动，营造尊师重教氛围。加强展现新时代教师风貌的影视文学作品创作，善用微博、微信、微视频、微电影等新媒体形式，传递教师正能量，让全社会广泛了解教师工作的重要性和特殊性。支持鼓励行业企业在向社会公众提供服务时"教师优先"。鼓励图书馆、博物馆、科技馆、体育场馆以及历史文化古迹和革命纪念馆（地）等对教师实行优待。鼓励社会团体、企业、民间组织对教师出资奖励，或通过依法成立基金、设立项目等方式，支持教师提升能力素质、进行疗休养或予以奖励激励。

六、推进师德师风建设任务落到实处

18. 加强工作保障，强化责任落实。各地各校要把加强师德师风建设、弘扬尊师重教传统作为教师队伍建设的首要任务，夯实学校主体责任，压实学校主要负责人第一责任人责任。高校要强化党委教师工作部建设，明确将教师思想政治和师德师风建设作为其主要职责。各地各校要建立健全责任落实机制，坚持失责必问、问责必严。财政部门要坚持将教师队伍建设作为教育投入重点予以优先保障，按规定统筹现有资金渠道支持师德师风建设。依托现有资源，建设一批师德师风建设基地，加强工作支撑，提高师德师风建设工作的科学性、实效性。

附录六　幼儿园教师违反职业道德行为处理办法

第一条　为规范幼儿园教师职业行为，保障教师、幼儿的合法权益，根据《中华人民共和国教育法》《中华人民共和国未成年人保护法》《中华人民共和国教师法》《教师资格条例》和《新时代幼儿园教师职业行为十项准则》等法律法规和制度规范，制定本办法。

第二条　本办法所称幼儿园教师包括公办幼儿园、民办幼儿园的教师。

第三条　本办法所称处理包括处分和其他处理。处分包括警告、记过、降低岗位等级或撤职、开除。警告期限为6个月，记过期限为12个月，降低岗位等级或撤职期限为24个月。是中共党员的，同时给予党纪处分。

其他处理包括给予批评教育、诫勉谈话、责令检查、通报批评，以及取消在评奖评优、职务晋升、职称评定、岗位聘用、工资晋级、申报人才计划等方面的资格。取消相关资格的处理执行期限不得少于24个月。

教师涉嫌违法犯罪的，及时移送司法机关依法处理。

第四条　应予处理的教师违反职业道德行为如下。

（一）在保教活动中及其他场合有损害党中央权威和违背党的路线方针政策的言行。

（二）损害国家利益、社会公共利益，或违背社会公序良俗。

（三）通过保教活动、论坛、讲座、信息网络及其他渠道发表、转发错误观点，或编造散布虚假信息、不良信息。

（四）在工作期间玩忽职守、消极怠工，或空岗、未经批准找人替班，利用职务之便兼职兼薪。

（五）在保教活动中遇突发事件、面临危险时，不顾幼儿安危，擅离职守，自行逃离。

（六）体罚和变相体罚幼儿，歧视、侮辱幼儿，猥亵、虐待、伤害幼儿。

（七）采用学校教育方式提前教授小学内容，组织有碍幼儿身心健康的活动。

（八）在入园招生、绩效考核、岗位聘用、职称评聘、评优评奖等工作中徇私舞弊、弄虚作假。

（九）索要、收受幼儿家长财物或参加由家长付费的宴请、旅游、娱乐休闲等活动，推销幼儿读物、社会保险或利用家长资源谋取私利。

（十）组织幼儿参加以营利为目的的表演、竞赛活动，或泄露幼儿与家长的信息。

（十一）其他违反职业道德的行为。

第五条　幼儿园及幼儿园主管部门发现教师存在第四条列举行为的，应当及时组织调查核实，视情节轻重给予相应处理。作出处理决定前，应当听取教师的陈述和申辩，调查了解幼儿情况，听取其他教师、家长委员会或者家长代表意见，并告知教师有要求举行听证的权利。对于拟给予降低岗位等级以上的处分，教师要求听证的，拟作出处理决定的部门应当组织听证。

第六条　给予教师处理，应当坚持公平公正、教育与惩处相结合的原则；应当与其违反职业道德行为的性质、情节、危害程度相适应；应当事实清楚、证据确凿、定性准确、处理恰当、程序合法、手续完备。

第七条　给予教师处理按照以下权限决定。

（一）警告和记过处分，公办幼儿园教师由所在幼儿园提出建议，幼儿园主管部门决定。民办幼儿园教师由所在幼儿园提出建议，幼儿园举办者做出决定，并报主管部门备案。

（二）降低岗位等级或撤职处分，公办幼儿园由教师所在幼儿园提出建议，幼儿园主管部门决定并报同级人事部门备案。民办幼儿园教师由所在幼儿园提出建议，幼儿园举办者做出决定，并报主管部门备案。

（三）开除处分，公办幼儿园在编教师由所在幼儿园提出建议，幼儿园主管部门决定并报同级人事部门备案。未纳入编制管理的教师由所在幼儿园决定并解除其聘任合同，报主管部门备案。民办幼儿园教师由所在幼儿园提出建议，幼儿园举办者做出决定并解除其聘任合同，报主管部门备案。

（四）给予批评教育、诫勉谈话、责令检查、通报批评，以及取消在评奖评优、职务晋升、职称评定、岗位聘用、工资晋级、申报人才计划等方面资格的其他处理，按照管理权限，由教师所在幼儿园或主管部门视其情节轻重作出决定。

第八条　处理决定应当书面通知教师本人并载明认定的事实、理由、依据、期限及申诉途径等内容。

第九条　教师不服处理决定的，可以向幼儿园主管部门申请复核。对复核结果不服的，可以向幼儿园主管部门的上一级行政部门提出申诉。

对教师的处理，在期满后根据悔改表现予以延期或解除，处理决定和处理解除决定都应完整存入人事档案及教师管理信息系统。

第十条　教师受到处分的，符合《教师资格条例》第十九条规定的，由县级以上教育行政部门依法撤销其教师资格。

教师受处分期间暂缓教师资格定期注册。依据《中华人民共和国教师法》第十四条规定丧失教师资格的，不能重新取得教师资格。

教师受记过以上处分期间不能参加专业技术职务任职资格评审。

第十一条　教师被依法判处刑罚的，依据《事业单位工作人员处分暂行规定》给予降低岗位等级或者撤职以上处分。其中，被依法判处有期徒刑以上刑罚的，给予开除处分。教师受到剥夺政治权利或者故意犯罪受到有期徒刑以上刑事处罚的，丧失教师资格。

第十二条　公办幼儿园、民办幼儿园举办者及主管部门不履行或不正确履行师德师风建设管理职责，有下列情形的，上一级行政部门应当视情节轻重采取约谈、诫勉谈话、通报批评、纪律处分和组织处理等方式严肃追究主要负责人、分管负责人和直接责任人的责任。

（一）师德师风长效机制建设、日常教育督导不到位。

（二）师德失范问题排查发现不及时。

（三）对已发现的师德失范行为处置不力、方式不当或拒不处分、拖延处分、推诿隐瞒的。

（四）已作出的师德失范行为处理决定落实不到位，师德失范行为整改不彻底。

（五）多次出现师德失范问题或因师德失范行为引起不良社会影响。

（六）其他应当问责的失职失责情形。

第十三条　省级教育行政部门应当结合当地实际情况制定实施细则，并报国务院教育行政部门备案。

第十四条　本办法自发布之日起施行。

附录七　中小学教师违反职业道德行为处理办法

第一条　为规范教师职业行为，保障教师、学生的合法权益，根据《中华人民共和国教育法》《中华人民共和国未成年人保护法》《中华人民共和国教师法》《教师资格条例》和《新时代中小学教师职业行为十项准则》等法律法规和制度规范，制定本办法。

第二条　本办法所称中小学教师是指普通中小学、中等职业学校（含技工学校）、特殊教育机构、少年宫以及地方教研室、电化教育等机构的教师。

前款所称中小学教师包括民办学校教师。

第三条　本办法所称处理包括处分和其他处理。处分包括警告、记过、降低岗位等级或撤职、开除。警告期限为6个月，记过期限为12个月，降低岗位等级或撤职期限为24个月。是中共党员的，同时给予党纪处分。

其他处理包括给予批评教育、诫勉谈话、责令检查、通报批评，以及取消在评奖评优、职务晋升、职称评定、岗位聘用、工资晋级、申报人才计划等方面的资格。取消相关资格的处理执行期限不得少于24个月。

教师涉嫌违法犯罪的，及时移送司法机关依法处理。

第四条　应予处理的教师违反职业道德行为如下：

（一）在教育教学活动中及其他场合有损害党中央权威、违背党的路线方针政策的言行。

（二）损害国家利益、社会公共利益，或违背社会公序良俗。

（三）通过课堂、论坛、讲座、信息网络及其他渠道发表、转发错误观点，或编造散布虚假信息、不良信息。

（四）违反教学纪律，敷衍教学，或擅自从事影响教育教学本职工作的兼职兼薪行为。

（五）歧视、侮辱学生，虐待、伤害学生。

（六）在教育教学活动中遇突发事件、面临危险时，不顾学生安危，擅离职守，自行逃离。

（七）与学生发生不正当关系，有任何形式的猥亵、性骚扰行为。

（八）在招生、考试、推优、保送及绩效考核、岗位聘用、职称评聘、评优评奖等工作中徇私舞弊、弄虚作假。

（九）索要、收受学生及家长财物或参加由学生及家长付费的宴请、旅游、娱乐休闲等活动，向学生推销图书报刊、教辅材料、社会保险或利用家长资源谋取私利。

（十）组织、参与有偿补课，或为校外培训机构和他人介绍生源、提供相关信息。

（十一）其他违反职业道德的行为。

第五条　学校及学校主管教育部门发现教师存在违反第四条列举行为的，应当及时组织调查核实，视情节轻重给予相应处理。作出处理决定前，应当听取教师的陈述和申辩，听取学生、其他教师、家长委员会或者家长代表意见，并告知教师有要求举行听证的权利。对于拟给予降低岗位等级以上的处分，教师要求听证的，拟作出处理决定的部门应当组织听证。

第六条　给予教师处理，应当坚持公平公正、教育与惩处相结合的原则；应当与其违反职业道德行为的性质、情节、危害程度相适应；应当事实清楚、证据确凿、定性准确、处理恰当、程序合法、手续完备。

第七条　给予教师处理按照以下权限决定：

（一）警告和记过处分，公办学校教师由所在学校提出建议，学校主管教育部门决定。民办学校教师由所在学校决定，报主管教育部门备案。

（二）降低岗位等级或撤职处分，由教师所在学校提出建议，学校主管教育部门决定并报同级人事部门备案。

（三）开除处分，公办学校教师由所在学校提出建议，学校主管教育部门决定并报同级人事部门备案。民办学校教师或者未纳入人事编制管理的教师由所在学校决定并解除其聘任合同，报主管教育部门备案。

（四）给予批评教育、诫勉谈话、责令检查、通报批评，以及取消在评奖评优、职务晋升、职称评定、岗位聘用、工资晋级、申报人才计划等方面资格的其他处理，按照管理权限，由教师所在学校或主管部门视其情节轻重作出决定。

第八条　处理决定应当书面通知教师本人并载明认定的事实、理由、依据、期限及申诉途径等内容。

第九条　教师不服处理决定的，可以向学校主管教育部门申请复核。对复核结果不服的，可以向学校主管教育部门的上一级行政部门提出申诉。

对教师的处理，在期满后根据悔改表现予以延期或解除，处理决定和处理解除决定都应完整存入人事档案及教师管理信息系统。

第十条　教师受到处分的，符合《教师资格条例》第十九条规定的，由县级以上教育行政部门依法撤销其教师资格。

教师受处分期间暂缓教师资格定期注册。依据《中华人民共和国教师法》第十四条规定丧失教师资格的，不能重新取得教师资格。

教师受记过以上处分期间不能参加专业技术职务任职资格评审。

第十一条　教师被依法判处刑罚的，依据《事业单位工作人员处分暂行规定》给予降低

教师职业道德

岗位等级或者撤职以上处分。其中，被依法判处有期徒刑以上刑罚的，给予开除处分。教师受到剥夺政治权利或者故意犯罪受到有期徒刑以上刑事处罚的，丧失教师资格。

第十二条　学校及主管教育部门不履行或不正确履行师德师风建设管理职责，有下列情形的，上一级行政部门应当视情节轻重采取约谈、诫勉谈话、通报批评、纪律处分和组织处理等方式严肃追究主要负责人、分管负责人和直接责任人的责任：

（一）师德师风长效机制建设、日常教育督导不到位；

（二）师德失范问题排查发现不及时；

（三）对已发现的师德失范行为处置不力、方式不当或拒不处分、拖延处分、推诿隐瞒的；

（四）已作出的师德失范行为处理决定落实不到位，师德失范行为整改不彻底；

（五）多次出现师德失范问题或因师德失范行为引起不良社会影响；

（六）其他应当问责的失职失责情形。

第十三条　省级教育行政部门应当结合当地实际情况制定实施细则，并报国务院教育行政部门备案。

第十四条　本办法自发布之日起施行。

参考文献

［1］钱焕琦．教师职业道德［M］．上海：华东师范大学出版社，2020．

［2］刘亭亭．教师职业道德［M］．北京：北京大学出版社，2017．

［3］王淑芹．教师职业道德新编［M］．北京：高等教育出版社，2015．

［4］王正平．教师伦理学［M］．北京：人民教育出版社，2023．

［5］钱焕琦，张勤．小学教师职业道德实践［M］．上海：华东师范大学出版社，2014．

［6］檀传宝．教师职业道德［M］．北京：北京师范大学出版社，2020．

［7］徐廷福．教师职业道德修养［M］．北京：北京师范大学出版社，2015．

［8］王萍．教师职业道德［M］．北京：北京师范大学出版社，2024．

［9］路丙辉．教师职业道德修养［M］．芜湖：安徽师范大学出版社，2015．

［10］曲中林，李静．教师职业道德［M］．北京：北京师范大学出版社，2020．

［11］付世秋，徐文，雷军莉，王双明．教育政策法规与教师职业道德［M］．北京：清华大学出版社，2020．

［12］余维武，朱丽．教师的职业道德修养［M］．福州：福建教育出版社，2019．

［13］全国高等教育自学考试指导委员会．教师职业道德与专业发展［M］．北京：高等教育出版社，2024．

参考文献

[1] 林崇德. 发展心理学[M]. 北京：中国人民大学出版社，2020.
[2] 刘翔平. 积极教育五讲[M]. 哈尔滨：北京大学出版社，2017.
[3] 王道俊. 学科教育学新论[M]. 北京：教育科学出版社，2015.
[4] 江光荣. 班级社会学[M]. 北京：人民教育出版社，2023.
[5] 杜晓新，黄旭. 元认知与语文阅读教学[M]. 上海：华东师范大学出版社，2014.
[6] 陈琦，刘儒德. 教育心理学[M]. 北京：北京师范大学出版社，2020.
[7] 皮连生. 学与教的心理学[M]. 北京：华东师范大学出版社，2015.
[8] 王策三. 教学论稿[M]. 北京：北京师范大学出版社，2024.
[9] 梁宁建. 基础心理学导论[M]. 上海：华东师范大学出版社，2015.
[10] 邵瑞珍. 教育心理学[M]. 上海：上海教育出版社，2020.
[11] 田慧生，李如密，王洪明. 教学伦理学[M]. 北京：教育大百科出版社，2020.
[12] 谷振诏，米广弘. 多彩校园生活百科全书[M]. 北京：同心出版社，2019.
[13] 全日制义务教育语文课程标准. 教师阅读指导丛书[M]. 北京：青春教育出版社，2021.